A COLLECTION OF INTERVIEWS WITH K-POP IDOLS

それでもステージは続いていく

K-POPアイドル
8人のインタビュー集

［著］パク・ヒア 　［訳］たなともこ

イースト・プレス

プロローグ

prologue

「まるでほんもののエッセイみたいですね」試案を見た彼らのうちの何人かがそう言った。「だとしたら狙いどおりです」インタビュー集の表紙と中身を見た彼らの口裏を合わせたかのような反応は、実際に私と出版社の編集チームの狙いそのものだった。もちろん出版社と私が望む方向が全く同じだとは言い難いかもしれない。だがいずれにせよ私は、この本をどうにかして誰かの人生に関心のある、あるいは他人の人生から勇気と労いを得たいと思っている人たちに届けたかった。

　好きなことをするときは時間を忘れて夢中になってしまうほど集中力が高まり、嫌なことでも結果を出すぞという固い決意一つで走っていける人たちがたくさんいる。この本は、そういった8名の声をそのまま収めた本だ。もう少し年齢が高く年を重ねた人たちのインタビュー集がもつ重みというものが別にあるとしたら、20歳を過ぎちょうど30歳にさしかかる8名のストーリーはそれとは少し異なる。その時代の自分がどうだったかを思い出す人もいるだろうし、目標を達成するために苦しい思いをしているのが自分だけではないことを証明してもくれる。

　少なくとも私はそうだった。最近は個人的な満足のために本を出すとも言うが、私はこの8名の話が数名の作家の恣意的な視点で書かれたどんなエッセイよりもダイレクトで、確実に人生の別の側面を示してくれると信じている。実際この本が出る前に作ったインタビュー集〈アイドルメーカー〉と〈アイドルの作業室〉、そしてこの改訂増補版の前身である＜ステージ上のアイドル＞で経た骨身にこたえる失敗が、今回の新しい試みの土台になった。大切な読者であるファンを含め、K–POPに関心のない人でも俳優や有名人たちのインタビュー集をためらいなく購入するように、この本が手に取られること。アイドルという職業がなぜ時代を読むヒントになりうるのかを証明するためには、いったんこの本が「インタビュー集」ではない、人生を語るエッセイ集だと言うしかなかった。

　初めて〈アイドルメーカー〉を出したときから常にそうだった。職業人の1日、ひと月、1年を取り上げれば、その人物が語る現実がどんな格言よりも実質的なアドバイス効果を生み出せると信じてきた。その中でも人気はあるが聞き流しやすいアイドルという職業について、この職業が消費される状況に比べてメンバーたちは全力で軽くはないコンテンツをつくり出すために努力しているという話を伝えたかった。これほどダイレクトであからさまなプロローグがあるだろうかという気もするが、それでも私は彼らのストーリーが1人でも多くの人に読まれることを切に願う。いわゆる社会生活と呼ばれる職業人としての生活をいち早くスタートした若者たちの話は、K–POPの華やかさの外でもまちがいなく洞察を与えてくれる。その洞察が誰かにとっての小さな力になってほしい。

8名のインタビュイーたちも、そういった理由からステージに立つと言った。

多忙な中インタビューに参加してくれたIZ*ONE出身のイ・チェヨン、チョンハ、SF9のチャンヒ、ASTROのムンビン、SEVENTEENのホシ、OH MY GIRLのユア、VIXXのレオ、BTSのJ–HOPEとスタッフに心よりお礼申し上げる。私は、自身の生き方について打ち明け、よりよいメッセージを伝えるために尽力してくれたこの8名の勇気に感嘆せざるをえなかった。すでに一度出版していた本を快く受け入れてくれたwoozoobooksのパク・ヒョンミン代表をはじめ、この本がよりすてきなものになるようお力添えいただいたカン・ミョンソク、ソ・ジヨン、チェ・ミンソン、ユン・ハヤン、ユン・イラン、キム・ジョンヒョン、ホン・スンヘ、キム・ドヨン、シン・ジヨン、チョ・イェジンさんにも感謝の気持ちを伝えたい。そして、家族には最大の感謝を込めてこの本をおくりたい。

表 記 に つ い て

・ 曲名は〈 〉で表記、アルバム名は［ ］で表記。
・ テレビ番組、映画、その他の映像コンテンツのタイトルは『 』で表記、書籍やミュージカルタイトルは《 》で表記。
・ グループや人物の名前がアルファベットの略語で発音される場合は英語で表記。
・ そのほかは、インタビューという特性を生かし、当事者が提示する表記法を尊重した。

推薦のことば

　人と人との関係はどうやって始まりどう流れつくのかわからない。 私とwebマガジン〈ize〉でともに働き、 今は大衆文化ジャーナリスト、 その中でもアイドルに関する記事をたくさん書いているパク・ヒアさんのことを考えると特にそう思う。 パク・ヒアさんについて知らなかった私は彼女の文章を通じてその名前を覚え、 彼女が〈ize〉に送ってくれた初インタビュー集〈アイドルメーカー〉を読み、 ちょうどライターに欠員が出た〈ize〉で一緒に仕事をしたいという提案をした。 その後パク・ヒアさんは会社の仕事と並行して〈アイドルの作業室〉をつくり、 私は彼女が新しい飛躍のために会社を去る前に完成したこの本の企画とインタビューイーへのオファーにほんの少し関わることで、 彼女が2年余りともに働いてくれたことへの感謝に代えることができた。

　全く知らなかった人を文章や本を通じて知り、 その本によってともに働くことになり、 そしてまたそれぞれの道を進むといった時間は、 人との関係と成長について改めて顧みさせてくれる。 〈アイドルメーカー〉から始まった3冊の本が特にそうだった。 この3冊の本の展開は、 彼女がアイドルまたはK-POPという分野についてどう考え、 それがどのように変化しているのかを表している。 華やかなスポットライトを浴びることはないが、 アイドルとともにK-POPをつくっていくクリエイターたちと、 アイドルであると同時に作曲家とパフォーマー、 またはプロデューサーとしての力量を発揮する者たちとのインタビューを収めたこれらの本は、 過去数年の韓国アイドル産業の一部を表すと同時に、 働く人としてのアイドルについての話を長く収めた珍しいものだ。 ある分野についての持続的なインタビューを通じて、 インタビューイーはもちろんインタビュアーの過ぎ去った時間を表すこと、 それ自体に意味があると考える。 今は仕事が変わりそれぞれの道を歩むことになったが、 パク・ヒアさんの今後にも彼女が望む道が切り開かれることを願っている。 そしてこの紙面をかりて、 私のオファーに応えてくれたBTSのJ-HOPE、 SEVENTEENのホシ、 IZ*ONEのイ・チェヨンさんに改めて感謝申し上げる。

カン・ミョンソク

CONTENTS

再び、チェヨンの挑戦

IZ*ONE出身
LEE CHAE YEON

人生のグラフが本当上がったり下がったりしすぎだったと思います。」小学6年生、13歳の少女が妹と一緒に初めて放送局のオーディションのステージに足をふみいれたとき、JYPエンターテイメントの代表兼歌手でもあるパク・ジニョンは彼女たちを自身の事務所に引き入れるために必死になった。しかし約6年がたった今、姉妹はそれぞれ別の事務所でそれぞれの道を歩いているところだ。SBS『K-POPスターシーズン3』以降、彼女たちはTWICEのメンバーを選ぶMnet『SIXTEEN』で脱落したが、JYPエンターテイメントに残った妹チェリョンと違い、チェヨンはこれ以上同じ場所にとどまれなくなった。WMエンターテイメントで1年半の時間を過ごした後、2018年には再びサバイバルプログラムMnet『プロデュース48』に挑戦した。

挑戦と、挑戦と、挑戦の連続。IZ*ONEの〈La Vien Rose〉、〈Violeta〉のステージ上で堂々と前に進み出て、なびく長い髪をかきあげるチェヨンの姿は、初めて『K-POPスター』のステージに立った時から、音楽が鳴ると豹変した少女の姿とさして変わらないように見える。しかし『プロデュース48』で、彼女は決意に満ちた表情でどんな音楽であれ自信をもって踊れることを示し、自身のダンスを見て楽しむペ・ユンジョントレーナーと向かい合いながら胸いっぱいに微笑んだ。その結果、果敢に全身を使い力強い動きを中心に踊っていたイ・チェヨンは、なびく髪の毛までをもパフォーマンスの一部として完成させ、柔らかいラインを見せる華麗な20代のアイドルに生まれ変わった。

JTBC『アイドルルーム』でチェヨンは、女性アイドルのパフォーマンスと男性アイドルのパフォーマンスにとらわれない能力を見せつけた。「女性もボーイズグループのダンスをこれくらい力強く踊れること」を知らしめたくて始めたが、性別による力の差とは関係なく、彼女は自分のスタイルでパフォーマンスの流れを再構成する。チョンハの〈벌써 12시もう12時〉を踊りながら、そのまま女性ダンサーのラインを活用しても不自然ではないEXOの〈LOVE SHOT〉へ移るが、ガールズグループのダンスよりキレの

いいボーイズグループのパフォーマンスの特徴を強調した。続いてテミンの〈WANT〉でエネルギーの無駄をなくすと、MONSTAXの〈Alligator〉で一番過激なボーイズグループの振り付けを消化することによって、自身の目標を達成する。ガールズグループのメインダンサーはどんな振り付けで踊ろうとかわいくあることが最優先だと言うが、チェヨンは完全にダンスに集中することでガールズグループのメインダンサーではなく、ダンスを踊るイ・チェヨンという人物としてカメラの前に立つ。

　だからと言ってチェヨンがガールズグループでの任務に忠実でないというわけではない。ただ、首を傾けて愛らしい視線を送りつつも、カメラなど気にせず果敢に踊れるからこそ、自身を好きな人たちが出てきたことを知っているにすぎない。それぞれ違う人たちの趣向が集まって完成されたIZ*ONEメンバーの中で、チェヨンはガールズグループのメインダンサーのニューモデルを作った。踊ることで容姿に対するコンプレックスを消し去り、他のメンバーたちがガールズグループの多様なキャラクターを表現する中で、華やかなグループパフォーマンスの快感を確実に伝えるのだ。この間、数回にわたるオーディションを経てどんなパズルの1ピースになれるかに胸を躍らせ時に挫折したチェヨンは、IZ*ONEの中でしっかりとグループを支える実力者としてのポジションを与えられた。画面に映る時間よりも自分のポジションを黙々と守る時間のほうが長くはあるが、彼女は確実にIZ*ONEが描く絵の土台になっている。

　IZ*ONEとしての活動に幸せを感じ、幼い頃から競争のしがらみの中で自身を磨いてきたチェヨンは、「オンニ（訳注：年下の女性から見たときのお姉さん）みたいになりたいです」と言う少女たちに出会ったときが一番嬉しいと言う。ステージ上で腕を伸ばし大きく半円を描く時のように、少女たちの言葉にじいんとした快感が押し寄せると、チェヨンはまた新たな挑戦を夢見るのだ。完璧に大きな丸い円を完成させて一人だけのダンスが踊れる時まで、止まらないかのように、今日も。

PROFILE

✦

イ・チェヨン

▽

イ・チェヨンは、Mnet『プロデュース48』で選ばれた12名のメンバーで結成されたプロジェクトグループIZ*ONEで、メインダンサーとして活動した。SBS『K-POPスター』を通じて、JYPエンターテイメント所属ガールズグループITZYのメンバー、（妹）チェリョンと共にパク・ジニョンにキャスティングされたが、WMエンターテイメントに移籍し正式デビューした。IZ*ONEの公式活動が終わり、現在チェヨンはソロ歌手として活躍中だ。リリースアルバムには［HUSH RUSH］、［Over The Moon］、［The Move : Street］などがある。

3 度 の サ バ イ バ ル

◆ Mnet 『プロデュース48』 以降、 女性ファンがかなり増えましたね。

　誰かのロールモデルになるのが目標でした。最近は私より若いファンが「オンニみたいになりたいです」と言ってくれるたびに、本当に嬉しくて。この言葉を聞くと胸がいっぱいになります。

◆ 初めてSBS 『Kポップスター』 に出たときはまだ想像もできなかったはずですが、 とても感慨深いと思います。

　今も Ｖアプ（訳注：Ｖライブ。K-POPアイドルやタレントが見られる動画配信サービス）を初めてやった時を覚えているんですよね。他の芸能人の映像をどれほどたくさん検索したかわかりません。最近も「撮影します！」となって横を見たときに、カン・ホドン先輩やユ・ジェソク先輩がいるとハッとします。でも私が不思議そうなそぶりをすると先輩たちも居心地が悪いのか「チェヨナ、落ち着いて。バレないようにしよう」とよくお願いされます（笑）。

◆ 『K-POPスター』 のときの姿を今も鮮やかに覚えています。

　だいぶ前のことなのに覚えてくださっているなんてびっくりです。その当時は眼鏡をかけていたんですよ。でも周りから眼鏡をとって出演する方がいいと言われて。問題は私が幼すぎてコンタクトができなかった

んです。ステージに上がってもほんと何も見えなくて。審査員の表情も見えないし、スタッフが何人いるかすら見えませんでした。だからこそ自信をもってできたような気もします。きっと今まで皆さんご存じなかったはずです。何も見えてなかったなんて（笑）！

◆ 初めからダンス教室に通って夢を育んでいたのですか。

違います。自分の一番得意なことが何なのかもわかっていなかった時だったので。母も勉強をさせるべきか、芸術や運動をさせるべきか悩んでいたそうです。そんなときに道端で私と妹のチェリョンの写真を撮りたいという人に会ったんです。後になって子役養成所だと知ったのですが、企画事務所のシステムと同じように演技、モデルウォーキング、ダンスの3つの分野を教えていました。その中でもダンスが一番楽しかったです。ダンスレッスンの日になると想像もできないくらいワクワクして、ほんと幸せでした。

◆ それは何歳のときのことですか。

小学校3年生のときです。京畿道龍仁（キョンギドヨンイン）に住んでいたのですが、養成所がソウルにあったので『ノルト（訳注：授業のない遊ぶ土曜日）』になると父がソウルに連れて行ってくれました。行くたびにチェリョンがちょろちょろついてきて私がやっているのを窓の外からじっと見ていたんです。1年くらい通った気がします。その次は美術をやりました。ダンススクールに行ったのは小学校6年生のときで、チェリョンと一緒に行きました。

◆ 小さい頃から色々なことを学びながら育ったんですね。

小学校3年生で進路を決めるのって早すぎるじゃないですか。母が別のこともやってみようと言うので子役養成所のレッスンが終わって色々

試してみたんです。特に美術が得意で、先生から専門的に勉強するのはどうかと勧められたりもしました。中学校に行ってからは勉強を頑張りましたが、そこで感じられる達成感が好きで。社会や歴史が面白かったのですが、いい先生に出会って勉強がより面白く感じられた記憶があります。図書館で友だちまでつくったくらいでしたから。

◆ でも最後は進路をダンスにしたんですね。『K-POPスター』のときに姉妹2人の実力が抜きんでていて、審査員たちが凄まじい関心を見せたじゃないですか。もう1人末っ子の妹がいると聞いてパク・ジニョンさんがものすごく知りたがるくらい。

　下の妹も実はダンスをやりたがったんです。ある日とつぜん特技自慢に出ると言って、私にダンスを教えてと言ったのですが絶対に教えてあげませんでした。もし興味をもったらどうしようと心配になって。

◆ なぜそこまでして止めたんですか?

　私とチェリョンのせいで両親がものすごく苦しんでいたからです。3人ともとなると今よりもっと大変になると思って、下の妹にはダンスをしてほしくないと思いました。それなのに下の妹が特技自慢の映像を見せてきて、いやほんと、目立つくらい上手で、ずば抜けていて。それを見た瞬間、「どうしよう?」と思って混乱しました。幸い今は勉強していますが(笑)。

◆ ご両親の心配を感じたんでしょうね。

『K-POPスター』のときは教室から「一度これに出てみる?」と言われて軽い気持ちで参加したんですよね。でも想像もできないくらい良い評価をいただいて、私からすると本当に新しい経験だったんです。正直そのときは初めてで、幼かったこともあって怖くなかった気がします。だ

けど両親の心配は相当なものでした。人前で評価されることだし、審査員だけじゃなく世間の反応も見ざるをえないじゃないですか。家でじゃれ合って踊るのは父も母もものすごく喜んでいましたが、いざメディアに出るとなると心配が先だったようです。Mnet の『SIXTEEN』に出演すると、その気持ちが私に深く伝わるくらい、どんどん心配が膨らんでいきました。

◆ 『K-POPスター』 が終わってからは、 このまま練習していきさえすれば上手くいくと思ったはずですが。 辛い時期が長かったでしょう。

　実は事務所に入るときから辛いことがたくさんありました。数か所から声をかけてもらいましたが、私とチェリョンの行きたい事務所が違ったんです。意見をすり合わせるのに一苦労でした。おそらくチェリョンと一番距離があったのはその時期です。たくさんけんかしました（笑）。紆余曲折の末に事務所に入るとトレーニングのシステムに慣れなくて。ダンスはなんやかんやで習ってきたと思っていたのに、雰囲気が違いすぎるんです。あとは月末評価のときは先生と一緒に相談して曲を決めるのですが、JYP エンターテイメントでは絶対にポップソングでのみ評価するんですよね。あれもこれも頑張らなきゃと思うしかない環境でした。

◆ トレーニングを受けながら一番難しかった部分 は何ですか。

　月末評価がいつも怖かったです。歌は最初の評価のときを除いて一度もうまくできたことがないくらいです。初めての評価のときはどんな服を着ていたかまで覚えているんですよ？　白Tシャツに薄いジーンズのスカートを履いて Keyshia Cole の 〈Fallin' Out〉 を歌ったのですが、そのときも怖くなかったのか、思ったより他の練習生たちの反応は悪くありませんでした。でも私自身はそれなりにミスした部分があるってわかっているじゃないですか。それに気がつくと次の評価からはあまりにも緊

張して、成績がどんどん落ち始めました。カメラの前でひどく緊張する
のは、新しい事務所に行っても同じでした。だから『プロデュース48』
の前までは、私の歌の実力がどれくらいなのかもわからずで。常に何か
が足りない気がしたし、一度も満足したことがなかったですから。

◆ 今はカメラの前で緊張しているのもわからないくらい、いきいきと動きますよね。

　正直、いまだにそのときのトラウマを克服できていない気がします。ほ
んと変なんです。月末評価のカメラの前に立つといつもひどくぶるぶる
震えました。口の中の唾が全部乾ききる感じです。5年間そうやってた
くさん月末評価されましたが、一度も満足したことがないのはびっくり
ですよね。あんなにダイナミックな練習生時代を送ったのに。

◆ 幼い時に練習生になると変声期のせいでストレスを受けることも多い
みたいですね。

　私も成長の過程で声がだいぶ変わりました。変声期を克服しようとた
くさん努力しましたが、とりあえずはテクニックより音域を高くするこ
とに気を配りました。それでも歌の実力がアップしたと思ったことは一
度もありません。WMエンターテイメントに移ってからも同じです。音
域がほぼ同じなのでものすごいストレスでした。

◆ もしかして踊るときも歌を歌うときと同じくらい緊張しましたか。

　いえ。ダンスはいつもどおりやればいいと思っているから、緊張しま
せんでした。自分の実力を全部見せられました。でもこれも問題なのが、
物足りないと思わないから実力が向上するスピードがものすごく遅いん
です。JYPエンターテイメントに所属しているときに撮った映像を見る
と、私のダンスには感情がなくて、髪の毛は束ねもしないではねっぱな
しで、あれこれもどかしかったです。

✦ 歌に気を取られすぎて、 むしろダンスに気を配れなかったのかもしれませんよね。

物足りなさを感じられなければ成長もないわけです。ただレッスンを受けて、ただ月末評価があって。こんな感じだったと思います。自信満々だったからってわけじゃありません。「ただこれまでどおりやればいいよね」と思っていました。

✦ でも今のチェヨンさんのダンスの実力は、 明らかに 『SIXTEEN』 のときよりよくなりました。 ステージマナーも同じです。

新しい事務所に入ってだいぶ伸びました。20歳になる直前に移籍したのですが、高校1、2年生のときに出欠管理をちゃんとしていたので、3年生のときは早退しやすかったんです。他の友人たちは3時間目までなのですが、私は1時間目が終わると早退しました。そのあとは事務所に直行です。友人たちが来る前に練習室で1人の時間を過ごすことで実力がかなりアップしたと思います。自分自身に集中できた貴重な時間でした。

✦ 事務所を移籍して、 チェヨンさんの気持ちは以前と変わりましたか。

『K-POPスター』、『SIXTEEN』にまで出たんだから、当然もとの事務所からデビューするだろうという確信があったんです。でもデビューが現実的に不可能だという事実に幼いながら気づいたことで、本当にたくさん辛い時期を経験しました。事務所を移籍してからは決意しました。同じ失敗を繰り返してはだめだ、油断してはだめだし、うぬぼれてもいけないと。気持ちが変わるしかない状況でしたね。

✦ WMエンターテイメントでまた準備をする中で、 これまでの時間が虚しくなったようにも思うんですが。

新しい事務所でダンスと歌だけを習っていたら5年という練習生生活

に最後まで耐えられなかったかもしれません。途中でやめたくなること
も多かったです。でもここに来て演技と日本語の勉強を始めたのですが、
それが耐える力をくれたんです。一から挑戦できるものが新しくできた
と思うと楽しかったです。ここから私がどこまで成長できるか知りたく
なるんですよね。今思い出してもあの時諦めなかったことが不思議です。

◆　なぜ諦めなかったのでしょうか。

　この道じゃなきゃ行き場がないと思ったからです。そう思えてよかっ
たです。何をしても今ほど幸せに働けてはいなかったはずです。このあ
いだ『SIXTEEN』のときの映像を見てびっくりしました。「私って最初
からこんな無表情だったのかな？　口角があんなに下がっていたかな？」
と思いました。まるで別人でしたよ。

サ バ イ バ ル を 通 し て
感 じ た 喜 び と 苦 し み

◆　紆余曲折の末、 IZ*ONEに合流しました。 苦労したぶん喜びも大き
　かったと思います。

　IZ*ONEというチームで活動していること自体がとても幸せです。思っ
たよりもずっとたくさん愛されているのが不思議で、ファンの言葉一つ

一つが感動的です。これまで私が耐えてきた時間たちを認めて、褒めて、傷をいやしてくれる気がします。

◆ 初め『プロデュース48』に出ると決めたことがそもそも簡単ではなかったはずです。

事務所からもものすごく慎重に聞かれました。「3回目の挑戦だから辛いかもしれない」とあらかじめ言われていて。自分でもかなり悩みました。出演してまた傷ついたら、これ以上この生活はできない気がしたんです。

◆ 出ると決心するに至ったきっかけは何ですか。

周りの人たちがたくさん待っていてくれたからです。期待に応えたくて出たんです。練習生生活を長いことしていると「いつデビューするの？」という言葉を聞かざるをえません。そういう質問をする人たちに堂々としていたかったので、私がうまくやっていることを見せるには、メディアを通すのが一番いい方法でした。自分でも確信がほしかったですし。アイドルとしての自分の魅力を探ろうと決意したし、ちょうど日本語も1年くらい勉強した状況だったんですよね。出演して日本語の実力もアピールして、この間どれくらい成長したのかも世間に見せるのがいいんじゃないかというアドバイスをもらいました。

◆『プロデュース』シリーズのようなし烈な競争の中で一番負担になった部分は何でしたか。

自分の実力に自信がなかったことです。『SIXTEEN』以降は他の人たちと競争したり、自分の実力を見せられる機会が全くなかったじゃないですか。これくらい練習をしたけどまだ足りていないのか、だとしたらどれくらいもっと練習すべきなのかも気になったし、誰かと比較もして

みたかったです。私にとってダンス、歌以外にどんな魅力があるのかも
見つけなきゃいけなかったですし。どうしたら人を惹きつけられるいい
歌手になれるかなと思いました。自信はなくても、これまで培ってきた
実力は絶対に全部見せるんだという気持ちで出たんです。

**◆ アイドルとしての魅力を探そうと思ったという話が少し意外ですね。 自
分を別の角度から眺めてみようと努力したという意味ですよね。**

だから個人技（得意技）の研究もしました。ボイラーCMを真似したり、
セウカン（訳注：韓国初のスナック菓子。かっぱえびせんのような味）のCMを真似
したり（笑）。他の事務所の練習生に、個人技（得意技）も月末評価で見
られているのか質問したこともあります。あとは私たちの中でも目立っ
て愛される子っているじゃないですか。どうやったらそんなに愛される
のかその子たちを観察しました。

◆ ひときわ目立つ練習生たちがいたんですね。

私みたいに不自然に何かを見せようとするのではなく、自然な姿から
醸し出されるその子なりの魅力がありました。IZ*ONEメンバーの中で
はイェナがそんな子でした。特別何かをしようとしなくても自分だけの
魅力が出てくるんです。愛されるしかない子です。こういう部分に気づ
いてからは、私も考えが変わりました。他人の魅力が何なのかにこだわ
るんじゃなく、私は私の魅力を見せればいいんだというふうにです。

**◆ 3度目のサバイバルプログラムへの挑戦がもたらしてくれたいい発見で
すね。 そのプログラムでなければ得られがたいものでした。**

『プロデュース48』では、そこだけが全世界なんです。外から見たらも
のすごく小さいのに、その中ではとても大きく感じられます。そこが全
てだと思いました。悲しい時は世界を失ったみたいに悲しいし、嬉しい

時はこの世の全てを手にしたみたいに嬉しくて。

◆ この世の全てを手にしたくらい嬉しかったのはいつでしたか。

　生放送の最後のステージでセンターをすることになったときです。一番大きな喜びを感じたように思います。センターになったというのは『プロデュース48』の中で辛かった瞬間を含めて、これまでしてきた練習生生活をひっくるめて報われた気がして、個人的にものすごく意味がありましたね。それに最後の生放送のセンターだと言うから何だかすごく思えたりもしました。ついに何かを成しとげたような気がしたんです。

◆ センターじゃなくてもダンスの実力で十分に注目されていたましたよね。

　センターは服も違うんです。スタッフが「これがセンターの服です」と言ってアクセサリーをプラスでつけてくれるのですが、恥ずかしいながらも嬉しかったです。でも一番よかったのは、チームメンバーたちの投票で選ばれたことです。センターに決まって皆が一緒に喜んでくれたことがさらに嬉しくて。最後だったからお互い競争と言うよりかは、切ない気持ちが大きかったです。

◆ 反対に一番辛かったのはいつでしたか。

　〈IAM〉チームのときに人数調整で別のチームに回されたんです。そのときはかなり傷ついた気がします。その世界がとても大きかったから。練習生生活をしながら人間関係を築くのがとても難しかったです。チームで人数調整をするとなると十分ありえることなのに、トラウマになったのか良くない記憶が思い浮かんで精神的にとても辛かったです。

◆ **サバイバルゲームにもたくさん出て事務所も移籍したから、そう感じることもありますよね。**

そのチームじゃないと自分がデビューできないと思い込んでいました（笑）。人数調整されたおかげでメディアでの私の持ち分ができて、自分だけのストーリーもできたので結果的にはいいチャンスでした。それがわかってからは今目の前に迫ったことも、もう少し遠くから見られるようになった気がします。

◆ **IZ*ONEの最後のメンバーとして名前を呼ばれたときは、どんな気分でしたか。**

実は悲しかったんです。何だかわからないけど、とってもとっても悲しかったです。ものすごく嬉しいと思っていたのに。名前が呼ばれた瞬間、両親が私を見ていると思うと涙が止まりませんでした。もう少し早く呼ばれていたら、父も母もそんなにハラハラすることもなかったと思うと、申し訳なかったです。

◆ **喜びより悲しみの方が大きかったというのは、チェヨンさんの立場を考えると理解できます。**

あまりにも辛くてそれほどまで思いつめていた気がします。これまで5年間も母をヒヤヒヤさせていましたし……。「なんでこんなに時間がかかったんだろう？」という気もして、とても悲しかったんだと思います。でもこの気分を誰か他の人に話すことはできませんでした。皆、私が喜んでいるとは思っても、悲しいと言ったところで理解されないと思ったからです。

TAKE. 3

ＩＺ＊ＯＮＥ と し て の 第 一 歩

◆ **韓国のデビュー曲だった〈La Vien Rose〉と日本のデビュー曲〈好きと言わせたい〉の雰囲気は、思ったよりかなり違いました。曲のメッセージから振り付けの流れまで、相当な違いがありましたよね。**

この2曲の魅力は確実に違いました。〈La Vien Rose〉は高貴で美しいラインを強調するパフォーマンスでしたが、〈好きと言わせたい〉は、皆が真似できる動作中心の振り付けだけれど、メンバーのエナジーとカリスマ性が出るように練習しました。でもどちらも12人の魅力が全部伝わるように、自分のパートでそれぞれ違ったジェスチャーを使おうとたくさん研究を重ねたと思います。

◆ **この2曲ではパフォーマンスでの身体の使い方も違いましたよね。**

〈La Vien Rose〉は手をたくさん使って、〈好きと言わせたい〉は体全体をもうちょっと多く使いました。個人的には〈La Vien Rose〉の手で薔薇を表現する部分がとても好きです。〈Violeta〉は〈La Vien Rose〉の延長線上にありながらも、もう少し軽く優雅に動いたように思います。〈Violeta〉を練習するときは、リズムに一番たくさん気を配った気がします。サビで手を一緒に使って動いてはいても、体全体のアップダウンがはっきりと感じられなければいけない曲だったんです。軽やかに動きながら爽やかさを表現しようとしました。

〈La Vien Rose〉よりも明るい感じだったから、同じように美しいラインを表現していても、〈Violeta〉では足をもう少し軽く上げながら爽やかな感じを出そうとしました。

◆ デビューステージのときはかなり緊張しましたか。 ショーケースの現場では全く緊張しているようには見えませんでした。

ものすごく震えました。どのステージもいつも緊張してお腹が痛いです。ステージのときは足がぶるぶる震えているはずです。いつも練習のときより緊張しすぎてうまくいきません。バランスがとれない日がとても多かったです。リズムが速くなったり、力が入りすぎたりもして。

◆ もう少し年齢を重ねてステージに慣れたら、 自分でコントロールできるんじゃないでしょうか。 自分のパートのときのいつもしっかり歩み出る姿からは、 今でも十分な自信を感じます。

ファンの話だと、髪の毛も踊っているんですって（笑）。もともと髪をコントロールできていなくて、いつも片方に偏るか、ひどいときは顔を覆っていたんです。髪の毛を自由自在に動かせるようになったと感じた瞬間、まさに自分が成長したことを感じられた気がします。ある時から、それが私の魅力だと自信をもって言えるようになりました。ステージ上で自然に計算できるようになった気がします。この部分ではもう少し力を使って髪をこのくらいまで突き出そうとか、偶然髪の毛が顔を覆ったときは後から出てくるある動作でスマートにサッと乗りきろうというふうに。

◆ 生まれつき才能があったのは確かですが、 自分の長所を一つずつ練習して作りあげたように思います。

自分自身についてたくさん研究しました。私はもともと背がほんと

小っちゃかったんです。小学校6年生のときに139㎝で、いつも背の順は一番でした。ダンスをするときも背が小さいのがわかってとても嫌で。どうしたら大きく見えるのかを考えながら、腕を大きく使ってかかとを上げることで、背が少し大きく見えるようにしました。その習慣が今も残っていて、最近もかかとを上げたまま踊ります。体に少し無理はいくのですが、ずっと軽やかに見えるんです。何としても耐えなきゃいけない部分ですね。

✦ 歌を歌うときはどうでしたか。

録音を初めてしたときは、自分の声がヘッドフォンを通して聞こえるから、全然ダメだと感じました。曲調も生かせていないと思いましたし。「私がこの曲をつぶしちゃだめだ」と強く思いました。

✦ 『プロデュース48』でたくさん称賛の声を聞いていたにも関わらず、まだ物足りなさがあったんですね。

そこで初めて褒められたのでびっくりしました。当時は〈1000％〉を歌っているときだったのですが、喉頭炎になったのが辛くて。練習しながら生き残るために我にかえって、しがみついている感じでした。ミンジュが一緒にいたのですが、ほとんどが日本のメンバーだったので私のパートを必ず生かさなきゃという、チームのためにこれを絶対に成しとげなきゃという気持ちが強かったです。ステージを終えると「あ、私ってどれだけしんどくてもこれくらいの精神力があればステージに立てるんだな」と思う中で、自分に根性がついたと感じられましたね。

✦ 長い練習生生活の中で得た、大切な財産じゃないですか。

そのとおりです。うまくいくまで足をつかんで乞い続けたんです（笑）。メンバーたちがこんな私を信頼してくれたことがありがたくて、「私を必

要とする人がいるんだな」と感じると胸がいっぱいになります。ちゃん
と生きてるんだという気がします。

**✦ 日本人メンバーたちとも調和を図るために色々と努力したんじゃないか
と思います。**

　韓国で活動するときは韓国のメンバーが日本のメンバーたちを助けて、
日本で活動するときはラジオみたいなところに出演すると日本のメンバー
たちが韓国のメンバーがしたがる話を代わりにしてくれます。言語面で
お互い色々助け合っていると思います。私も日本語を勉強してよかっ
たです。自分が学んだことで他人を助けられることが幸せだし、不思議
です。もちろん私の日本語はまだまだです。言いたいことは言えるけれ
ど、文法がまだ追いついていません。

✦ 間に入って言葉を伝えるのは本当に難しいことでもありますよね。

　慎重になるところはあります。日本語の実力がずば抜けているわけじゃ
ないので、もし私が言った言葉が状況に合わなかったり、適切な単語
じゃなくて日本人メンバーたちの気を悪くしたりしたらどうしようと、と
ても心配になります。だから言葉にするときはいつも必ず明るく笑いな
がら話します。ミスをしても意図的なわけじゃなく、私が本当にわかっ
ていなかったからだということを伝えようと努力しています。

**✦ メンバーたちのダンスの先生でもあります。教える立場からも注意し
なければいけないことがたくさんありそうですね?**

　私が評価する立場になっては駄目ですよね。相手の立場からすると気
分が悪いかもしれないですし。「それは違う」と言うのではなく、できる
だけ遠回しに言うようにします。「ここは正直こうだ」、「この部分が足
りていないと思う」くらいの言葉でも、聞く人の立場によっては気分を

害することがあります。

◆ **ではどんなふうに話すんですか。**

「ここは腕をもう少し長く伸ばしたら、ラインがきれいだってものすごくたくさん褒められると思う」こんなふうにです。以前から人の気分を害さないように話すトレーニングをずっとしていて、そのとき練習したことを今IZ*ONEのメンバーにもしている気がします。ここ最近、日本でステージに立ったときもこんなことがあったんです。ワンショットに収まるメンバーの動きが少しかたい気がして「サッとウェーブを入れてみたらもう少し自然になると思うよ。」と言いました。

◆ **もしかして今のように慎重になった特別なきっかけがあるのでしょうか。**

これまで「これはこうやってはダメ」と言うオンニがあまりいませんでした。家では親からは教えられますが、ここでは違うじゃないですか。TWICEのオンニたちが『SIXTEEN』のあとすぐにデビューしたことで急に私がオンニ役になって、失敗だらけでした。リーダーじゃないのにリーダー役をしなくちゃいけないから「オンニたちならこういうときどうするかな？」と考えながら、下の子たちにずっと怒ってばかりだった気がします。どうやって引っぱっていくべきなのかわからないから、厳しくしなきゃという思いが頭にこびりついていたんです。きっとそのときが年下の子たちから一番嫌われていた時期のはずです。失敗も一番たくさんしているはずですし。正直ものすごく後悔しています。今でも私は学ぶ立場になると重苦しくなる性格で、自分が教える立場に置かれる方が楽なんです。自立した性格だから、他人を助ける方がぴったりくるので常に慎重でいようと思っています。

◆ 今ではお互いかなり近い関係になっていそうですね。

　休暇を一緒に過ごすくらい仲がいいです。本当に、半年しか活動して
いないグループかなと思うくらい仲良しなんです。互いを思いやる気持
ちがとても大きいです。それがIZ*ONEの長所です。ものすごく不思議
なのが、〈La Vien Rose〉を合わせていた時期より〈Violeta〉を合わせて
いた時間の方がもっと短いのに、〈Violeta〉の方が合っているという評
価をされました。きっとチームワークが良いからだと思います。それぞ
れお互いの約束はきっちり守って、気持ちも前よりずっと波長が合っ
ているから。

◆ やはり短い時間の中で密度の高い活動をしたことが役立ったんですね。

　それまでは私たちに一番合う方法を模索しているところだった気がし
ます。〈La Vien Rose〉のときはまだ効率的に練習する方法を探せていな
い時期だったから、とにかく時間をたくさん投資したんです。でも
〈Violeta〉のときはもう少し効率的に、そのときより短期間で集中力を
発揮して完成させられるようになりました。

◆ ミンジュさんやヘウォンさんのダンスの実力もかなりつきました。

　ミンジュは個人練習をものすごく頑張ります。ブルドーザーみたいな
感じです。〈1000%〉のときもそうだったのですが、IZ*ONEの活動を
する中でミンジュの情熱がもっと多くの人たちに知ってもらえたらいい
なと思います。ヘウォンは諦めることがないですし、それがヘウォンの
一番大きい長所だと思います。ダンスでものすごく成長しようというの
ではなく、IZ*ONEのメンバーとして自分のすべきことを着実に成し遂
げようとする意志が強くなりました。何をするにしても絶対に諦めない
ので横にいると驚いてばかりです。メンバーたちから学ぶべき部分がた
くさんあります。

◆ **練習生のときはチェヨンさんもリーダーやオンニの役割をたくさんしましたが、今はウンビさんがリーダーじゃないですか。バラエティ番組を見ていると頼りにしているのがわかります。**

半年間ウンビオンニと一緒に活動する中で、本当にいい人だと感じました。いつもは私も誰かをリードする側でしたが、ウンビオンニを見ていると心からオンニだけを信じてついて行きたいと思います。初めてそんな気分にさせてくれた人です。

◆ **日本人メンバーは皆アイドル生活をしていた人たちじゃないですか。そこから学ぶ点もあると思います。**

日本人メンバーのもつ自信はほんとかっこいいです。カメラの前でもステージ上でも常に自然体です。プロフェッショナルなんです。アイドル生活の経験がある子たちなので周りのスタッフにも礼儀正しいし、行動も慎重です。「わあ、芸能人だ」と自然に思います。これって経験がなければ絶対に作れない長所なので、学ぶ点が多いです。

◆ **大きなステージでたくさん公演していると、メンバー同士で印象深い瞬間もたくさんあったでしょうね。**

授賞式は私たちのファンだけがいるのではなく、他のファンダム（訳注：熱心なファンの集団）もいる大きなステージなわけですよね。その瞬間は、この人たちをIZ*ONEのファンにしなくちゃという気構えでした。そういう日の反響は、心の奥底に深く入り込んで忘れられないような感覚です。数万人の人たちの中にIZ*ONEの12人がいるわけじゃないですか。これを言葉でどう説明したらいいですかね。宇宙の中にいる感じとでも言えばいいでしょうか。

相 変 わ ら ず 上 手 い 人

◆ 授賞式のときはソロダンスもしました。 チームでの振り付けのときより
強烈な印象を受けました。

　私だけ輝いて、私だけが目立ちたかったわけでは絶対になくて。私に
よってIZ*ONEのメンバーたちが輝いたらいいなと思っていました。リ
ミックスバージョンを披露することで曲自体にも新しい感覚が生まれま
したが、振り付けも私だけじゃなくメンバーたち一人一人のキャラク
ターが全部出せたらいいなと。私のダンスがIZ*ONEが披露するパフォー
マンスの始めの部分を受け持っているけれど、そのエナジーが次のメン
バーに引き継がれて、チーム全体につながってほしいと願っていました。
私にはIZ*ONEがなくちゃだめなんです。私のダンスからそれが伝わっ
たら嬉しいです。

◆ 授賞式のステージ裏で、 ともに練習した仲間たちに会ったときの気分
はどうでしたか。

　ステージから降りたあと、以前一緒に練習していた子たちとすれ違い
ながら「ほんと上手だった」、「相変わらず上手いね」という話をすると
とても感動します。「私って頑張ってきたんだなあ」と思いますね。あ
るとき一度、Stray Kidsのヒョンジンと会いました。練習生のとき私が
よくダンスを教えたのですが、もともとはダンスを全くしたことがない

子でした。でもその日のステージでソロダンスをしたんです。一人でどれほどたくさん練習したのかとびっくりしましたし、スキルアップした姿がかっこいいと伝えたところ、後でこんな話をしてくれました。その言葉を聞いて涙が出そうになったと。

✦ **その言葉の意味がそのまま理解できたのではないでしょうか。**

　自分自身に実力がつくことをどれほど願っていたのか、それにソロダンスをしたときにどれほど感動して胸がいっぱいだったか、私も経験して知っていましたから。私がほんのちょっとでも役に立った気がしてとても嬉しかったです。「私っていいヌナ（訳注：年下の男性から見たときのお姉さん）だったかな？」という気持ちにもなりましたし。1才しか年の差はないけど（笑）。

✦ **JTBC『アイドルルーム』でランダムプレイダンスが話題になったじゃないですか。しかも『アイドルルーム』のYouTube動画の中でトップの再生回数を記録しました。なんと1800万ビューでしたし、今はもっと増えていますよね。**

　数字に対する概念がなくてそれがどれくらいなのかよくわかっていなかったです。だからとても不思議でした。もともと映像タイトルは英語にもなっていたんですよね。私がどの人のダンスを踊ったのかタイトルが全部入っていたので、先輩たちの名前を検索して偶然出てきたことでたくさんの人が見てくれたんだと思います。

✦ **『アイドルルーム』に出演するために別で練習したんですか？**

　曲によってある程度知っている部分はありました。放送を何度か見ているとハイライトの部分くらいは少しずつ真似できるようになるんです。でも放送に出るという話を聞くと、私が覚えたものを土台に入念にもう

一度練習をします。

✦ カバーダンスをするとき一番大事だと思う点は何ですか。

私がいつも使うダンスラインを振り付けに多く取り入れます。カバー
ダンスは原曲者を決して真似することはできません。原曲者の醸し出す
雰囲気以上のものを見せられないという意味です。だから原曲者を超え
ようと思ってはいけません。同じ振り付けでも私だけのスタイルで解釈
するのがいいと思います。

✦ どの曲も全て上手にこなしていましたが、 ガールズグループの曲から
ボーイズグループであるEXOの〈LOVE SHOT〉に移っていくとき、
完全に別人のように変貌する姿はずば抜けていました。

EXO先輩たちの〈LOVE SHOT〉とMONSTAXの〈Alligator〉は一
番難しかった曲です。いくら私が真似して踊ると言っても、男女の力
の差ってあるんですよね。どうすればその差をあまり感じられないよう
にできるか、色々と悩みました。物足りないと原曲の振り付けと比較さ
れるはずですから。

✦ 難しい曲だったのに敢えて選んで練習した理由は何ですか。

男女に力の差があることを超えて、女性アイドルも男性アイドルたち
のダンスをこれくらい力強くカバーできるということを見せたかったん
です。

✦ その感じを出すために特に参考にした映像はありますか。

カイ先輩の映像を検索しまくりました。踊るときの表情や動き一つ一
つが驚きで、生まれつきDNAが違う人なんだと思いました。「こんなの
絶対真似できるわけがない」と思いましたよ。何よりもたくさん練習さ

れているのが目に浮かんで、その部分をほんと尊敬しました。サイン会のたびに話すことなのですが、実は同じ理由でテミン先輩のこともとても尊敬しています。

◆ チームのメインダンサーという点で真似たい部分があるとすれば。

メインダンサーの立場としては、グループで少し目立っているという言葉を聞くと、かなり気になるんです。グループであれば皆同じ振り付けをするものだし、調和を見せなきゃいけないのに一人だけ目立つとチームに被害がいくわけですから。私も同じですよね。でもテミン先輩とカイ先輩はそれぞれのグループにとけこみながらも、センターに出た瞬間、自分だけのオーラを出せる点で本当に見習いたいです。

◆ ダンスをするとき、自分自身が今より気を配らなきゃと思う部分は何ですか。

腕や体を折る角度です。モニターを見るとメンバーの間で少し浮いている気がしてとても気になります。先生が教えてくれる通りにやる方なのですが、実際そのまま真似するとカメラの前では折れる度合いがちょっとやりすぎなくらいですね。あまり美しく見える角度ではありません。こういうときメンバーたちから学ぶんです。IZ*ONEメンバーたちはカメラにぴったりの動きを余裕たっぷりにやっちゃうんです。私はちょっと無知すぎて（笑）。少し力を抜けばいいだけなのに、簡単じゃありません。

◆ ダンサーではなくアイドルだからこそ悩まざるをえない部分ですね。

なぜだか角度を完璧に守らなきゃと思ってしまいます。プロのダンサーじゃないからそこまでする必要はないのに……。前みたいに踊りたいという未練が残るときは、インスタグラムに一人で踊る映像を時々あ

げたりもします。バラエティ番組のランダムプレイダンスみたいなコーナーで見せられるのも嬉しかったりします。でもこういったチャンスはこれからもあるはずだから、今はメンバーたちと息を合わせていくことが大事ですよね。

コンプレックスではない
コンプレックス

✦デビューしてからチェヨンさんを一番悩ませたのは何ですか。

　毎回ステージのたびにリハーサルをして、モニタリングをするじゃないですか。画面の中に映る自分がかわいく見えないことが多くて。〈La Vien Rose〉のときも、〈Violeta〉のときもそうでした。自分の姿があんまりだと思うとパフォーマンスする姿が目に入りません。踊っている姿じゃなくて顔と表情ばかり見えるんです。そういうときはいつも、「ああ、私はまだ外見コンプレックスを克服できていないんだな」と思います。コンプレックスに打ち勝つのは本当に難しいことだと思います。

✦ 練習生の中で長期間大衆の前に出るのは異例だから負担が大きくなったんでしょう。

　大丈夫なふりをするけど、今も心の底では外見に対するプレッシャーが大きい部分を占めているのを感じます。それくらいガールズグループ

にとって外見が重要なことを知っているからです。でも努力中です。少しでも何てことなく乗り越えてみようと。どのみち私を好きになってくれる人たちは私の別の魅力を好きなはずです。嫌いな人たちはずっと嫌いだろうから、それは気にしないのが正解だと思います。でも言葉ではこう言っても、今も心がひりひりします（笑）。メンバーたちが冗談で「うちのメンバーは皆かわいいから！」と言うと、その瞬間心がちくちくします。

◆ ファンの前では全くそんなそぶりを見せないじゃないですか。

　枠にとらわれるのが嫌なんです。私が外見に自信がないことを知る人たちが増えれば「自信のない子」、「残念な子」だと見る人たちも増えるでしょう。そんなイメージに映ってまで愛されたくないんです。堂々とした姿で愛されたいんです。

◆ どの瞬間に自分のコンプレックスを忘れて強くなりますか。

　ファンたちの応援の声を楽しめるようになってからは、自分がどんな姿に映っているのか少しも気になりません。前はステージの下でファンがカメラで撮っているとかわいく写ってないんじゃないかとたくさんストレスを感じていました。いくらステージを楽しんでいても、ほんの少し自制してかわいく写る角度を探そうという気持ちだったんですが、今はそれが無理だとわかっています。ステージでは飛び跳ねるのが正解だと思います。目だけ開けていればいいでしょう。最近は写真を見ても「あ、目開けてたね！」と言って乗り越えます（笑）。

◆ ダンスがむしろコンプレックスを克服させてくれる手段ですね。

　そんな気がしますね。初めは自分がダンスにどれくらい自信があるのかよくわかりませんでした。たくさんの人に褒められて、私を好きじゃ

ない人たちもダンスの実力についてだけは何も言わないんです。「あ、ダンスは大丈夫みたい」と思います。（自分の周りを取り囲む壁を身体で表現しながら）ダンスが私の盾なんだと思います。「shield」って言いますよね。

◆ ストレスが溜まるとダンスで解消するんですか。

はい、辛いときや憂鬱なときは必ず踊ります。誰もいない練習室に行って灯りを最小限にして。その雰囲気自体を楽しみながら、本当に腹が立つときは体なんて壊れろというくらい踊って汗をかきます。そうするとストレスがサッと消えるんです。

◆ 最近は主にどんな曲に合わせて踊りますか。

歌のプレイリストとダンスのプレイリストが別々にあるのですが。最近はAriana Grandeの曲に合わせてたくさん踊ります。チョンハ先輩、(G)-IDLEのスジン先輩も〈7 rings〉に合わせて踊っていますよね。だから私も自分だけの振り付けを編み出そうと思うんです。私が作ったらどんな感じかなと思って。今流行っているポップソングを流して感じるままに踊るときもあります。

◆ 〈7 rings〉を踊る姿もそのうちSNSにあげる予定ですか。

見せすぎるのもよくない気がます。「駆け引き」する感じで、です（笑）。そのうち「ああ、この子はまた同じダンスだね。一緒だね」こんなふうに思われちゃうかもしれないじゃないですか。

◆ 歌もストレス解消に役立つでしょうか？

私には役立ちません。歌を歌って足りない部分が見えると、またストレスになるのがわかるんです。気持ちよく歌っていても「あ、この部分の音程が下がった」となると、すぐにストレスにつながるから、練習だ

と思えるときだけやります。

◆ **まだ若いのに、自分自身についてとてもよくわかっている気がします。**

　今はかなり余裕ができました。以前は後ろも振り返らず、実力をつけることにだけ集中していました。今はサッと後ろも振り返るし、自分の内面だとかメンタルみたいな部分でもっと成長したいです。人に見られることではなく、内面でも芸能人ができるようにしっかりしなくちゃと思います。どんな状況にぶつかってもぶれずに、自分の道を進めるといいですね。それに芸能人は人に影響をたくさん与える職業じゃないですか。恥ずかしい部分があってはいけないと思います。見かけも、私自身だけが知っている内面の姿も恥ずかしくてはいけないと思います。

二 十 歳 、 人 生 の グ ラ フ

◆ **もう少し学んでみたいジャンルのダンスもあると思うのですが。**

　ヒップホップをもっと学んでみたいです。体で身体のラインを見せられるダンスが好きだからです。でも全ジャンルのダンスが最近のK-POPの振り付けには入っている気がします。運よく小学校6年生のときに出会った先生がとてもいい方で、Locking、Waacking、Poppin'、B-boyingなどを全部教わったんです。常に全ジャンルをやってみることが役に立つという点を強調されて、それを全部ミックスして踊れたときにきっと

いいダンスを完成させられると仰っていました。ふり返ると本当にどの
ジャンルも役立っています。音楽を聴きながらもこの部分ではWaacking
の感じを入れて、あそこではヒップホップの感じを入れられるなという
ふうに考えられるようになるからです。

◆ **どれも上手だと思いますが、 思い通りにならなくてもどかしいダンス
もありましたか。**

　以前、現代舞踊をしてみたかったんです。先輩たちが時々現代舞踊を
しているのを見て、とてもかっこよく感じられて。現代舞踊の要素が振
り付けに入ると、ほんと1羽の鳥みたいに見える気がします。でも実際
は体が固すぎて無理がありましたね。体が柔らかくないんです。脚も90
度しか折れないし、上半身も柔らかい方じゃないんです。

◆ **でも踊っているときは全く固く見えません。 驚きました。**

　がちがちに見せずに踊れるのが私の長所じゃないでしょうか（笑）？

◆ **他にどんな長所があると思いますか。**

　身体を大きく使えることです。腕や脚を長く上手に使えている気がし
ます。〈Violeta〉で「네 진심을 느껴봐（君の真実を感じてみて）」というウ
ンビオンニのパートで、腕をまっすぐ伸ばす動作をするのですが、その
動作のときはエクスタシーを感じます。

◆ **これまでチェヨンさんが見せてきたステージの中で、 どのステージが一
番自分らしさを発揮できたと思いますか。**

　『プロデュース48』で初めて事務所の格付け評価をするときの姿が、一
番重要なステージだったと思います。自分で作った振り付けでステージ
に立ったのですが、私のことを知ってほしいという切実な気持ちと、こ

れまでしてきた練習量から出る実力を見せたいという気持ちを一緒に込めました。

◆ **具体的にどんな話がしたかったんでしょうか。**

「私はずっと諦めずに頑張りました」。そのステージはこれまで隠してきた私の気持ちが込められたステージだったから、自分を一番きちんと表せたステージだった気がします。自分のパフォーマンスだから、自分の気持ちが大切だと思います。

◆ **チェヨンさんのステージを見て、皆がどんなふうに思ってくれたら嬉しいですか?**

私のステージから努力、挑戦といったキーワードが見えるといいですね。夢中にならないと何も得られないと思うんです。

◆ **それほどのエネルギーだから、舞踊にも挑戦できるんじゃないでしょうか。**

実は、やりたいことがとてもたくさんあります。現代舞踊、韓国舞踊、ポールダンスなんかです。ポールダンスの場合は地上ではなく空中で踊るダンスですよね。体のラインを美しく使いながらも多様な技術が必要なダンスだから、上から下に降りながら踊るダンスがどんな感じなのか気になります。上から観客を見ながら踊るって、一体どんな気分でしょうか?

◆ **絶対にやってみて、教えてください(笑)。**

とってもかっこいいですよね。今も現代舞踊は私が表現したいことを自由に表現できるジャンルだと思うのですが、踊り手を見ているとひらめく布でさえ踊りの一部分に感じられます。人の動作があって、服が残りの隙間空間を満たすんです。そんな自然さがとても好きです。風みた

いです。

◆ 韓国舞踊もやってみたいんですよね。

韓国舞踊は太陽のような感覚です。踊るときは韓服を着て、鮮やかな扇子を持つこともありますよね。その姿を見ていると光が入る感じというか、太陽を眺めている感覚になるんです。

◆ ではIZ*ONEの振り付けはどういった感じですか?

IZ*ONEの振り付けは木みたいな感じです。枝が生い茂る木です。K-POPの振り付けに韓国舞踊の要素も入れられるし、現代舞踊の要素も入れられるじゃないですか。一番いろんな方向に延々と伸ばしていけるジャンルがK-POPのパフォーマンスだと思います。振り付けに使える要素がどんどん多様になっているから、現代舞踊とは別の意味で自分が表現したいものを全て表現できると思います。

◆ しかも木が育つためには太陽も風も必要ですよね(笑)!

そのとおりです。全部必要なのがK-POPパフォーマンスなんです!

◆ ステージの上にあがると何を考えますか?

何も考えません。その瞬間を楽しもうとだけします。次の動作が何かを考えたり、表情をこういうふうにしなきゃと思うったり、あまりにもいろんなことを考慮してしまうと、むしろしくじるんです。どの動作も自然に出てくるまで練習をしてステージにあがってこそ、何も考えずに自分の体に自分をまかせられます。

◆ 今チェヨンさんを一番幸せにするものは何ですか。

やりたいことをやれているのが嬉しいです。どれだけ辛くても、疲れ

ても大丈夫です。とにかく自分がやりたいことをしているわけですから。周りの友人たちもそのことを羨ましがるし、自分自身一番誇らしい部分でもあります。それが私を幸せにしてくれます。

◆ ふり返るとこれまで本当にいろんなことがありましたね?

『プロデュース48』に出るか出まいか悩んだときに、両親が出なさいと言ってくれた瞬間が思い出されます。「お前が今まで積み上げてきたものを思いっきり全部見せておいで」と。私がここまでつなげてきた人生のグラフは本当に山あり谷ありでした。子どもがそれほど苦しんでいたらやめさせる方法もあるのに、諦めないように私を見守ってくれてありがたいです。

◆ 妹もデビューに成功して、さらに喜ばしいでしょう。

　5人の中に入るのにどれほど厳しい競争をしてきたでしょうか。自分がIZ*ONEになったのと同じくらい嬉しくて、感動しました。最近はあまり会えなくて寂しいです。でもKCONのときに、5分の距離にお互いのホテルがあったんですよね。正直会うこともできたのに、2人とも面倒くさくて会いませんでした。ほんとの姉妹みたいでしょ(笑)?

〈La Vien Rose〉ダンスブレイク

Mnet アジアンミュージックアワーズ JAPAN_20181212

　公式的な活動のために発表したタイトル曲は〈La Vien Rose〉と〈Violeta〉の2曲だけだが、イ・チェヨンは2018年年末の授賞式全てでダンスブレイクの主役を務め、メインステージの緊張感を高める役目を果たした。 ガオンチャートミュージックアワードでリーダークォン・ウンビのチェアーダンスに続いて、 頭の先からつま先まで絶えず床を活用して動作を最大化するソロダンスを見せたかと思えば、 Mnetアジアンミュージックアワーズ in KOREA での彼女は〈La Vien Rose〉のステージの途中で挿入されたダンスブレイクのスタートを知らせ、両側に分かれて踊るメンバーたちの間でしっかりとバランスをとった。

　群舞をリードしながら長い練習生時代に磨き上げてきた自身のスキルを誇りに、ひたすら自分にだけスポットライトが浴びせられるソロダンスでは天性の才能を発揮する。 それゆえ日本のさいたまスーパーアリーナで開催された2018 Mnetアジアンミュージックアワーズのパフォーマンスは、イ・チェヨンがもつ2種類の長所をどちらも合わせたステージという点で重要視せざるをえない。『プロデュース48』当時、韓国語ができなかった日本人メンバーたちの通訳を引き受けたイ・チェヨンのプロローグは、大きな円の両側から宮脇咲良とくり広げるソロダンスに象徴される。 イ・チェヨンは関節などないかのように柔らかく腕と脚を伸ばして円形舞台の端に沿って舞踏をするようにひらりと動く。 彼女たちの友情が、 言葉の壁などない柔らかな感情であることをダンスという身体の言語によって表現したのだ。

　そして日本人メンバーである本田仁美が韓国人メンバーをリードして踊った後、イ・チェヨンの言葉はまた違ったニュアンスをもち始める。 ほんの少し前までソフトに優雅に自分たちの友情を語っていたイ・チェヨンは、 たくさんのメンバーたちに出会い一気に勇気が出た女性のようにパワフルに踊り出す。 まるでなかったかのような彼女の関節が生き返ったとき、 サバイバルプログラム『プロデュース48』の過酷さを乗り越え一つになったIZ*ONEメンバーたちの情熱と根気、 さらには勇気を得たイ・チェヨンだけの世界もはっきりと見えてくる。 ソロでも複数でもうまくやろうとするなら、自分と相手の世界の両方を理解しなければいけない。 もしかするとイ・チェヨンはダンスの練習ではなく、 周りを理解する練習をしてきたのかもしれない。

もう、チョンハの時間

I.O.I出身
CHUNG HA

チョンハについて説明するには時間がかなり必要だ。Mnet『プロデュース101』で一番劇的な順位アップを成しとげた人、トレーナーたちの絶賛を浴びながら登場し〈BANG BANG〉のステージで自身の創作能力を見せつけた人、多くの人からソロ歌手として成功するのは難しいと言われていたにもかかわらず世間にその名を刻み込むことに成功した人。簡単な言葉では決してチョンハの過去の時間を説明することはできない。しかも歌手チョンハではないダンサー、キム・チャンミとして生きてきた時間が今のチョンハを作ったということを知れば、『ダンサー』、『カリスマ』のような言葉はむしろ彼女を理解するのに邪魔になるだけだ。

　予告なしに出てきたBeyonceの音楽に合わせ自由に踊っていたチョンハは、誰も注目しない奥まったところからシュッと突き出た水晶のようだった。彼女が骨盤を動かすたびに決まった順序のように髪の毛が自由に乱れ、その姿はこれまで決められた枠の中で練習生生活をしてきた者たちに驚きと解放感を同時に抱かせた。この驚きと解放感は全て快感へとつながった。長い間ダンスチームとして活動し、ダンスそのものに集中してきた人だけに与えられる強烈な快感へと。

　〈Roller Coaster〉はチョンハがアイドル歌手としてどれくらいの技量を持っていたのか、女性ソロ歌手として定着できるほどの魅力があるのかを示す作品だった。そしてその後の活動を経てそれが〈벌써 12시 もう12時〉に達したとき、チョンハはシンデレラではなく「帰らせたくない」と言う王子の眼差しをしていた。拍手をして本格的なプロポーズの瞬間が来ると、未練がましくのろのろ動いていたチョンハはいつのまにかスピードを上げて前進する。性別とは関係なく、より自信がある者が勝者になる。これまでの5年間、チョンハが見せたパフォーマンスは時として切ないお姫様の気持ちを代弁しなければいけないこともあった。ただ、彼女はステージ上で一度も表現をためら

うことはなかったし、それが〈벌써 12시もう12時〉のチョンハを作り上げた。

　思えば、チョンハは〈BANG BANG〉のステージで他の練習生たちのように余裕をもって自身の魅力を押し出すことができなかった。その代わり、彼女は正確なタイミングで完璧な動作を披露することに集中した。その様子を見守っていたトレーナーたちが言った。「あの子ヤバすぎる」。ひたすらダンスだけに集中したチョンハから出るオーラは、K-POP市場ではなかなか見られない女性歌手の姿を予感させるようだった。チョンハがソロデビューシングル〈월화수목금토일月火水木金土日〉を出したときに反応がはっきりと分かれたのも、彼女のダンスに期待した人たちが多かったからだ。しかしこの選択は、チョンハのパフォーマンスがダンスではなく音楽にあるという点を明らかにした。〈BANG BANG〉のダンスは覚えていても、ステージのために収録した〈BANG BANG〉のボーカリストがチョンハとチョン・ソミだという事実を知る人はあまりいなかったからだ。

　「つい先週まで平凡なアルバイトだったんです」。2015年4月2日、チョンハに初めて会ったのは『プロデュース101』が終わったちょうど次の日だった。初めて正式なインタビューを受けると不思議がっていた彼女は、2019年5月のある日、夜の公演の前に、小さな部屋で口を開いた。「芸能人って特別な職業だと思っていました」。自分に許されるはずはないと思っていたステージ上での時間が、今となってはチョンハの時間として余すところなく与えられている。挫折したかのような水晶は立派に育ち、誰よりも輝かしい光を放っている。そして彼女を見つめる人々の羨望の眼差しを、より一層きらめくエナジーへと昇華させている。もちろんこのエナジーは、チョンハだけのものではない。チョンハを見つめている観客が、彼女と一緒に分かち合うものだ。

PROFILE

チョンハ

チョンハは2015年、Mnet『プロデュース101』に出演し、最終4位でガールズグループI.O.Iのメンバーになった。プロジェクトグループI.O.Iの活動期間終了後、ソロ歌手として［월화수목금토일（月火水木金土日）］、［Hands On Me］、［Blooming Blue］、［벌써12시（もう12時）］、［Bare&Rare Pt.1］などを発表した。それ以外にもドラマやバラエティ番組のOSTを歌っており、2020年第29回ハイワンソウル歌謡大賞本賞、2020年第9回ガオンチャートミュージックアワード今年のホットパフォーマンス賞などを受賞した。2024年3月にはデジタルシングル〈EENIE MEENIE〉をリリースした。

TAKE. 1

▽

ダ ン ス を 始 め た 理 由

◆ **歌手になってもう5年目ですね。 I.O.Iとしてデビューして以来いろんなこと**
が大きく変わりましたが、 空白期間なくずっと活動してきたことが驚きです。

　少し前のシンガポールファンミーティングで、ファンが作ってくれた
映像を見て感激しました。ありがたいことです。これまで休むことなく
活動し続けてきたんですよね。『プロデュース101』の撮影初日から一
度も休まずに走って来られたのは、ファンのおかげだと思います。I.O.I
のメンバーたちがいたときは役割分担がありましたが、1人だからより
いっそう頑張れます。

◆ **疲れずに活動できたのは、 それほどまでにステージに立つことを切望し**
ていたからでしょう。

　歌手や芸能人みたいな夢ってきっと誰でも一度くらいは夢見るもの
じゃないですか。自分もテレビに出られたらいいなと思う、その程度で
す。歌うことも踊ることも好きだったけど、その世界は届かない宇宙み
たいな感じでした。自分の未来だと悩めるほど実現する可能性がある夢
だなんて、思えなかったんです。

◆ **ダンサーではなく歌手になりたかったんですよね。**

　歌手になりたかったので、これほどダンスに情熱を持つだなんて想像

もしていませんでした。それくらいいろんなことに関心があったわけではないんです。

✦ それなのにダンスチームで活動することになって（笑）。

　そうなんです。不思議でしょ？　むしろ歌よりダンスのほうが距離はありました。歌は口ずさめるけど、ダンスはいざ誰かにやらされるとほとんどの人が凍りつくじゃないですか。私も同じでした。でも高校生の時に、寮生活をしていて閉じこめられているような気分になっていたんです。私が卒業した学校はクリスチャンの学校だったので、音楽が流せなくて。友人たちは好きなアイドル歌手の歌をこっそり録音してきて、全部覚えて歌っていました。その時に、友だちと音楽を聞いてダンスを踊ると気分が良くなることを知りました。

✦ 今のチョンハさんからは想像できない姿ですね。

　ここまでたどり着いたきっかけも変わっています。夏休みに宿題を全部しちゃうと、とても退屈だったんです。暇なのも嫌だし、時間を無駄にするのがもったいなくて、友だちと冗談で「寮に帰る前にダンス教室に行ってみようよ！」って話をして。ちょうど私たちが見つけた教室がオープンしたてで、長期休みに学生たちに来てもらおうと『1+1』のイベントをしていました。お金も節約できるし、楽しくて。すぐに行って1ヶ月ほど放送用の振り付けとガールズヒップホップを習いました。そうだ、元々ガールズヒップホップっていうジャンルはありません。女の子が踊るヒップホップに名前をそうやってくっつけたものです。

✦ ジャンルとは関係なく、 ダンス自体に楽しみを覚えたんですね。

　ヒップホップも放送用の振り付けも楽しかったです。教室に通ってはじめて、自分にはダンスが合っているとわかったんです。

✦ たくさん褒められたでしょう？

私は話を鵜呑みにしやすくて（笑）。ある日、教室の先生とトイレでほんの少し話したんです。「何歳か」、「何をしているのか」といったことを聞かれて、平凡な学生だと答えました。専門的にダンスをしたことがあるのか聞かれたので「ありません」と答えたら、「続けてもいいと思う」と言って出て行かれました。その時からだと思います。不思議なことにその言葉を聞いてから欲が出ちゃって。

✦ 褒められると伸びるタイプですか。

そうなんです。褒められるとやり遂げなきゃという意志が強くなるタイプです。その時から頑張り始めたのですが、あまりにも早くひと月が過ぎちゃって。寮に戻ってからは、踊っている時の気分と鏡の中の自分の姿が忘れられなくなりました。

✦ 寄宿学校（ボーディングスクール）の特性上、ダンス教室に行くのにご両親を説得しなければいけなかったと思いますが。

母が私との約束を守っていない状況だったんです。だから説得する理由がありました。私はアメリカで高校に通っていたのですが、母がアメリカから私を連れて帰ったときは母なりの計画があったようです。私は母と一緒に韓国に戻りたくて、ただ言われるがままに書類を作成したのですが、それが寄宿学校の書類だったんです。その時はまだ「まさか母が私を寄宿学校に入れるなんてないよね？」という気持ちで書いたのですが、本当に入れちゃったんです。

✦ 若干だまされた気分になったんじゃないでしょうか（笑）。

どれだけ出たかったか（笑）。母がいい成績を取れば私の希望どおりにしてあげると言うので、本当に母が望むくらいの成績を取って会いに行

きました。それなのに出してくれないんです。ダンスをしなきゃと思ったときはそれを武器に母に宣戦布告をしました。私は約束を守ったのに、約束を守っていないのはお母さんなんだから守ってほしいと。私は踊るのが本当に好きで、先生もこれからも続けてみたらいいと言ってくれていることをその場で全部伝えました。もしやってみて自分に才能がないことがわかったら、きれいさっぱり諦めると。

◆ お母さんは何と言いましたか。

　ダンスをしてもいいと言ってくれました。でも韓国ではどこに行っても生き残るのは大変だし、韓国には何もかも得意な人が多すぎるからあなたも自分にできる技術職を探してそれを学びなさいと言われました。私ってほんと不器用なんですよ。でも約束をして、その時から死に物狂いでかじりついた気がします。本格的にダンスチームの生活をスタートしたんです。

◆ その時からダンスを始めたんですね。

　やっとのことで始めたので「もっと頑張らなきゃ」、「もっとやらなきゃ」ばかり思っていました。自分がものすごく頑張ってきたことを今になって気づいた気がします。正直、10代の時に楽しめることはほとんどやらずに、ずっとダンスだけをしていました。それに踊っていなくてもダンスチームのオンニたちとずっといましたから。教室近くのカフェに行って少し休んで、また戻って様子を見ながらダンスをしてみたいな。レッスンが終わると練習室を予約して踊って、次の日の朝また掃除をして先生から課題をもらって、すぐに丸印をつけながらハードトレーニングを始めて……。夕方授業を受けて、サッとご飯を食べるとまた様子を見て戻ってきて。大会に出る時期は朝方に東大門市場に行ってオンニたちと生地を買って来ました。服を作ってお直しも自分たちでするの

ですが、時々「なんで私がこんなことしなきゃいけないの？　オンニ、これっておかしくない？」と愚痴をこぼしたこともあったと思います。

◆ 衣装まで自分たちで直していたとは驚きです。

　ダンスが体を動かすだけで完成するものじゃないということを、そのとき学びました。先生がもっと衣装を作りなさいと言うと、「なんで私がこんなことをしているのかな？　ステージで踊ればいいだけじゃないの？」と思っていました。でもその衣装を準備する過程自体が、ダンスが全てではないという意味じゃないですか。ステージに上がるためには、自分の踊るダンス、自分が見せようとするパフォーマンスに合う衣装と小道具も必要だったんです。仲間と息を合わせることも大切でしたし。

『プロデュース101』が
残したもの

◆ Mnet『プロデュース101』は、チョンハさんを語るのに外せないコンテンツですよね。たくさんのステージを見せてくれましたが、以前のインタビューで印象深かった瞬間として〈FINGERTIPS〉を選んだのが少し意外でした。

　前はそう思ったんでしょう（笑）。今考えると初めて登場した時と、

〈BANG　BANG〉が一番印象深かった気がします。〈FINGERTIPS〉の時期が一番辛かったので、記憶に残っていたのかもしれません。全部終わったことだから話せますが、「このプログラムを私がここまでやらなきゃいけないのかな？」と思った瞬間がちょうどその頃だったんです。それぞれやりたい曲を選んで部屋に入ると、集まったメンバーでとりあえず練習を進めます。そのあと順位発表があって残った人たちでメンバーを再構成するんです。もし人数が7人だとしたら決められた人数どおり合わせないといけないのですが、多すぎると外さなきゃいけないし、少なければ連れてこなきゃいけないシステムだから、精神的にとてもきつかったです。

◆　**競争システムそのものが負担だったのかもしれませんね。**

　みんな一緒に苦労して準備したステージじゃないですか。それなのにファースト音源の公開前に誰かが外されて別れることになるし……。サバイバルプログラムだという点はさておき、とりあえず私には悲しすぎて。世の中がこうやって回っているのだとしたら仕方ないですが、それを受け入れること自体がとても辛かったです。

◆　**だとしたら『プロデュース101』に参加したこと自体が少し驚きではあります。**

　初めてプロデューサーに会った時にも言いました。「私がですか？　私が101人と競争をするんですか？　私は所属会社もありません。今会ったばかりで私のことをよくご存じないからおっしゃっているみたいですが、この世界で働くつもりも、誰かと競争する気もありません。」戸惑いすぎて大笑いした記憶があります。その頃はふつうにアルバイトをしながら生活していたんです。

✦ 実際に参加した後も気持ちは落ち着かなかったでしょうね。

　11人の中に入るには票をたくさん獲得して他の人に勝たなきゃいけないじゃないですか。それがとても嫌で初めからそのプログラムに出演するときは競争だと思わずに参加しようと努力した気がします。時々泣いたり不安な様子をのぞかせたのも、私が競争に負けたからじゃないんです。周りから人が去ったり仲間の不安そうな姿を見ていたから、それが悲しくて泣いたんです。自分の順位が不安で泣いたことは、ほんとに一度もありません。

✦ いくら競争が嫌いな人でも、プログラムが進行していくと自分でも知らないうちにそこに同化する可能性もあったはずですが。

　順位は上がることもあるし下がることもありますよね。自分が何か特別なことをしたわけでもないのに50位圏内にランクインしたら、不思議な気持ちになりました。でもそのくらいです。後で順位が一気に上がっていくのを見たときは「ほんとにどんどん上がっていくんだ？　どうしてこんなストーリーが作られたのかな？」とは思いました。不思議だし感謝しかありませんでした。

✦ 最も驚くべき成長を見せた練習生の一人だったのは事実でしょう。そして『プロデュース101』の中でチョンハさんは特に創作者としての実力が浮き彫りになって、そこに注目した人たちが多かったです。

　編集の力ってほんとに、良くも悪くも恐ろしいと思いました。ありがたいことに短時間で私のことを見出してくれたプロデューサーが、画面にたくさん映してくれたんだと思います。そういった中で話題になって、そのおかげでいい結果を得られました。もちろん創作ミッションでは先生たちの手助けなく、既存の振り付けを使いまわさずに作り上げたのは事実です。でもそういった評価も私がI.O.Iになったから得られたんだ

と思います。メンバーになって私を評価してくれる人たちが増えて、世間に知られるようになっただけです。

◆ **〈BANG BANG〉の振り付けを作るときはどうでしたか。 責任の重いステージでしたし、 このステージをきっかけにチョンハさんに注目する人がさらに増えましたね。**

〈BANG BANG〉の振り付けは初め、ある関係者から丸ごと全部直すように言われたんです。その時初めて「嫌だ」と言った気がします。メンバーの意見がたくさん入っている振り付けだったし、みんなが気に入った振り付けだったから、もしこれを変えなければいけないのなら仲間の同意を得るべきだと思いました。だからその方に言ったんです。私を説得する前に、メンバーを先に説得してくださいと。

◆ **メンバーのチョンハさんへの信頼は相当なものだったでしょうね。**

もしメンバーたちが「元の振り付けよりずっといいです！」と拍手するくらいの振り付けが持ち込まれたとしたら、それに変えたはずです。そうじゃないのなら悪口を言われてもメンバーが気に入っている状態で悪く言われる方が、気が楽じゃないですか。メンバーも気に入らないわ、批判もされるわだとどうしようもありませんよね。とりあえず私たちが満足するステージができてはじめて、どんな状況でも後悔せずにいられると思いました。だからずっと心配はされたのですが、結果は私が責任を持ちますと言って絶対にこれで行くと言いました。

◆ **ものすごい決断力を感じるエピソードですね。**

デビューもしていない練習生がテレビ局でそんな話をするなんて……。正直、何を思って言ったのか未だにわかりません。ちゃんと寝れていなかったからかも（笑）。メンバーと一緒だったから頑張れたんだと思いま

す。振り付けを見たメンバーたちが「オンニ、すてきです」と言ってく
れたから、力が湧いたんです。

チョンハのダンス

◆ ダンスを習う中で何を一番集中して覚えましたか。

ダンスは耳が良くないといけませんが、目も大事です。観察力があっ
てこそ早く上達します。自分の姿が鏡の中にあるとき、これはあんまり
だ、あれはきれいだ、横で踊っているあの人はきれいだ、あの部分がい
いといったことをサッと判断できると、自分のものになり、自然に上手
くなります。歌も早く上達するには耳が良くないとだめじゃないですか。
ダンスも同じです。先生たちの説明を見ているとそれぞれ一つ一つの手
つきまで違うんです。私はその手つきもとても重要だと考えて、かなり
観察をするタイプでした。

◆ 言葉だけではその人の意図を読み取るのも難しいでしょう。

学ぶときも先生と意思疎通をするにあたって、些細な行動がとても大
切な役割をすると思います。先生が説明をする時にどう動くのかを見て、
それをどう生かすかを考えるんです。あとは先生のスタイリングを見な
がら勉強することもあります。

✦ 自分のカラーを作りあげるために先生たちのイメージを学んだんですね。

　見ずに耳で聞くだけでイメージトレーニングができたら当然楽ですよね。でもダンスだけじゃなくどんな勉強でも初めは自分が習う先生を真似するじゃないですか。その時に観察力があると自分のものにできるわけです。例えば手を横に伸ばしたときも、形が少しずつ違うんです。肘を最後まで伸ばす動作もあるし、少し曲げて残す場合もあります。一度私が「先生、どうして伸ばさないんですか？」と尋ねると、骨が砕けるといけないから全部伸ばさないんだと。だからずっと腕立て伏せをさせているんだと言われました。初めて動作がどれも少しずつ違う理由を知りましたね。

✦ チョンハさんは見まねがとても上手だと思います。

　先生にも目と耳がいいと言われて嬉しかったです。実は私、人を観察したり、誰かの真似をするのが好きなんです。足取り、ジェスチャーみたいな動きを真似します。普段から仲のいい友人と高いところにあるカフェに行って人を見下ろしながら真似してみたり。前はBVNDITのイヨンとよくそんなことをしていました。2人ともやることがないから朝早くカフェに行くんです。でもすぐにアルバイトに行かなきゃいけないから、それを嘆きながら（笑）。そうやって見ていると、恋人もいるし、けんかをしている人もいます。そんな姿を2人で真似して遊んだりしていました。

✦ 教室でたくさんのことを学んだんですね。 動作の基本もそうですが、 イヨンさんとの関係もそうですし、 今につながる人間関係のほとんどがそこで作られたものですよね。

　ウォーキングクラスにとても有名な先生がいらっしゃったことがありました。でもいつも腕の伸ばし方ばかり教えるんですよ。全部知ってい

ることなのに。そうやってひと月のレッスンが終わると、正直ちょっと
お金がもったいなかったです。10万ウォン以上出して通ったのに何も
学べなかったから。でもよく考えたら、学んだこともありました。「ああ、
こんなふうにレッスンをすると面白くないんだな」と。どんなことにも
学びがあるということですよね。

◆ **アイドル歌手をしていると、そんなふうに思うことが多そうですね。**

　そうなんです。一見学ぶことがなさそうな人でも、何かしら学びがあ
ります。人それぞれいい姿もあれば良くない姿もあるのに、私が見たの
が良くない姿だけのこともありえますよね。それを見ながら「私は将来
あんなふうにはならないでおこう」と決心するんです。

◆ **ダンスをしていて一番辛かったのはいつですか?**

　若い頃は上手く踊らなきゃというプレッシャーがすごかったので、そ
れに打ち勝つのが大変でした。私はバトルが嫌いなんです。フリースタ
イルダンスが好きだからバトルには強い方ですが、性格的に合いません
でした。さっき言ったように、競争しなきゃいけない状況自体が嫌なん
です。特にダンスで他の人に勝たなきゃいけないのが嫌でした。

◆ **バトルになるとどんな気分でしたか。**

　自分にできるテクニックだけをひたすら詰め込む感じでしたね。エナ
ジーをもらうのではなく、エナジーを注ぎ込むだけだと考えてみてくだ
さい。もちろんバトルが好きな人たちは私と逆です。私がある動作で攻
撃をしたら、相手はもっと大きな動作で攻撃をしますよね。そうすると
そこでエナジーを得てさらにまた攻撃できる力が生まれるわけです。

◆ 『プロデュース101』の話の時も感じましたが、 競争自体が与えるプ
レッシャーが嫌なんですね。

　人に勝つことだけじゃなく自分の前に置かれた何かを突き破って乗
り越えて勝たなきゃいけないと思うことが、あまり好きじゃないみたい
です。踊っている時にこれは競争だと思うと、そこからは音楽もよく聞
こえません。「どうやってこの人に勝ったらいいんだろう？」と自分に
問いかけると、動作の流れを固定しちゃうんです。その瞬間からはおも
しろくもないし、新しい自分の姿を発見することもできません。

◆ ダンスをする人にとって、 個性はとても重要な要素じゃないですか。 そ
れが競争対象になるのが嫌だったのではないでしょうか?

　チャートも同じです。1位になった曲もいつかは100位圏外に落ちる
ものだし、100位圏外だった曲がいきなりトップチャートに上がってく
ることもあります。何でも比べたがる世の中ですが、そうあってほしく
ないんです。個人の姿を尊重してほしいんです。それぞれ人には人のス
タイルがあるんです。1位から100位まで誰が上手いか順位を決めるこ
ともできるでしょう。でもその数字が一生その人についてまわるわけじゃ
ないですよね。ダンスに完璧な点数をつけることはできないと思ってい
たのに、ある日を境に点数制になって、先生に評価されてばかりだと感
じることでおもしろくなくなりました。しかもおもしろくもないのに、私
はそれを乗り越えて何かを成し遂げなきゃいけなくて。そんな状況がと
ても嫌でした。

◆ フリースタイルダンスには自信があるとのことでしたが、 最近は楽しむ
のも簡単ではなさそうですね。 注目されすぎていて。

　ここのところ練習ができてなくてちょっと心配です。興味もだいぶ失
いましたし。フリースタイルダンスよりも、まず歌手としてすべきこと

の方が多いから、そうなったんだと思います。今は自分の振り付け、パフォーマンスについて悩むべき時期でもあります。インタビューやラジオでつい言葉を間違えて、変な記事が出ないように気を使わないといけないから、話す練習にも時間をかけなきゃいけません。あ、それからメディアに出ることでフリースタイルがバトルみたいに変わってしまったと感じることが時々あります。バラエティ番組に出演すると「1人ずつフリースタイルをやってみます！」みたいなことがあるんです。そういう時も楽しくてやっているとは思えなくて。プレッシャーになって、バトルみたいだと思っちゃいまいます。

✦ やはり現場で踊ると反応もすぐにわかりますから。

現場でしか感じられない空気がありますよね。カメラの外にいるスタッフをはじめ、ほとんどの人が知らず知らずのうちに表情やジェスチャーで反応しているんです。自分が上手くやっているのかそうじゃないかがすぐにわかります。もしその時に十分な反応を得られないとスランプに陥ります。苦悩の始まりですね。「ああ、実力が落ちたな。今何を逃したっけ？　音楽がちゃんと聞こえてなかった？」みたいに些細なことまで悩むことになります。

✦ スランプに入ったことは、どうやってわかるんですか。

すぐにイヤホンをつけて別のポップスを聴きます。その次に頭の中で自分の体が動くか動かないかを描いてみるんです。もしその瞬間、brain freeze（脳が働かなくなること、頭の中に何も浮かばない状態）が来たら、自分には余裕が本当にないということです。興味を失っていることもあります。いずれにせよ何か理由があるんでしょうね。そうするとまたその理由を探すのに忙しくなります。私のニックネームは『心配人形』なのですが、その言葉がぴったりだと思います。

◆ 〈Roller Coaster〉の振り付けのオープニングは、印象的だという評価とセンセーショナルだという評価がありました。その時も心配だったでしょう。

あれって2〜3秒しかないんです。短すぎる服で踊ったり、露出度が高い服で踊ったりしたわけじゃなかったので、問題になるとは思っていませんでした。いえ、正直何も考えませんでした。そうしようと努力したわけなんですが……。

◆ 努力したんですね。

「センセーショナルって言葉を聞くこともあるんだな。でも私はこれが好き」って言い返すんです。後で見てみると肯定的な意見と否定的な意見が半々でした。私が寝そべっているのが嫌で、ファンがわざと拒否感を示すこともありましたし。でも実際、私は〈BANG BANG〉のときと同じでした。自分が好きでやったんだから、それでいいんです。

◆ 〈Why Don't You know〉、〈Roller Coaster〉、〈벌써 12시もう12時〉など、セクシーな振り付けが好きみたいですね。〈Love U〉でも、はつらつとしながらも腕と骨盤の動きが目立っていました。

個人的にセクシーな振り付けが好きです。脚を上に伸ばす振り付けは、わざといやらしく踊るためじゃありません。「いやらしく踊るんだ！」と思って踊っているわけじゃないということです（笑）。「最初からセクシーに寝そべってスタートするつもりなの」みたいに決めて始めたわけじゃないから、今みたいに自分を慰められるんだとも思います。でも不思議じゃないですか？　あの動作をすると、ジェットコースターに乗って足が揺れている気分になるんです。

◆ **説明を聞くと振り付けの流れが理解しやすいです。 ただダンサーの意**
図がどうであれ、 世間は違った受け取り方をすることもあるという点
を考慮すべきですよね。

　だからこそ「いやらしい」、「センセーショナルだ」みたいな言葉を聞
くことを恐れちゃ駄目だと思います。ダンスには正解がないじゃないで
すか。踊る人によって表現の仕方が違うだけなんです。もちろん不快に
思う人たちがあまりにも多ければ、当然再考すべきです。そういう部分
を入れないように自制もするつもりですし。私はポップミュージックを
やっている人間ですから。でも〈Roller Coaster〉の場合は、いろんな人
にカバーもされましたし、歌の反応も良かったので自分らしさを守れた
んだと思います。

◆ **もちろんです。 全ての人を満足させることはできませんから。**

　どんな場合でも、誰もが100%満足することはできません。〈벌써 12
시もう12時〉だってそうです。サビのダンスが退屈で面白くないと思わ
れることもあるわけです。特別な動作もなくただ歩き続けて一度手ぶり
をして、視線を処理したら終わりですよね。見ている人たちが自分の考
えを語ってくれること自体がありがたい気がします。もし私のステージ
を見て誰かが悪質コメントを書いたとします。そのコメントを書くのに
ものすごい努力をしているはずですよね。ステージも見ているだろうし。
いいコメントにはもっと真心がこもっていると思うから、悪質コメント
よりありがたいですが。個人的にはコメントを書いたことがないからな
のか、悪質コメントを書くことさえも大変な努力だと思います。時々傷
つくこともありますよ。でもそれだけたくさんの人たちに応援されてい
るからすぐに回復もします。

◆ **これまでの振り付けの中で一番気に入っているのはどれですか。**

　それって一番難しい質問だってご存じですか（笑）？　全部好きですが、〈벌써 12시もう12時〉は大のお気に入りでした。

◆ **〈벌써 12시もう12時〉は衣装でもかなり話題になりました。授賞式に制服を着て皇帝のように登場しましたよね。女性アイドルであんなに威圧感を与える制服を着て登場した事例は初だと言っても過言ではありません。**

　私も初めあの衣装を見てびっくりしました。『prince charming』みたいな感じでやったらいいと言われました（笑）。正直私もお姫様より王子が好きです。お姫様キャラクターの中で一番好きなキャラクターを挙げるとすればアナスタシアですし。

◆ **チョンハさんはセクシーな振り付けで踊ることが多いですが、そこでも自分の主観がはっきりした女性の姿が強調されています。それが健康的なイメージを与えています。**

　ファンはDJ SNAKEの〈TAKI TAKI〉のようなダンスブレイク映像が大好きみたいです。でも〈TAKI TAKI〉はその当時、私が見てもセンセーショナルだと思いました。だから後半でセクシーすぎると思った振り付けは意図的に省こうとしました。こうやって色々悩みながら披露したものだから、曲の長さとは関係なく全部気に入っています。

◆ **授賞式や団体コンサートでほんの少し披露して終わるのがもったいないくらい満足なパフォーマンスも多かったでしょう。**

　あまりにも短すぎて悲しいくらいです。だからファンミーティングの時は思いっきりやります。授賞式の時だけする振り付けもとてもいいんですが、短時間で準備して華やかな年末のステージでたった一度お見せ

して終わりなのはもったいないですよね。特に授賞式の場合は『별하랑 ピョルハラン（チョンハの公式ファンクラブの名前）』だけじゃなくいろんな歌手たちのファンダムが来ているので、その日の状況によって私が何をするのか、ファンの目にちゃんと映らない可能性が高いわけです。こんな時ファンに後で「オンニ、ファンミーティングの時にまたやってください！ 近くで見たいです！」と言われると、そのままもう一度披露するタイプです。ファンミーティングのために新しく作るものもあるけど、見たがっている人たちに既存のものをまたお見せすることも大切だと思います。

◆ 逆にチョンハさんの立場からちゃんと披露できなくて未練が残る曲は何ですか。

　どの曲にも常に未練があります。カムバックした曲全部に未練がある気がします。完璧だったものはないですね。その中でも私が一番苦労した曲が〈Love U〉です。ハートを描く動作が恥ずかしくて上手くできなくて。未だにぎこちないです。私との時間がもう少し必要な友だちとでも言うのか……。ずっとぴょんぴょん飛び上がる動作が中心だから息も切れますし。

ソロ歌手だけど、
ソロ歌手ではない

◆ **チョンハさんのダンサー構成は少し独特だと聞きました。みんな友だ
ちらしいですね。**

　今私とステージに立ってる人たちはみんな、前から私とダンスチーム
を組んでいたダンサー仲間です。

◆ **特別な間柄ですね。プライベートでも友人で、仕事も一緒にできる
人って珍しいじゃないですか。**

　本当に仲がいいです。もう10年のつきあいだから家族みたいで、いな
いと不安です。ダンサーと一緒のスケジュールかそうじゃないかによっ
て私のコンディションが変わることもあります。海外に行くと必ず私の
部屋で一緒にルームサービスを注文して食べるんです。予定がなくても
レイトショーを観に行って、家で一緒に遊んで寝てという関係です。短
期間でも一緒に踊ったオンニたちがいると、そのオンニたちともずっと
連絡をとっています。

◆ **ソロ歌手として活動すると孤独だと言いますよね。**

　私にはメンバーはいませんが、いるのと同じです。もちろん公式の場
で一緒に座ることはできないですけど、それ以外のスケジュールは必ず

一緒です。一人でいる時間は思ったより少なくて。それが、皆さんが思うより孤独じゃない理由です。時々「私がバラード歌手だったらどうだったかな？」と考えることもあるのですが、ものすごく孤独だったと思います。その孤独感に耐えられなかったかもしれないです。I.O.Iでデビューしたので、11人だったのが一人になってとても心細かったです。その孤独をダンサーたちが補ってくれているんですよね。

◆ 初め仲間をダンサーとして加入させると言った時、 事務所は驚きませんでしたか？

驚かれなかったと思います。元々私がどういうふうにやってきたか、いくつか例をお話ししていましたし、事務所もダンスチームのメンバーと私の関係性を知ったうえでソロデビューさせてくれたので。ナムミオンニも私が練習生の時に連れてきた人なんです。それにナムミオンニを連れてきた時、すでに他のダンサー仲間についても説明済みでした。後で正式に加入する時に「あの時お話しした仲間たちです」とだけ言えばOKでしたね。今はスタッフたちもダンサー仲間をみんな気に入ってくれているのでありがたいですし嬉しいです。

◆ 振付師のチェ・ナムミ（チェ・リアン）さんと一番多く作業をしていますよね？

そうなんです。デビューの時から一緒で、KCONに行った時に披露したダンスブレイクはほとんどオンニがつくりました。〈TAKI TAKI〉も良かったですし、Ariana Grandeの〈7 rings〉みたいなのです。こういったステージは私の意見よりオンニの意見で行きます。でもオンニも気が多いタイプなので、いくつか見せたうえで私にどれがいいか聞きますね。それで私が「あれとこれがいい」と言って1、2回試してみて、自分たちのコンセプトに合うものを探していくんです。

✦ チョンハさんのダンスにもたくさん影響を与えた人でしょうね。

若い頃からオンニの『ダンスライン』がものすごく好きでした。とてもきれいに踊っていて。「こんなきれいに踊る人もいるんだなあ」と私が衝撃を受けたうちの一人です。今でもオンニほどきれいに踊る人はいないと思っています。将来もっと有名になる振付師だと思いますが、一緒にやれない可能性もあったので大切さが身にしみます。今のダンサー仲間は教室に通っていた頃から同じチームでしたが、オンニとは別のチームだったんです。それにオンニは先輩でもありましたし。後になってオンニが教室をやめたという噂を聞いて、一目散に連絡して「オンニ、私と一緒にやろう」と言いました。

✦ 2人の作業はなぜか他の振付師とアーティストの作業よりもスムーズに進みそうです。

進める過程自体は比較的スムーズなほうです。おもしろくもありますし。オンニとはレッスンをしたりきちんと話をするというより座って2人でおしゃべりをしながら、自然に出てくることが多いです。〈벌써 12시もう12時〉の拍手の動作もそうだし、〈Roller Coaster〉の『LOOK』パートもそうでした。ファンが気に入ってくれるポイントはいつも、オンニやダンスチームと冗談を言い合って遊びながら出てくることが多いです。だから事務所からのcomplainが少ないことを願っているんです(笑)。ふつうは私の意見が通りやすいのですが、事務所の立場からはより良いものを求めて他の振付師からも案を出してもらったり、あれこれ努力をたくさんしているんです。いろんな過程を経て最終的には私たちの作業が一番いいというところにたどり着いたんだと思います。最善を求める過程ですよね。

✦ ソロパフォーマンスと団体パフォーマンスでは企画するにあたって考慮することはだいぶ違いますか。

似たり寄ったりだと思います。〈BANG BANG〉は「1人を生かす時、残りは死のう」という意図で作ったんです。ソロの振り付けの時も同じです。1人を生かすために、ダンサーたちが支えてかっこいい全体図を作ってくれるんです。これが上手くいくと、歌手がそれだけ雄大に見えるわけです。たとえば〈벌써 12시 もう 12時〉には前進する振り付けがあります。同時にみんな同じ方向に動くのですが、ダンサーは横を見て私だけが前を見るんです。

✦ 誰が中心になるかによって違ってくると考えればいいですね。

構成自体は振付師の好みによってけっこう変わる部分でもあります。振付師がこのパフォーマンスでどんな雰囲気を出したいのかが重要ですね。それに身長もかなり影響を与えます。私は背が低い方なので全体の構成を作る時にももう少し変化が必要なんです。もし私が、ダンサーくらい背が高ければ皆一緒に前を見る時もものすごく強烈なオーラが出るはずです。でも私は背が低くて体型も小さいから、皆で一緒に前を見ると私がもうちょっと小さく見えますね。振付師のオンニたちはこういう部分をちゃんと考慮してくれているんだと思います。どうやったらこの子をもう少し映えさせられるかを考えてくれている気がしました。実際I.O.Iで私は目立つメンバーじゃなかったですよね。

✦ 4位でグループに合流したのにそんなふうに思ったんですか。

私は一度11位で候補に挙がったんです。その時にたくさん後押ししてくださったみたいです（笑）。I.O.Iで活動する中で自分でもそう感じました。メンバーの中でも認知度の差がありますが、私は認知度が低い方でしたね。初めに抜擢された順位はさておき、これはどのグループでも

同じだと思います。より目立つメンバーがいれば、そうじゃないメンバーがいる気がします。グループで私は後ろの方にいましたね。バラエティメンバーでもなかったですし、メインボーカルでもありませんでしたから。だからといって可愛らしいイメージでもなかったですし。

✦ 振付師さんたちはその部分にとても気を配ってくれたんですね。

オンニたちの立場からすると、グループにいた時に私が披露できなかったものがたくさんあって残念だったようです。独りになったから、どうすれば私をソロでより引き立たせられるか一生懸命考えてくれたんです。

✦ チョンハさんのパフォーマンスは単純にダンスだけで完成するのではない気がします。大切な人たちが多いからです。

自分でも、人に恵まれていると思います。「周りにいい人しかいないから、いい気をもらうしかない子なんだ」と自分でも言うくらいです。ここまで来られたのも、中学校・高校の時にいい人たちに出会い大人になっても一緒に仕事をして、けんかすることもなく、そのうえ楽しく過ごせたからじゃないですか。こんなふうに生きられる人があと何人いるんだろうって。自分の好きな職業について、好きな人たちと働けるだけでも恵まれていますよね。

✦ 他のアーティストとは違う地点が確実にありますね。ソロ歌手ではあるけれど、チームワークがパフォーマンスを完成するのに一番大切な要素の一つだということを、チョンハさんの事例が示しています。

この仲間たちが好きで、この仲間と一緒の時間が好きでダンスを好きになったと言っても過言ではありません。どれだけ忙しくても半日くらい時間ができると、すてきなところに行って一緒にご飯を食べます。そ

こで大きな幸せを感じるんです。そうやってみんなで振り返りながら、「10年を共にしてくれた人たちとまだこうやって幸せに働いているんだなあ」と思ったりするんです。

TAKE. 5

▽

アイドルとしての生き方

✦ 初めて1位になった時、戸惑っている姿を見ました。

自分が呼ばれているのもわからなくて。隅っこで他の人たちとおしゃべりしていたら、キム・シニョンオンニが「チョンハどこにいるの！」って言ってて。「え、え、え、私ここにいます！」と言いました（笑）。オンニは私が初めて賞をもらったことを知らなかったそうです。だから「なんであの子あんなところに行ってるの」、「なんであんなにしどろもどろに話すんだろう」って思ったらしいです。後で、音楽番組で賞を取ったのは初めてだとオンニに伝えると、「だからかあ！」とかなり驚いていました。

✦ 1位になってダンサーたちと一緒に喜ぶ姿も印象的でした。ソロ歌手なのに全然孤独に見えなかった瞬間とでも言いましょうか。

当時、1位になるという公約をネイバーVアプでしてたんです。私とダンサーたちが冗談を言い合ってじゃれ合うのを、ファンの方たちも気に入ってくれてるみたいで。ダンサー本人たちも、アンコールステージ

に上がってじゃれ合うのが好きなんです。でも私の迷惑になるのではとものすごく気を使っていて。1位になったらすぐに上がってきてもいいのに、必ず他の歌手がはけてしばらくしてから、それも歌がほとんど終わるくらいに上がってきます。そんなに慎重すぎなくてもいいのにと思いますよね。

◆ 同じようにステージ上に仲間たちと一緒にいても、以前とは気分が違いそうですね。

だいぶ違います。単純に昔と今の気分を比較するのは難しいですが、今は正直毎日起こっていることが信じられなくて、ぼーっとすることがよくあります。若い頃はただ楽しめていましたし。幼心に「受賞した！」って叫んで喜ぶのが全てで、自分たちで作った振り付けで賞を取ったという事実だけで嬉しかったです。

◆ 今は賞をもらうとどんな気持ちですか？

重みを感じますね。若い頃は賞に重みがあるなんて知りませんでした。「自分たちでやりとげた！　すっごく嬉しい！」と手をつないでぐるぐる回るのが全てでした。でも今はこれを手にするまでにたくさんの方の犠牲と努力があったことを知っていますし、その努力の対価として賞をいただいたこともわかっています。そこに私の名前が代表として記されているわけじゃないですか。とても重要な意味が込められていることを感じずにはいられません。

◆ 責任感が出てきたんですね。

喜びと責任感を同時に感じます。今私に与えられた重みに打ち勝たなきゃとも思いますし。「ありがとうございます。もっと頑張ります」と、みんなよく言いますよね。当たり前すぎる言葉みたいですが、これ以上

に私の気持ちをちゃんと伝えられる言葉がないことが残念です。言葉の限界だと思います。その限界のおかげで、また次のアルバムを頑張ってもっといいものをお見せしようという覚悟をもって働けています。

✦ 行き詰まったときは誰のアドバイスを聞きましたか。

　事務所の人たちの声に耳を傾けようとしました。ダンサーではない完全に世間一般の人たちですから。振り付けをお見せした時に「ここがよく見えない」と言われたら「ああ、何か詰め込みすぎちゃったんだな」と思って省きます。音楽から振り付けに生かせるソースが多すぎて、そのまま全部取り入れるときがあります。そういう時は指摘を聞き入れて、もう一度見直して余計だったところを省いていきます。

✦ 省く過程は簡単じゃなさそうですね。 足すよりも難しいって言うじゃないですか。

　自分のほしいものをどうやってつかんだり放したりするのか、今も悩みます。カラーが多様なのはいいけど、いろんなものを詰め込みすぎるとクラクラしてきますよね。ポイントカラーを一つ決めて、そこに合う小さな要素でカラーを埋めていくのが正解なんだと思います。一番最初に必死で探し求めるカラーはタイトル曲ですが、メインになるものだから考えるのにかなり時間がかかります。この時は自分自身についてもよくわかってなきゃいけません。そうあってこそ自分のアルバムでパフォーマンスを披露できるからです。

✦ アルバム作業の過程で、 自分の意見をたくさん出すタイプですか。

　絶対にやりたい部分は必ずお話ししますね。特にそういった部分じゃなければできるだけプロに従います。〈Roller Coaster〉を例に出すと、メイクアップの時に「派手にしてください」、「グリッターを使ってくださ

い」、こんなふうに言います。そうすると色感だとかグリッターの使い方に関する部分は全てプロが決めてくれるんです。スタイリストのオンニには「オンニ、今回はキラキラした感じを出したい。私ってグリッターが好きでしょ」って伝えるんです。そこからの本格的なスタイリングはオンニにお任せします。ヘアスタイリストの先生には「先生、今回は変わった形のアップスタイルにしたいです」と言います。自分が思う方向性だけをきちんきちんと伝えるわけです。

◆ アルバム準備の時は誰よりも周りの人たちとの意思疎通が大切なんですね。

　振り付けの場合は「オンニ、あんなのもこんなのもやってみたいんだけど、私こういうのを探してみたんだよね？」と積極的に話しますね。プロデューサーやA＆Rたちとも明け方までメッセージのやりとりをしながら「オッパ（訳注：年下の女性から見たときのお兄さん）、さっき送ってくれたトラックだけど、こういうメロディラインもいいと思います」と自分の考えを伝えます。MVの色合いはこんな感じがいいと伝えることもありますし。もちろんこうやってお伝えする前にディレクターの考えを先に聞いて、それから自分の意見をほんの少しだけ加える方です。きっとこれからも私がプロデュースを全部やろうとは思わない気がします。先ほどお伝えしたとおり各分野の専門性は、プロの方たちにあると見ていますから。

◆ アイディアソースを自分で探しますよね。 パフォーマンスの具体的な構図をすでに描いていますから。

　そうですね。毎回パフォーマンスの材料を探していますね。アルバム準備をしている時はこれ以上ないというくらい、「これよりこの歌に合うものはないんじゃないか？」というくらいしつこくソースを探します。100％までじゃなくても80％は出ないとそのアルバム作業を円滑に進め

られないんです。残りは活動しながら埋めていけるじゃないですか。もし埋められなくても私が学べる部分はありますし。

✦ 20%空けておくことに驚きました。

ダンスについては最近になって特に、少しずつ余裕をもたせることができるようになったんです。緩め方を知ってこそつかめることもあるし、その方法もわかってきました。10代のときはわかりませんでした。血が出るまでぎゅっと拳を握っていた気がします。少しでも緩めちゃうと指と指の間に空気が入るから、その不安感が嫌でした。死ぬほど握って血が出るとたこができて、そうするともっと固くなるという気持ちで生きていた気がします。でも今ならわかります。そこにきれいな皮膚組織はもうできません。

✦ 大切なことを知ったんですね。

知るのが遅すぎた気がします。だから最近はもう少し力を抜こうと思っています。どうせ今の活動で完全にダンサーとしての方向性を追求しているわけじゃないですし。ダンス以外にも何をパフォーマンスで見せられるのか別の方向も模索して、もう少しファンやいろんな人たちに近づける方法を考えるようになりました。アルバムの構成や声のトーン、ライブなんかで……。色々あるじゃないですか。

✦ 自分自身でも成長が感じられたんじゃないでしょうか。

そうやって悩む時期なんでしょうね。意外にもバラードで私のファンになってくれた人たちも多くて。タイトル曲より収録曲の方が好きでファンになったという人たちもかなりいますし、ただソファーに寝ころんでいる姿を見て自分と似ているからファンになったという話も聞きました。だからパフォーマンスというのは、私がステージでお見せする姿

だけがパフォーマンスじゃないんです。いい人にならなきゃと思います。自分がいつどこで影響を与えるかわからないと思うと、行動に気を付けるようになりますね。

CHUNG HA

TAKE. 6

チョンハの現在

◆ もしダンスチームで活動していた時期に戻れるとしたら、その時に戻りたいと思いますか?

戻ってはみたいけど、1日か2日くらいでいいです。もう戻らなくてもいいくらい一生懸命やりましたから。明け方に家にいたことすらほとんどありませんでした。練習室で毎日オンニたちと抱きあって寝るくらいずっと踊っていたので、未練がないんだと思います。もし戻るとしたらお母さんともうちょっとデートしたいなくらいですね。もっとやらなくちゃいけないのならできるだろうけど、かなり大変な気がします。朝から次の日の朝まで家にも帰らず、荷物を持って行き来して、練習室で生活しているのも同然でしたから。当時に戻れるとしたら初心に戻れるくらいじゃないでしょうか(笑)。

◆ その当時、チョンハさんが踊りたかった一番大きな理由は何だったんでしょうか。

少し鳥肌が立つかもしれませんが、ただ本当に踊り続けたかったんで

す。踊っている時だけは、鏡の中の自分の姿が常に新しく感じられました。私にもこんな姿があるということを初めて知りましたし、少しずつ時間が流れる中で新しい自分自身をたくさん発見した気がします。何よりそれを楽しんでもいました。鏡の中の自分がここにこうやって存在している平凡な私よりずっとかわいく見えて、もっとかわいくなりたかったです。本来の自分の姿より鏡の中にいる自分自身のほうがかっこよく見えるのが嬉しくて、ずっと踊っていました。

✦ 好き嫌いが激しい性格だと思います。 ダンスを始めたきっかけも、『プロデュース101』の時に振り付けを修正しないと言ってみせた決断力もそうですし。

嫌なことは絶対やらないスタイルなんです。でもデビューしてからは少し変わりましたね。とりあえずやってみるのもいいなと。やってみると何かは残ります。実は私って怖がりで人目もものすごく気にする性格で、心配性なんです。チョンハは堂々としているけど、チャンミ（チョンハの本名）は少し違います。だからチャンミに申し訳ないと思うことが多いんです。辛い時間は全部チャンミの役目だったのに私がなおざりにしたようで。チョンハはそれなりに恵まれているのに、チャンミよりチョンハをかわいがっている気がしていて。

✦ チョンハとチャンミを切り離して眺める特別な理由はありますか。

私にとってチャンミはいい思い出のある、強い支えになる人です。もう一度チャンミに戻れるかはわかりません。同じ人間なのに過去の私と同じくらい一生懸命やれるかと振り返ると怖かったりもします。ちょっぴり強く見えるのはチョンハですが、本当に強いのはチャンミだと思います。だからチャンミと呼ばれるとじんとすることが多くて、そのたびに感じるんです。「ああ、私は過去の自分にとても申し訳ないんだ

な」って。過去にチャンミがいなければ今のチョンハはいなかったはず
ですから。どちらも同じ私だけど、過去の私をもう少し大切にする必要
がある気がします。

◆ 今はチョンハですか、 チャンミですか。

ステージ上で歌う時は全部チョンハですが、自分の話をする時はチョ
ンハとチャンミの中間くらいだと思います。改名しようか悩んだことも
あるんですが、亡くなった祖母がチャンミとしての私しか知らないので
変えるのもひっかかるし、チャンミという子を失いそうで不安で。だか
らずっと躊躇しています。

**◆ 過去のチャンミから今のチョンハに至るまでをふり返りました。 ここに
来るまで一生懸命踊り、 自分だけの舞台をつくり出せた原動力は何だ
と思いますか?**

昔ダンサーの先生に聞かれました。「ダンスが好きか、跳ねるのが好
きか?」、「ダンスが好きか、有名になりたいのか?」、「ダンスが好きか、
歌手になりたいのか?」。私も今ダンスがやりたいという子たちがいたら、
自分自身にこの質問をするようアドバイスします。もし他の要素のため
にダンスが好きな気がするのなら、自分が惹かれるその部分をより際立
たせられる、自分に合った別のものがあるはずだからよく探してみるよ
うに言いますね。それでもダンスがほんとに好きなら、ダンスを続ける
べきだと助言します。実際、ニューヨークで有名大学に通っていたのに
ダンスが好きすぎて韓国に戻ってきた子もいます。

◆ チョンハさんはその質問をされた時、 どんなふうに答えましたか?

初めはけっこう悩みましたが、「歌と同じくらいダンスが好きです。ス
テージが好きで楽しいです」と言いました。私は今でもステージの上で

汗を流して激しく動くその過程自体がとっても好きで、ステージが終わって息が切れた瞬間さえも面白いです。それが全部ダンスの一部だとしたら、ほんと全部好きです。体を動かすだけがダンスじゃないし、いろんな要素が集まって『ダンス』といういいエナジーを持った一つの言葉になると思っていますから。

◆ **ファンもチョンハさんのパフォーマンスを見ると必ずエナジーをもらえそうですね。**

　私もファンからいっぱいエナジーをもらいます。少し前のシンガポールでのファンミーティングでは最後に涙が出ました。あんなに大きな場所でファンミーティングをするのは初めてで、面白くて自由でした。

◆ **どういう意味の涙でしたか。**

　恐怖とありがたさが混ざった涙だった気がします。もしかすると今この場所にいられなかったかもしれないと思いました。「ファンがいなかったら私は今何をしていただろう」と思ったんです。自分の居場所を見つけられずにひたすらアルバイトをして、母に一度も親孝行できていなかったかもしれません。でも今私は、こうやっていいステージでファンと自分の姿が映る映像を見ながら幸せをかみしめているじゃないですか。それを感じる瞬間は、感謝しかありません。

◆ **これまで公演をたくさん経験する中で、 いろんな規模のライブ会場に立ってきましたね。**

　ライブ会場の大きさごとに魅力は全部違うわけですが、会場とパフォーマンスの完成度は関係ない気がします。その日の私のエナジーと観客のエナジーによって変わると思うんです。大きいライブ会場でも観客とうまくかみ合わない時があります。そうすると面白くないし、お互い得る

ものもありません。逆に小さな路上ライブでもいいエナジーを交わせる
のなら、それに勝るステージはないわけです。観客とパフォーマーの間
でどれだけエナジーを支え合えるのか、互いにどれだけシナジーを出せ
るのかによって、その日のステージが面白いか面白くないかが分かれる
気がします。

✦ 実際パフォーマンスをしてみて、観客とうまくかみ合わないと感じたこ ともありそうですね。

「皆さん朝早くからオリエンテーションだったそうです。チョンハさん
が、盛り上げてください」みたいに言われると困っちゃいますよね。朝
7時からオリエンテーションなんかあったら、私だってライブを見ず家
に帰って寝たいと思っちゃいます。一般人の友だちのことを考えてもそ
うです。歌手に興味なんてありません。私が何をしてるかなんて知りま
せんから（笑）。でも観客みんながそうだと、ステージに立つ人間からす
るとちょっと厳しいのは事実です。前に友人たちが「今日学校に誰々が
来たんだけど、眠たすぎてさ」と言っているのを聞いて、「おいおい、眠
たくても反応しなよ」と苦言を呈しました。でもありがたいことに、ス
テージに上がると熱烈に歓迎してくれるファンが1人は必ずいるんです。
その人を見ながら頑張ります。

✦ チョンハさんがステージ上で一番感動するのはいつですか。

　ステージ上での自分がどうだったのかを覚えていなければ、感動し
たってことです。「ちょっと前まで何してたっけ？」と思えたら上手く
いった証拠です。ダンサーたちと夢中になってひたすら激しく踊ると、
ステージ上で汗を流しますよね。そういう時って気分がとってもいいん
です。考える間もなく勝手に振り付けが出てきて動ける時も最高です。
でも今はステージで見せなきゃいけないパフォーマンスにファンとのや

りとりが入ったので、前みたいに激しくは動けません。ダンス自体から感じるものは多少減ったと思いますが、別の種類の感動が出てきました。

✦ 感動的な瞬間を色々と味わっているところなんですね。

　あっちこっちで感動を探っているんでしょうね。10年後くらいに、「ああ、ここまで退屈しなかったなあ」と言ってみたいです。ブラック、ホワイト、レインボーみたいにいろんな色彩で表現できる自分のパフォーマンスを思い浮かべるんです。メイクアップが派手だったステージもあるし、そうじゃないステージもありますよね。当時のシーンを思い浮かべたときに、その触感すら違うと嬉しいです。今よりもっとたくさんの、多様なことが起きるといいなと思っています。

✦ チョンハさんのダンスに隠されたストーリーがもっと増える気がします。
期待しています。

　今は私の声をたくさんの人に聞いてもらえる機会ができたので、『ダンス＝チョンハ』で覚えてもらっているんだと思うんです。実際は私よりリアンオンニの方がダンスの知識も豊富だし、他のダンサーたちも私と違ってほぼ毎日ダンスだけに夢中になっている人ばかりです。自分自身がダンスそのものなんです。本当に『リアル』な人たちがいるわけです。

✦ 自分がダンサーだったからこそできる話ですね。

　そういう人たちより、私がこうやってダンサーとして有名になってもいいのかなとよく思います。これからは優秀なダンサーたちがもっとたくさん輝いてくれると嬉しいです

✦

〈벌써 12 시 もう 12 時〉
第 33 回ゴールドディスクアワーズ_20190105

▽

　自分の体格より優に３倍はありそうな巨大な王座に座り、チョンハはイント
ロに合わせて踊るダンサーたちの間で斜めにカメラを見つめている。いつのま
にか立ち上がったチョンハの後ろに広がるように台形を作ったダンサーたちは、
赤いサッシュを身につけた彼女に合わせて理路整然と力強く動き出す。この姿
はまるで、大きな戦闘を控え出陣式を執り行うかのように見える。チョンハの
小さな体格から発せられる力は、自身を支えるように動くダンサーたちの肩に
腕を上げ、ゆったりと権威を誇示しながら、カメラ越しに観客に伝えられる。

　王座、制服、サッシュ。そしてもう 12 時になって男性を家に帰さなければ
いけないことを残念がる女性アイドルの姿は、これまで男性アイドルにだけ見
られた権力のイメージを作り上げている。〈벌써 12 시 もう 12 時〉のステージは
各音楽番組で見せた舞台をはじめとしてすでにいくつかあるが、年末の授賞式
の巨大な規模が持つ意義を自身の音楽が伝えようとするメッセージと合致させ
たという点でずば抜けている。もちろん、どの女性ソロ歌手も見せたことのな
いパフォーマンスへの挑戦という点でさらに圧倒的なエネルギーを放っているこ
とは言うまでもない。

　腕を横に伸ばしたり前へと波打つような単純ないくつかの動作だけでも、チョ
ンハは中隊を一つずつ導く強くて勇敢なリーダーになる。黒いカーテンを活用
し、チョンハの後ろに暗がりがやって来ては消え去る場面は、それまで不屈
の精神で耐え忍び、今現在韓国で最も優れた女性ソロ歌手の一人になった
チョンハの現実のようにも見える。先立って彼女が見せた〈벌써 12 시 もう 12
時〉が前哨戦だとしたら、このステージは高地をめぐって繰り広げられる重要
な戦いだ。もちろん勝利が予想される。

CHANI CHANI CHANI
CHANI CHANI
CHANI CHANI

今日、チャニの始まり

SF9

CHANI

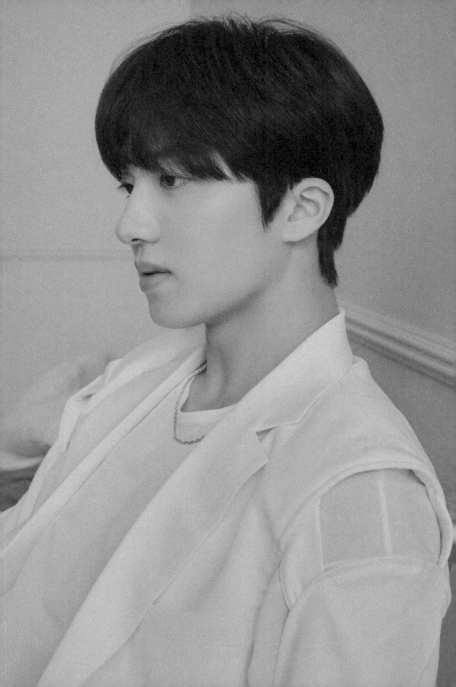

透き通ったという表現がぴったりなチャニの顔は、まだ色々なことに不慣れで困ったことの前でぶるぶる震える弱々しい少年のように見える。制服を着てJTBCのドラマ『SKYキャッスル』に出演した時や、tvNの『シグナル』で濡れ衣を着せられて警察に連行されながらも弟に労いの言葉をかけた顔が、「一緒に買い物に行かない？」と好きな女性に優しく言葉をかける男性の顔へと変わった時も同じだった。最近出版されたSF9の写真集の中のチャニの顔もそうだ。柔らかくて儚く見える印象は、常に誰かが助けなければいけない、幼く弱々しい子どものようだ。

　しかしこういった顔の裏にダンスをするチャニの姿があるということを知っている人であれば、弱々しいといった修飾語はチャニへの偏見にすぎないことをよくわかっているはずだ。「君にダンスはできないよ」という言葉のせいで勇気を失った少年がやがてチームのメインダンサーとして成長し、SHINeeのテミンに憧れてパソコンの前で一人ダンスを真似していた子供が、今や自分のアイドルのような番組に出演できるほどのステイタスを得た。

　儚く弱く見えるチャニの顔は子役俳優としてのものだったし、ここ最近のいくつかのドラマに制服を着て出演することで作られた、定型化されたイメージにすぎない。SF9のメインダンサーの一人であるチャニは〈Now or Never〉のように予想できない瞬間に洗練されたステップで視線を惹きつけることもあれば、〈Mamma Mia!〉や〈Play Hard〉のように全ての動作を身軽にこなす無邪気な足技で笑いを取ることもある。スーツ姿で〈굿가이Good Guy〉を歌い、笑いなしでボーイズグループの成長を余すところなく披露するステージでは、他のメンバーたちと和をなすことで自身の足りない部分を満たし、いつのまにか大きくなった小学生がカメラの前で描くことになった

別の未来を暗示している。

　これ以上どこかによりかからなくても、もの静かでのんびりとして見えても、踊るときだけは隠れていた決断力を持ち出す彼がようやく子どもではない大人になったという、平凡に見えるけれどチャニだからこその特別な展開。幼い頃から多くの人によって足取りを記録された彼の人生は、それ自体がパフォーマンスだ。世間が追いかける彼の成長録にどんなストーリーが記されても、常にチャニは注目を集めるパフォーマーであることに変わりはないという意味だ。カメラの前に立った彼が、歌手として俳優としてカン・チャニが見せる姿が何なのか気になるに違いないし、制服を脱いだ後はどんな服を着るのか、これまでリリースした９枚のアルバムの中で一番いい成績を収めた〈Good Guy〉の次はどんなパフォーマンスを見せてくれるのか、その全てをもう一度記録に残すしかない。

　だが実際には、彼は意外な言葉を述べた。ゆっくりでもの静かで自信がなく、何度も自分の可能性を確かめようと努力をしている、と。彼の言葉からは、長い間芸能生活をした人間の成熟した態度は感じられない。相手が自分の話をきちんと聞いているか何度も確認し、話が長引くと自分が失礼なのではないかと心配する、ともすれば芸能人にはふさわしくなさそうな人。けれどチャニから発見できる輝きは、その慎重さと気配り、余裕を愛する気持ちから生まれている。常に白紙でいることによって自分の中にたくさんのものを描きたいと言っていた彼の言葉は今も変わらない。インタビューのたびに大切なことを一つずつ描いてきた彼の姿を見つめながら、私自身も正直に記録を残す人でありたいと思った。そしてその心が通じたと信じている。

PROFILE

✦

チャニ

▽

チャニは、2016年［Feeling Sensation］でデビューした9人組ボーイズグループSF9のメインダンサー。SF9はデビューアルバムの［Burning Sensation］をはじめ［Breaking Sensation］、［Knights of the Sun］、［NARCUSSUS］、［FIRST COLLECTION］、［THE WAVE OF9］、［Sequence］などのアルバムをリリースした。あわせて子役俳優としてデビューしたチャニは、ドラマ『シグナル』、『SKYキャッスル』、『女神降臨』、『シュルプ』などに出演しSF9の活動と俳優活動を並行中している。

TAKE. 1

もの静かでゆったりした人

◆ カムバック活動が終わると寂しいと思います。 どう過ごしていましたか。

　映画をたくさん観ました。主に『ノートブック』や『ラブストーリー（原題：클래식クラシック）』みたいなロマンスものを観たのですが、僕の感性に近いと思います。アクション映画も好きですが、実際に楽しめた作品はと言うとロマンス映画なんですよね。

◆ 『ラブストーリー』は韓国のロマンス映画の古典のように感じられますが、 そういうのが好きってことですね。

　こういうのってあるじゃないですか。最新映画は映画館でだけ観れるけど、昔の映画は家で観れるから好きです。映画館で観れないもの、昔の感性が詰まっているものが好きって言うべきかな。音楽も同じです。

◆ 最近の音楽より昔の音楽が好きなんですね。

　はい、バンク先輩だとか（笑）。70年代から80年代、80年代から90年代までの世代の感覚が詰まった音楽が好きです。シン・スンフン先輩の〈보이지 않는 사랑見えない愛〉という曲が大好きです。イ・ソニ先輩の曲もとても好きですね。でも最近のダンス曲や洋楽のポップスもよく聞きます。とにかく何が流行っているのか知らなければいけないし、そのトレンドに合わせて僕も成長する工夫をして、変化する工夫をしな

きゃいけませんから。ヒップホップも大流行したときにたくさん聞きました。

◆ フィヨンさんとも一緒に音楽を作ったそうですね。

　まだお見せできるほどではないと思うんですが、「あ、これも披露しなきゃ」と思って作ると言うよりかは、自分たちで「お、やってみる？」みたいな感覚ですね。2人で聞いて「お、いいんじゃない？」みたいな（笑）。いつか機会があればファンにも聞かせたい気持ちはあります。

◆ では、チャニさんは曲を書くときに主にどんな部分を担当していますか。

　僕は主にサビを作っています。トップラインを作って歌詞を書くこともあります。その次に録音をして、もし気に入ればフィヨンにヴァースを書いてほしいと頼むんです。フィヨンはヴァースを書くのが上手いので。フィヨンは自分個人の曲もあるし、一人で全部作った曲もたくさんあります。ただ楽しみながら2人であれこれやっている感じです。

◆ ひょっとしてフィヨンさんが気に入らなくて、ヴァースを書いてくれなかったことはありませんか（笑）。

　気に入らないと言われたことはないですが、めんどうくさいからと言って書いてくれなかったことはあります。自分のことをやらなくちゃいけないと（笑）。僕のはやってくれずに、自分のことを頑張るんですよ。僕の場合は瞬間的に面白いと思うとそれにはまってしまうんです。音楽の場合は、初めはただ自分の歌を一度作ってみたくて始めました。面白くてと言うよりかは一度やってみたくてです。1人で録音もして、ビートを探してそこに歌詞も書いてトップラインのメロディをかぶせてラップも作ってみました。そうやって一人で聴いてみると楽しかったってわけ

です。胸いっぱいにもなるし。

◆ 達成感を得たわけですね。

　ああ、僕が作ったんだなという実感が湧きましたね。自分の話を歌詞にしたから、誰かが書いてくれた歌詞よりもずっと共感できるじゃないですか。それが楽しくてやり始めました。世間に公開するときは、もちろんできるだけ多くの人たちが共感できる曲を作るべきですが、初めてやり始めるときはどちらかと言うと自分自身が共感できる程度の音楽でも面白さを感じられると思います。そうするうちに少しでもうまくなりたくて練習も頑張るし、海外のラッパーたちの歌もたくさん聴くようになりましたね。少しずつ前に進んでいるところです。

◆ 音楽を作ることがステージ上でのパフォーマンスにも役立つ部分がありましたか。

　ビートを聴くこと、リズム感覚が良くなるという点は良かったですね。音楽の中に隠れているビートをより細やかに聴けるようになるんです。耳が良くなったと言えるかもしれません。でもまだ、もっとダイレクトに役立ったと言える部分は探せていなくて。それは僕の実力がまだそういったことを判断できるレベルじゃないからです。でもいつか音楽もダンスも本当に上手くなったら、自分の音楽に振り付けをしてパフォーマンスを完成させたいなとは思います。ステージ上でそうできれば、ものすごく満足できる気がします。

上手く踊りたいという
気持ちだけで

◆ **何事も楽天的に捉える性格だと思います。 話すときはずっともの静か**
で穏やかですが、 笑顔を絶やしません。

　そういう性格です。少しネガティブに言うと何も考えていないタイプ
みたいに聞こえるかもしれませんが、余裕が好きなタイプだからです。ど
こかにがんじがらめになる感じが嫌で、自分のやりたいことをするのが
好きな人間。

◆ **チャニさんって実は、 私がインタビューで出会った人たちの中で一番**
ゆっくりでもの静かです （笑）。

　生まれつきの性格なんです、ほんとに（笑）。忙しいのがあまり好き
じゃなくて。

◆ **そういう人がメインダンサーであることがとても興味深いです。 初めダ**
ンスにはどういったきっかけで関心を持ったんですか。

　テミン先輩を見てです。自分でも正確に覚えています。小学校2年生
のときでしたが、当時SHINee先輩の〈Ring Ding dong〉がリリースさ
れました。それを見てあまりにもかっこよすぎてハマりました。家に1
台あったパソコンで偶然見た動画が〈Ring Ding dong〉だったんですよ

ね。そのパフォーマンスが本当にかっこよくて僕もこんなふうになりたいと、一度こんなダンスを習ってみたいと思いました。まだ幼かったのにパソコンで動画を見ながらダンスを真似して踊ってみました。そして思ったのが「上手く踊りたい」だったんです。「僕もあんなふうに上手く踊りたい」って。

✦ それで教室を探したんですか?

いえ、教室に通う余力はありませんでした。だから一人でちょっとずつ振り付けをピックアップしてコピーしながら始めたんです。そうこうして初めて入った事務所がSidus HQでしたね。ASTROのムンビンヒョン（訳注：年下の男性から見たときのお兄さん）、ラキヒョンと一緒にSidus HQにいましたが、その後今のFantagioであるNOAに移りました。その頃からダンスを正式に習い始めました。

✦ 面白いとやりたくなるって言っていましたよね。 ダンスにも面白さをたくさん感じたわけですね。

実は面白いとは思わなかったんです。テミン先輩みたいに上手くなりたいとは思いましたが。上手に踊りたい、僕もあの人みたいにダンスが上手い人になりたいという気持ちでいっぱいでした。だから初めのころものすごく頑張りました。

✦ では本当に面白さを感じたのはいつからですか。

ある日鏡に映った自分の姿を見ると、少し実力がついていたんです。そうやってずっと鏡の中の自分の姿を見ながらちょっとずつちょっとずつ上達していく面白さを知りました。振り付けを一つ習うとその動作に少しずつ慣れていく面白さです。音楽に自分がダンスを合わせているんだと思い始めてから興味が湧き出した気がします。

◆ 余裕があるのがチャニさんの最大の強みだと思います。 誰でも持てるものじゃありません。

ありがとうございます。とても良いように言ってくださって（笑）。実際何かにハマって一生懸命打ち込むことは本当に時々しかありません。ただ面白ければやるし、すべきことが与えられたら、これをやり遂げなきゃいけないと思うと、その瞬間から頑張り出すタイプですね。

◆ ちびっこ神起の頃は覚えていますか。 何せたくさんの人たちの脳裏に強く焼き付いていますから。

ムンビンヒョンは当時のことをはっきりと覚えているはずです。小学校4年生でしたから。僕はその時小学校2年生でした。覚えていないことが多いですね。でもビニヒョンのダンスが上手かったのははっきりと思い出せます。その時もポップダンス、ストリートダンスとかいろんな種類を教室で習っていたんです。だからヒョンがちょっと羨ましかったです。ダンスが上手くて。

◆ ムンビンさんが幼いチャニさんに挑戦意識を植え付けたわけですね。

本当にビニヒョンみたいに上手く踊りたくて。今も初めてヒョンからダンスを習った瞬間を覚えているのですが、ムーンウォークでした。小学校3年生のときだったかな。僕が全然踊れなかった時にヒョンがムーンウォークを教えてくれたのですが〈Now Or Never〉のムーンウォークはビニヒョンから始まったと言っても過言じゃないですね（笑）。わあ、今も全部覚えています。もぞもぞしながらビニヒョンが、「おい、こうやったらいいんだよ！」と言って、僕はヒョンが教えてくれる方法どおりに真似して。

◆ とても面白い縁ですね。 その2人がどちらもメインダンサーになって同じ本に載るのも不思議ですし。

そうですよね。もう知り合ってから10年以上の仲ですね。実は自分がいつかはビニヒョンよりも背が大きくなるって期待していたのですが、ヒョンが大きくなりすぎちゃって（笑）。

◆ それまではご両親に連れられて演技をしに行っていたわけじゃないですか。 いつから自分でダンスがしたい、 歌手になりたいと感じましたか。

小学校5年生か、6年生の時だったかな。少しNOAから離れていた時期がありました。その時にヒョンたちと踊っていた生活が懐かしくなって。ああ、ヒョンたちとまた練習したい。その思いから出発してステージ上に立っている自分の姿をイメージし始めました。それが始まりだった気がします。ステージに立っている自分の姿がどれくらいかっこいいかを考えたら、歌手になりたいなと。

◆ 幼い頃は想像をするのが好きなタイプでしたか。

はい、大好きでした。スケッチブックに鮫を書くのが大好きな子供で、これはちょっと面白い話なのですが。棒人間をたくさん描いてました（笑）。

◆ 棒人間ですか?

僕が作った棒人間です、全部。基本的に線を描いて作る棒人間じゃなくて、僕が棒人間に服も着せて靴も描いて……。かっこよくするのが好きでした。子ども心に自分がなりたい姿をそこに投影して描いていたんだと思います。自分のなりたい姿をそこに描いて、僕だけの個性でかっこよくするってわけです。絵を描くのがほんと好きでした。

◆ その時にイメージした姿のおかげで今みたいにダンスも、演技もできるんじゃないでしょうか。

　本当のところ、僕は小さい時に上手だと褒められたことがあまりありません。ダンスを始めたときも、演技を始めたときもそうでした。あんなに好きだった絵もです。勉強はもちろんですし。周りを見るといつでもどこででもサッと適応できる成長の早い子っているじゃないですか。そんな子たちの横で僕はいつも真ん中あたりをうろうろしていました。1、2位の子たちの横にいる5、6位の子。それが自分でもいつも悔しかった気がします。

◆ もっと上手くやりたいのに思うようにいかないから……。

　はい、何かをやりながらも「どうして僕はこんなに下手なのかな？」、「どうして僕はこんなにとろいのかな？」。「どうして僕はこんなに成長できないのかな？」ずっとこんなふうに思いながら生きていました。ダンスを始めたときもものすごく上手な子たちが周りにいたんです。ラキヒョンもそうだし、ビニヒョンもそうだし。その時、先生から言われた言葉は今でも覚えています。「君にダンスは難しいと思うよ」。

◆ 今はメインダンサーなんだから、もっと褒められるべきでしょう。

　今はもちろん頑張っていますが、始めた頃は本当にそうだったんです。リズム感覚もないし、リズムの乗り方もわからないし。一言で言えば、体の使い方も知らなくて、生まれつきの才能もなかったわけです。ものすごく運動神経がいい方でもなかったから、ほんと踊れなかったんです。だからダンスが面白くてもそういう話を聞くと「ああ、僕にはほんと無理かな？」と思ったりもして、いくら頑張っても成長スピードが元々遅いから他の友だちがどんどん上手くなっても僕は少しずつしか上達しないのがもどかしかったです。それを自分でもわかっていることが、とて

も辛かったですね。

✦ やめたくなったこともあったんでしょうね。

そのとおりです。その辛さを感じるたびにやめたいと思いました。かなりそう思った気がします。のんびりした性格ですが、いざそういった言葉を聞くと僕はダメみたいだな、とも思いましたね。でもどうしようもないです。やってみなきゃ、やらなきゃと思いながら頑張っていると、ある瞬間ほんの少し実力がついたことが目に見えて。それまでは何年にもわたって本当に辛かったです。生まれもったものがないって知っているのに、先生に気質までないと思われているから。

✦ もちろんその言葉は誰が聞いても傷つく言葉ですが、元々特に傷つきやすい性格なんですか?

メンタルが弱いタイプではあります。だから自分でも今の僕の姿にはとても満足しています。チームでもメインダンサーの一人になったし、他の人たちに認められてもいますから。その当時はあまりにも認められなかったですからね。身体条件もよくなかったですよね。痩せすぎていて踊ってもパワーがなかったですし。でもこんなにずっと僕の話だけしてもいいんですか?

✦ もちろんです。 いくらでも。

不思議なのは、そうやって僕のダンススタイルが作られた気がするんです。僕は、ダンスに人の性格が出ると思っています。個人的な考えではあるのですが、僕の場合はそうなんです。他の人たちを見てもそういう人が多いです。ものすごく情熱的な性格の人だとダンスも派手だしパワフルな振り付けが強みです。反対に僕みたいなタイプは性格自体もゆっくりでもの静かだから、速いテンポのダンスよりかはラインをきれ

いに整えるダンスが好きですね。

◆ **今の話だけを聞くと、 どうしてこんなにもの静かで余裕のある性格な のに芸能人を夢見たのかなと思ったりもします。 驚きです。**

　そうなんですよ。小さい頃から目立つのがあまり好きじゃありません でした。だから芸能人になるべきかについてもよく考えました。人前で 注目を浴びることが怖かったからです。その注目がとても怖くて、ダン スを踊るときもそうなんです。目立つ動作よりも、きれいに整えられて、 柔らかい感じでつながるような動作が入るのを好みます。体のパワーは 昔先生が仰ってたように今もあまりない方ですね。自分で踊りながら見 ていると、他の人たちはステージ上でものすごくパワフルな感じですが、 僕はそれとはほど遠いです。でもその事実を知ってからは、少しずつ自 分のスタイルがつかめるようになったと思います。

◆ **チャニさんは自分を上手く客観化できる人だと思います。 小さい頃か らそういった過程を経験してきたからでしょうか。 今もパワーがないの が自分の弱点だと思いますか?**

　もちろん弱点になりえますよね。でも弱点より強みを際立たせたいで す。人が見たときにものすごく速く忙しく流れていくように見えるダン スも、僕は軽やかに精巧に、そして滑らかにつなげられるという強みが あります。パワー不足をその強みで補えるんじゃないかと、練習すると きもその部分をかなり気にするタイプです。テンポが速いダンスも余裕 があるように踊って、見ている人たちが速いと思わないくらいもの静か に、ゆったりと消化していく感じを出そうと思ってます。僕だけの強み が際立つ地点が何になるかを探っているんです。

◆ そのとおりです。 短所を長所で相殺させればいいんです。

　ダンスをする人たちを見ていると自分の感覚に頼ってかっこよく踊る人もいれば、ラインをきれいに整えてかっこいい感じを出している人もいます。僕は後者だと思うんです。ラインに中心を置いて、動作自体に無駄がなくすっきりしたスタイルです。

◆ ラインを整えるというのはどんな意味か説明してもらえますか。

　動作一つ一つを全部チェックして、丁寧に押さえていくという意味です。もっときれいに見えるように、もう少しすっきり見えるように整えるということですね。動作がぎこちなく見えないように一つやっては止まってチェックし、また一つやってはチェックして押さえ次に行くということです。

◆ それを繰り返しやるんですか?

　はい。特定パートで首をもう少し回してみるだとか、骨盤をもう少し上げてみるだとか、あるいは胸をもう少し押し込むだとか、左肩をもう少し上げるだとか。こうやってちょっとずつちょっとずつ整えていくんです。

◆ とても計画的ですね。

　徹底的に練習しました。あ、ここで足をもう少し上げてみようか? いや、ここで膝をもう少し曲げてみようか?　こんなふうに鏡を見ながら動作をきちんと整えていくわけです。できるだけかっこよく見えるように。

ＳＦ９のメインダンサー

✦ チャニさんの強みには他に何があるでしょうか。

　幼い頃からいろんなジャンルを学んだので、それが今の自分のスタイルを完成させるのにとても役立っているような気もします。幸運ですね。FNCエンターテイメントに入ったのが中学校の時だったんです。小さい頃からダンスをしていたのでいろんな先生から教わっていました。でも先ほどお話ししたようにダンスは踊る人によって自分のスタイルがあるので、それぞれの先生の強みを学びながらそれを自分のものにしていく過程がとても役立ったと思います。いろんなジャンルに触れて、ダンスでも一つにしばられずに色々と体を自然に使える感覚を探れました。House、ジャズ、ヒップホップとか面白いものがたくさんありました。

✦ 活動する中で自分の実力が伸びたと思ったのはいつでしたか。

　自分のステージの動画やチッケム（訳注：1人のメンバーを追って撮った写真や動画）を見ているとそう思える時があります。昔のものを見ると「ああ、今はだいぶ上手くなったな」と思うし、同じダンスを踊る動画を見てもそうですね。その当時の動画と今の動画を比べてみるとどの部分で自分が伸びたのかわかります。以前テヤンヒョンと踊った振り付け練習の動画をSF9の公式SNSにあげたことがあったんです。2年くらい前になります。先日その動画をたまたまもう一度見たのですが、その時も2人で

振り付けをして撮ったものなのに、最近あげたものと実力の差がかなりありましたね。最近僕がインスタにあげた動画も一緒に振り付けをしてあげたものですが、目に見えて実力がアップしていました。

◆ 動画でダイレクトに比較してみると、確かによくわかる気がしますね。

　前はできなかった動作が今はできるというのが目に見えてわかります。これって練習をしているからといって急にできるものでもないですから。初めは全然できなくて、辛抱強く練習しているとその動作に適応するスピードが徐々に速くなるのを感じられるんです。他の人はどうなのかわかりませんが。でも僕の場合は、以前だとこの動作をマスターするのにひと月かかったのが、今は少し慣れてきたから新しい動作を学ぶときは1週間、その次はもう少し慣れたのか1日しかかからない、みたいな感じです。

◆ 〈Good Guy〉の時はどれくらいかかりましたか。

　その時は他のヒョンたちもとても速くなっていたので1週間くらいで振り付けを覚えて、長く見積もって2週間以内には全部終わらせたと思います。以前デビューしたての頃は〈Fanfare〉を3, 4カ月くらいやりましたから。今はかなり速くなりましたよね。

◆ デビュー曲の話が出たところで、SF9はものすごくいろんなコンセプトをやってきたじゃないですか。その中でチャニさんのパフォーマンススタイルに一番ぴったりなのは何でしたか。

　〈Now Or Never〉ですね。僕の立場から比較的表現しやすくてぴったりだったと思います。振り付けと僕のダンススタイルが合っていた気がしますね。

◆ 具体的にどんな面で〈Now Or Never〉が表現しやすかったんでしょうか。

　元々振り付けが自分に合っているととても覚えやすいんです。だからまずはものすごく覚えやすくて。でも僕のパートで前に出た後、サビの部分で首を押し出してムーンウォークをする振り付けがあります。ここで首を横に押し出す振り付けがとても難しかったのですが、どうしようかなと思いながら自分の体に一番合う動作にしてみようと体に慣らす練習をものすごくたくさんやりました。足から指の角度、肩と胸の高さと方向、骨盤の位置など具体的に自分の体に合わせる練習をしていったんです。もちろんチームのパフォーマンスだから基本的な枠は守るべきですが、その中で自分のスタイルを生かせるように最善を尽くしましたね。以前ラキがしてくれたアドバイスもものすごく役立ちました。

◆ どんなアドバイスでしたか。

　2人ともデビューしたての頃にラキが僕に言ってくれたのは、「枠を守りつつその中でお前のスタイルを生かせ」でした。ラキはかなり小っちゃい頃から一緒に踊っていたので、僕がすっきりと、目立たず、無難に踊るのを知っているじゃないですか。だからなのかその時に言ってくれたアドバイスが記憶に残っていて、その言葉のおかげで自分の体により合ったダンスをしようとしています。実際、身体的な条件も踊るときには重要な要素のうちの一つですよね。でもお話ししたように大きくパワフルな感じを出すのは難しいから、軽やかさを振り付けに落とし込もうとしたわけです。それが〈Now Or Never〉だったんです。

◆ では、難しかったパフォーマンスは何ですか。

　難しかったのは〈Good Guy〉です。最近のパフォーマンスが難しかったと言うと意外だと思われるかもしれませんが、実際一番難しかったで

す。もちろん歌のパートごとに振り付けが全部違うので自分に自信を
もってできる動作は大丈夫でした。でもサビに移る初めの部分がほんと
上手くいかなくてとても苦労しました。今も動画でその部分を見ると、
どうしてあんなに踊れていないんだろうと思います。気軽に見てくれる
人たちは流し見できるかもしれませんが、僕は一つ一つが全部見えるか
ら全然気に入らないです。やっぱりこういった動作はテヤンヒョンが上
手に生かしていると思いますね。テヤンヒョンのダンススタイルからも
学ぶことが本当に多いです。

✦ 2人のダンススタイルはどう違うと思いますか。

テヤンヒョンはダンスに情熱が込められている印象です。だから体の
グルーヴの使い方がとてもいい感じです。僕のが、動作が全部整えられ
たすっきりした感じだとすると、テヤンヒョンは自由に自分のグルーヴ
を見せてくれる印象ですね。

✦ 本人の感じていることをそのまま表現する感じですよね。

はい。僕はきちんきちんと決められているような印象ですが、テヤン
ヒョンは決まった形のダンスを踊るんじゃなく、表現を自由にするタイ
プといった印象ですね。だからヒョンを見ると「お？　この感じもとっ
てもいいな」と思っちゃって。

✦ 逆にチャニさんのダンスはものすごく優等生っぽいダンスですよね。き
ちんと踏み固められた。

そのとおりです。だからテヤンヒョンのスタイルを見習いたいです。
ヒョンが体を使う感じがとてもかっこいいんですよね。ものすごく柔軟
な人だからウェーブもよくて。力の使い方も上手いです。それもあって
振り付けでのポイントの与え方も的確によくわかっていますし。

◆ **お互いいろんなことを学び合えそうです。**

　実際にそうなんです。テヤンヒョンが僕からラインの動きを学ぶとしたら、僕はテヤンヒョンからバイブを習うわけです。一緒に振り付けを作って踊ると、実力の伸びを感じられます。最近インスタにあげた動画はほとんどテヤンヒョンが振り付けしたものなんですよね。なぜかと言うと、僕がテヤンヒョンの作る振り付けを学びたかったからです。その『感じ』というものを。以前の僕はヒョンみたいに踊る方法を全く知りませんでしたが、最近はヒョンを見ながらヒップホップの感じと自由に動く感じを学んで試しています。

◆ **反対にテヤンさんもチャニさんから色々と学んでいるでしょうね。**

　これって僕の自慢みたいですが（笑）。ヒョンもいっぱい学んでいると言ってくれます！

◆ **不思議なのは、 ふつうチームのメインダンサーと言えばものすごく積極的で前のめりに踊って、 自分のキャラクターを見せようとする場合がほとんどですよね。 それが与えられた役割だとも思いますし。 でもチャニさんが独特なのは、 ダンスから野望といったものが感じられません。 これって性格と関係している気がします。**

　僕が目立つのが好きじゃないからです。本当に、できるだけ目立ちたくありません。ステージ上でメインダンサーを担わなきゃいけない時があるじゃないですか。ソロステージをやらなきゃいけないだとか。そういう時はむしろ上手く踊れません。一人でステージに立っているとなんだか緊張して体がこわばっちゃって、練習室で踊るときよりずっと実力が出せないタイプです。例えばバラエティ番組に出演するとメインダンサーだから踊って見せてと言われるじゃないですか。そうすると僕はいつもより上手に踊れません。恥ずかしいけどそうなんですよね。

◆ 個人的にはチャニさんのいいところが全部出ていなくて残念です。

僕もこういう自分の姿を直したくてとりあえずできるだけ練習をたくさんするのですが。でもうまくいかないんです。ステージ上に団体でいるほうがむしろ上手く踊れます。

◆ 野望がなさそうという言葉は、芸能人からするとちょっと気に障るかもしれないと思います。だからとても注意深くお尋ねしてみました。でもご本人がもっと残念だということだから……。

そうなんですよ。でも小さな主張はあります（笑）。仰っていた「野望」に近い、「自分が何かを見せつけるぞ！」といった感覚よりか、技術的に成長した姿をお見せしたいとは思っています。ちょっと難しい技術、変わった技術を余裕をもってこなすことで自分はダンスが上手いんだということを証明したいです。

◆ 自然に成長する姿。とてもチャニさんらしい姿です。

その感じが僕にはもっとかっこよく感じられる気がします。もちろん人によってかっこよさの基準は違うでしょうが、僕にはそういった感じがかっこよく思えます。とても難しい動作を難しくなさげにサラッとこなすことです。でも時々ほんの少し傷つくこともあります。僕のダンスはステージ上で全然大変そうに見えないらしくて（笑）。今のところまだとても苦労しているのに。

◆ ステージ上で実際他のメンバーたちと比べて息切れしている姿があまり目につきません。

それはですね、僕が踊るときは呼吸をほぼ我慢しているからです。最低限の呼吸調節だけしています。あらかじめ息を吸っておいてから止めて踊って、そして少しの間別の部分で息を吸ってからまた止めて踊ります。

◆ **徹底するタイプなんですね。**

　例えば後ろを向いている時にものすごく大きく吸い込んでまたふり返った時に、余裕のあるふりをして息をちょっと我慢します。こんなふうにやっていきながらステージを完成するわけです。僕はステージで大変じゃなさそうという話が、頑張っていないという意味だと思って傷ついたんです。見る方はそう思うかもしれないけど、全然そうじゃありません。心の中ではほんと死にそうです（笑）。その感じは少し知っておいてもらえると嬉しいです。

◆ **練習の時から呼吸を調節する練習を重ねるんですか。**

　はい、練習する時からやります。ステージ上で僕が苦しそうに見えると、見ている人たちも辛いじゃないですか。だからできるだけ辛く見えないように練習するんです。表情の演技だとか他の部分も同じですね。踊るときに呼吸を調節するのはとても重要だと思います。パフォーマンスの感じを完全に伝えるためにもですし、ダンスの動作を一つ一つつかむためにも大切です。僕には野望もないし、自信もない性格ですが、呼吸調節についてだけは自信をもって話せます。

◆ **自信もないと思っているんですね!**

　ものすごく照れ屋ですし、バラエティ番組で「一度見せてください！」と言われるとまず心の中で「ちゃんと上手くできるかな？」から考えます。マインドコントロールがとても難しくて今でもものすごく努力していますね。でも何が不思議って、ステージに上がると変わります。とても興奮して面白いんです。

◆ **やっぱりステージに上がると別人になるんだ（笑）。**

　そうみたいです。ステージに上がるまでは本当にものすごく緊張する

のですが、一度ステージに上がって照明がバーンとついて歌が聞こえた瞬間、何も考えなくなります。その変化がとても不思議で面白いです。ちょっと変ですよね？　ある意味、踊る空間は全部ステージなのに、どうしてでしょうか。

◆ **いいえ、 変じゃないです。 大丈夫です。**

　本当にちょっと違うんです。でもどこであれステージなんだと思って練習を重ねながら、頑張ろうと努力中です。

◆ **ではSF9のパフォーマンスを完成するためにメンバーたちとどんなふうにミーティングをしていますか。**

　一番重要なのはその曲の感じをパフォーマンスで生かすことじゃないですか。だから振り付け案を受け取ったら、まずこの曲で僕たちが何を生かすべきか話します。もう少し具体的にはパートごとに分けて、この部分では僕たちがどんなふうに動かなきゃいけないか、どうやって動作を合わせるべきか意見を出し合いますね。そしていつも言うのが「頑張ろう！」です。でもうちのチームの場合ちょっと特別なのが、全員の動作を一つに合わせるよりかは個人の長所を生かそうというタイプです。

◆ **あ、 個性を生かすタイプですね。**

　はい、リーダーのヨンビニョンがメンバーそれぞれのダンススタイルを生かすことを重要視しています。全体的には少しバラバラに見える部分があったりもしますよね。でもその部分を受け入れながらもできるだけそれぞれが上手く踊れるように、自信満々に見えるように、楽しく見えるように、ステージを作りたがっています。僕も決められた形で踊るより、それなりに自分のスタイルを生かす方が好きですね。テヤンヒョンも同じです。それぞれが一番かっこよく見えるように、キャラクター

が出るように作ってくれているんだと思います。ただその中でももちろん大枠は合わせなきゃいけないから、それは僕たちがまた調節していくんです。みんな知っています。重要な枠組みがあることは。

◆ 先ほど少し出た話ではあるのですが、ダンスにその人のキャラクターが出ると言っていましたよね。メンバー一人一人について話してみるとどうですか?

　まずテヤンヒョンはものすごく情熱的で野望もある人です。だから踊るのを見ていると真っ先に熱いなと思います。エナジーがあふれていますよね。だから動作もてきぱきしていますし。

◆ ラインが少し太い気がします、テヤンさんは。

　そうです。手も他のメンバーより高く上げて、振り下ろすときもちょっと強く振り下ろしますし。

◆ 他のメンバーたちはどうですか。

　ヨンビニヒョンはものすごく緻密です。その感じに重みが表れている気がします。元々性格もナイフみたいで、きっちりしているんです。ダウォニヒョンは性格どおりダンスも大きくてダイレクトに踊るイメージです。フィヨンは自由です。大人しくて自由な雰囲気が好きなのがダンスにもそのまま出ています。インソンイヒョンは……。ダンスが善良です(笑)。ほんとなんです。ジェユニヒョンもダンスがピュアです。澄んでいて透明ですね。そのまま性格が出ているんですよ。ありのままのダンスの動作がきれいに見えます。特にジェユニヒョンの場合は、相手をちゃんと思いやる性格が踊るときもそのまま表れているんです。周りに別のメンバーがいるとそのメンバーのために動線もサッと退いてあげて、できるだけ踊りやすくしてあげています。

✦ 面白い部分がたくさんありますね。

　ロウニヒョンはすっきりしています。とても整理整頓が上手な性格なんですよ。宿所の掃除もとても上手くて。ごちゃごちゃしているのがあまり好きではない人です。だからダンスにも散らかっている部分がありません。団体チッケムや振り付け動画を見ると、ロウニヒョンがササッと合わせるから全部まとまっています。そしてジュホヒョンは主張がはっきりしています。自分自身をちゃんと信じるタイプだからなのか、動作が角ばった感じで合わさっていますね。

✦ いざこうやって整理してみるとSF9メンバーたちのキャラクターが一気に理解できます。

　僕はそれがとっても不思議で。ダンススタイルがどうして分かれるのか色々と考えてみたんです。同じダンスを踊ってもなぜあんなみんな踊り方が違うのかなと思いました。ダンスをする人たちはこんなに多いのにスタイルがみんな違うって不思議じゃないですか。そうやって自分自身についても考えるようになりましたね。自分のダンススタイルをふり返るとわかったんです。お、これって性格が違うからなんだな。その人が持っている性質がダンスに表れているんだな、と。その瞬間からもっとダンスに魅力を感じるようになりました。

✦ SF9のメンバーは背が大きい小さいを超えて身体条件がとてもいいチームです。 いわゆる『バランスがいい』ってよく言うじゃないですか。 だからなのかボーイズグループの象徴であるスーツも早くから着こなしたチームですよね。

　ほんとのところスーツを着て踊るのは少し苦しいですし、服そのものがそろったユニフォームみたいな印象だから、窮屈さも出ます。スーツを着る時はできるだけ上手く踊れるように直すので、それほど着心地は

悪くありません。何よりこぎれいに整えられたスーツの感じをダンスス
タイルに生かすと、〈Good Guy〉みたいなのができるんですよね。スー
ツを着てヒップホップを踊ると似合わないでしょうけど、そこにぴった
り合うパフォーマンスを企画すると、辛いというよりかはずっと楽しい
感覚だった気がします。

◆ **スーツを着ると靴を履かないといけませんよね。 ガールズグループで
も靴を履いて踊るとかなり大変なのに、 ボーイズグループも靴を履く
と足がとても痛そうです。**

　苦しい感じはありますよね。かかとが擦り剝けてくるぶしの近くの皮
膚が剝けます。でもそれって当然受け入れるべき部分だと思います。だ
から以前ダンスを習ってステージに上がる前は、わざとステージで履く
靴を履いて練習することもありました。〈Now Or Never〉の時も靴が
きつい、靴を履く日がある、となったらみんなで練習の時も靴を履いて
練習しました。前もって体を慣らしておくわけです。

◆ **一番踊りやすかったスタイリング は何でしたか。**

　〈Mamma Mia!〉が一番踊りやすかったです。スニーカーを履いて踊れ
るのがまずは楽でしたね。でも靴も大丈夫です。僕たちがステージを準
備する情熱に比べれば、靴が痛かったり服がきついくらい本当になんて
ことありません。何の影響も与えないと言ってもいいくらいです。

◆ **SF9で何枚かアルバムを出して、〈Good Guy〉では一番いい成績を
残したじゃないですか。 でも1位を受賞する場面でチャニさんが意外に
も淡々としているように見えました。 子役俳優の時から芸能生活が長
いから一喜一憂しない、 そういった余裕があるのかなと思いました。
実際はどうでしたか。**

そういう感じがなかったわけではありません。 でも真っ先に思ったの
は、ここからがスタートだということでした。「ああ、ついに！」という
感じじゃなく「そうだ、ここからなんだ」という感じだったんです。だ
からその瞬間はものすごく感動もしたし感謝しましたが、この感覚を涙
よりも今後の誠実なステージにつなげたかったです。（でも）1位だと呼ば
れた瞬間はほんとどれだけ驚いたか（笑）。

◆ **それが表情に出ないから、 ほとんどの人はもの静かなチャニさんの性
格がそのまま表れたと思っているはずです（笑）。**

あからさまにはしたくなかったです。 弟もいるので、 小さい頃から自
分の感情を出すことより弟の面倒をよく見て、成熟したもの静かな性格
じゃなきゃいけないと言われて育ちました。1位の時もまずは驚いて泣
いているメンバーをなだめなきゃと思った気がします。

◆ **やっぱりかなり前から芸能生活をしているのが影響していると思います。**

そうですね。やはり芸能活動をしてきたので、 どの部分が難しいか、
何をしたらいけないかを少しずつ学んできた気がしますね。それを上手
く生かしたんだと思います。ステージ上にカメラがあるときに、 踊りな
がらできるだけ緊張しない方法を身につけていた気がしますし。ステー
ジに上がる前にもう一度踊ってから上がるだとか、マインドコントロー
ルをして「今この瞬間だけは僕が最高だ」と思うだとか、自分だけのノ
ウハウを作ってきたと思います。

TAKE. 4

演 技 者 カ ン ・ チ ャ ニ 、
歌 手 チ ャ ニ

◆ **演技についても一緒にお話ししてもらえますか。 同じ表現する仕事だ**
という点からです。

　最初は両親に誘われて始めましたね。ヒョンたちと練習生生活をする
中で、小学校高学年の頃から自分でも楽しみ出した気がします。演技
も初めて学ぶときは何もわからずで。小学校2年生の子に演技が何かな
んてわかりませんよね。足し算、引き算と国語の勉強からしなきゃいけ
ない子どもだったんですから。ただ「演技って何かな？　とりあえずお
母さんがさせてくれることだからやらなきゃ」という気持ちでした。

◆ **思いがけず始めて、 小さかった頃ですし嫌になることもあったと思い**
ます。

　だから時々「ああ、お母さんにやりたくないって言おうかな？」と思
うこともありました。でもいざ撮影となると楽しくやれちゃって。自分
でも何をしているのかわからずにただやって、そうする中で自然と興味
を持ち始めました。実際、僕には自信もないし目立つのも好きじゃない
とお話ししたじゃないですか。だから初めはどんなに怖かったかわかり
ません。緊張しすぎるタイプなので、自分にちゃんとできるのかとても
不安でした。

◆ **子役俳優だったことで、 成人俳優へと成長することへの怖さ （不安） を吐露する人も多いですよね。 チャニさんはどうですか。**

　ほんの少し心配になる部分はあります。幼いイメージを脱しなきゃいけませんから。制服を着る役もたくさんしましたし、子役時代が知れわたっていますから。そういう部分について悩む演技者も多いですし、上手く適応している人も多いですが僕はまだ試験中の段階だと思っています。どうすれば少しずつ自然に、視聴者が幼いチャニのイメージを忘れられるのか。でも心配ばかりするタイプではない気がします。むしろそういう部分よりも、もう少し上手くならなきゃとよく考えますね。どういう部分を努力すれば真剣に演技をしているように見えるか、どれくらい感情をコントロールして見せると視聴者が僕の演技に共感できるのかに悩んでいます。

◆ **チャニさんの目つきへの評価が高いですよね。 それでついたニックネームが 『濡れ衣専門俳優』 でした。 でもこういったニックネームはチャニさんの負担になるのではと思います。 目つきだけで演技なんてできませんし、 一つの役柄にとらわれるわけにもいきませんから。**

　僕は普段怒ったことがあまりないんですよね。嗚咽するみたいに腹を立てたことがほとんどなくて。でも映画やドラマを見るといつも、その中にいるキャラクターたちが感情の絶頂にいたりするわけじゃないですか。問題は僕がそんな感情を感じたことがないので、「ああ、これってどうしたらいいんだろう？　ただ怒りまくるわけにもいかないし」。こんなふうに感じちゃうことでした。だから最近はいろんな作品を見ながら他の人の演技を見て真似することもあります。部屋で一人怒ってみたりもして。怒るのは似合わなさそう、チャニが感情を爆発させる姿って変な気がする、こういった偏見を脱ぎ捨てたくてたくさん練習をしているんだと思います。

◆ **演技するときに姿勢を気にすることもありますか。 踊るときと少し違う気がします。**

お、僕は姿勢を気にするタイプではありません。むしろ演技の妨げになると思うからです。それよりかは普段からきちんと習慣づけなきゃと思うタイプです。そうやって練習して作られたものが演技するときに自然に出てこそ、自然な演技ができると思うんです。それってキャラクターによってもまた違いますし。

◆ **例えば?**

『SKYキャッスル』のウジュを例にあげますね。ウジュは優等生でとても正直じゃないですか。そのキャラクターを、演技する前に普段から習慣づけるんです。きちんと立っている姿として。習慣にしておいて撮影をする時は姿勢に対するプレッシャーをなくして、ウジュという役に入り込むんです。もし学校の不良少年を演じなきゃいけないとしたら、演技の数か月前から普段でもその役みたいに姿勢を定めるんですよ。他の人たちが現場でこれが上手くいくかはわかりません。でも僕はそんなに賢いタイプじゃないですし、理解力もいい方ではありません。体も早く適応するタイプではないので、演技の時まで姿勢を一つ一ついちいち考えていたらたぶんできないでしょうね。だから普段からコツコツやるしかないんです。

◆ **踊るときも同じでしょうね。**

そのとおりです。習慣みたいに動作を作っておきます。踊るときも常にまっすぐ正しい姿勢をキープしろと習ったので、その基本姿勢を今でも持っています。これは演技でも同じです。壁に立って後頭部から体をまっすぐにして（壁に）くっつけて1時間も2時間もずっと立っていました。

✦ 踊るときと演技するときの心構えはどう違いますか。

　踊るときはできるだけ楽しまなきゃと思います。楽しんでこようと。逆に演技をするときは少し違う集中力が発揮される気がします。無になってそのキャラクターにだけ集中するんです。自分自身も消して。もちろん僕も完璧な人間じゃないので演じる時に僕自身がふと飛び出してちょっとずつ出ちゃうときもありますが、そんな姿さえもむしろ僕だけのカラーだと考えて個性なんだと捉えたいんですよね。だからできるだけそういった姿も脇に置いてキャラクターにだけ集中しようと努力しています。

✦ 踊るときだけでも楽しめていて良かったです。

　踊るときは自分自身を消すというよりかは、楽しい気持ちで信じなきゃいけないですね。演じる時にはできるだけ消していた僕自身を、踊るときは引っぱり出してきて信じてやるわけです。それに踊るときはSF9のチャニとしての責任感が加わります。チームとして画面に映りますし、SF9という名前が重要だから責任を持たないといけません。小さい頃はただ上手に踊ろうとか面白いだとかいう思いだけで踊っていましたが、今は変わりましたね。1millionと〈Enough〉を踊った時も、ダンスを職業としている人たちとやるんだからSF9のメンバーとしてもっと完璧になるためにたくさんのことを学ばなきゃと思いました。

✦ ステージに上がるときもただ楽しめる立場ではないということですね。

　でもその時くらいは一番ダンスが上手いのは僕なんだと、自信を持たせようとします。自分の口で言うのはちょっと恥ずかしいですが（笑）。元々自信のない性格なので、できるだけ自分が一番上手んだという気持ちで。

白 紙 の よ う な 未 来

◆ ダンスを踊っている時はどんな感じですか?

(しばらく悩んで) お、ものすごく難しいですね。どう表現したらいいでしょうか。

◆ ゆっくり、 気楽に話してください。

とてもシンプルなんですが。楽しいです。興奮します。そしていろんなことを考えたりもしますね。

◆ どんなことを考えますか。

ただ感覚に頼ることができたらいいですが、「ああ、ここでもう少し体を低くしなきゃ」あるいは「上げなきゃ」、「軽く踊らなきゃ」、「もう少し息を入れなきゃ」みたいなことを考えます。

◆ 理性の糸を絶対に離さない優等生みたいです (笑)。

優等生じゃないのに (笑)！ ものすごく興奮するとそういった考えは小さくなるのですが、理性に捕らわれているとここでは何をもう少しやってみようか、どんな感じをキープしていこうかみたいなことを考えざるをえません。だからきっと、僕の動画をご覧になるとおわかりになるはずです。同じ振り付けをしてもステージによって少しずつ違うこと

が。特定の動作を少し長く軽めにする日もあれば、それと同じ動作をもう少し短くあるいは重めにやっている日もあるはずです。それって瞬間的に下す判断によってそうなるんです。

◆ とても緻密な性格も垣間見えますね。

性格はとても単純ですが、踊る時はきちんと押さえてから次に行こうと思うタイプみたいですね。曖昧なのもあまり好きじゃありません。正解なら正解、そうじゃないなら違うんだみたいに。

◆ チャニさんはどんな人でありたいですか。2度のインタビューを通して、本当に多様な面を見ました。

気楽な人です。親近感のある人。芸能人としてもですが、芸能人以前にカン・チャニという人間が親近感のある身近な人だと嬉しいです。そして内面から輝く人間でありたいです。とても難しい目標ですが、他の人から見たとき、それが見習いたい点である人でいたいです。

◆ かっこいい目標ですね。このインタビューの前に私たちが1年前にやりとりしたインタビューをもう一度見ました。その時に「白紙みたいな人でありたい」と言っていました。

いつもそれを前提にしています。白紙みたいな人が究極の目標だと思います。今も変わることのない目標です。でも生活していると白紙に何かを描けば描くほど、消すのが難しくて。だから欲を出しすぎず、たくさん描かないでおこうとしています。自分で描いて消せるくらい、常に描いては消してを繰り返せるくらいの人でありたいです。たくさん描きすぎて、その後ちょっと疲れたことがあったんです。ずっと描きつづけるから。

◆ 疲弊した時期があったんですね。

そうなんです。去年ドラマが終わって、アルバムのカムバック活動も終わって……。そんな過程が2回ほど繰り返されると、ちゃんと寝られず悩みました。「次は何をすべきかな？」と気持ちだけが焦って、何か別のことを一生懸命探してしまって。頑張りはしたけれど心の余裕があまりにもなくなってしまった気がしましたね。演技の時にそれをダイレクトに感じました。昨年は映画の撮影が一つあったのですが、その撮影の時に自分の感情がもう残っていない感じだったんです。

◆ 中身が空っぽになったような感じだったんですね？

はい。あまりにも全部消耗しちゃったみたいで。だから休息時間が少し必要だと感じたんだと思います。それが先ほどお話しした白紙の話です。描きすぎちゃうとこれ以上描くところがなくて辛いという。演技もまともにできなかったですし。自分自身に厳しくするよりか、少しタームを置いて余裕をもって働かなきゃと思うようになりましたね。

◆ 性格にちょうど合うくらいだけ働くのがいいと思います。

そのとおりです。やりすぎるとダメです。

◆ 子役の時から俳優をしてきたので、 チャニさんの歴史は他人の目によって書かれてきたとも考えられる気がします。

それが良くないと思われることもあります。幼い頃の僕の姿が全部公開されて記録として残っているわけじゃないですか。でも逆に、だからこそ良いとも思います。僕の姿を世間が皆知っていて「この子がこんなに大きくなったんだなあ」とか「あの子はこんなふうに歩んでいるんだな」と見てもらえるから。だからこれから僕の歩む道も全部見てもらえると嬉しいです。

◆ **本当にいろんな面のある人です。 シンプルなようで、 複雑な。**

　僕も自分のことがまだよくわかりません。でもこんなふうに話が終わってもいいんですか。

◆ **はい。 どうしてですか?**

　僕は前ばかり見ながら進む人みたいです。些細なことでも絶対に必要なことや良いことを記憶したいのですが、よく覚えてないことが多いんです。もちろん全部忘れてしまうのではありませんが、できなかった話の方が多い気がして。

◆ **またいつかしてくれたらいいですよ。**

　ですよね?　これからは後ろもちょっと振り返りながら進まなきゃです。その時はもっとたくさん話せるように。

✧

〈Mamma Mia!〉
MBC『音楽中心』_20180303

▽
▽

　軽くて、機敏で、素早い。 常に目立たないほうを好むとは言うものの、こ のステージでチャニは終始一貫して飛び続けているようで、 結局は目立ってし まう。 初めにワンショットで撮られた時から、 チャニの体は今すぐにでも飛び 立つ準備ができている小鳥のように時間を計っている。 短いユニットの振り付 けでもセンターに立ちこの曲の明るいイメージを伝えるために誰より高く軽やか に飛び上がるチャニの姿は、 俳優としての彼を先に知った人であれば見慣れ ない感じがするほど興味深い。

　他の8名のメンバーたちの間で跳ねすぎないようにしても跳ねざるをえない 彼の素早さは、 演技力と共にさらに光を放つ。 切なくいじらしい眼差しの代 わりに、 恋に落ちて前も後ろも見えない図々しいいたずらっ子の目つきは、 ア メリカの高校 (ハイスクール) を思わせる舞台装置と相まって青少年の成長ド ラマの一場面を見ているかのような感覚を与えてくれる。 Boxyな緑色の上着 を着た少年は、 精いっぱいおしゃれをして自分と自分の好きな子に全力疾走 中で、 なぜかこの告白が上手くいくかのように思わされる。 チャニの演技と軽 快なダンスの動き一つ一つが、 ハッピーエンディングで満たされたハイティー ン小説の場面を完成させたに等しい。

　〈Mamma Mia!〉は、 強いイメージを打ち出して発表したSF9の曲たちが持 つ雰囲気とは全く異なる。 だがむしろ自分と同じ年頃の人たちに合うコンセプ トを受け取り飛び上がるチャニの姿は、 この曲で成長の前哨戦を用意した。 よりかっこよく派手なパフォーマンスはいくつもあるが、 このステージほど多様 なことをやり遂げるチャニの長所がそのまま映し出されるステージを探すのは難 しい。 可能性の領域を試すという次元で眺めると、 〈Mamma Mia!〉はカメ ラの前に表れるチャニの性格と価値観、 ダンスのいいところまで、 全てを見 せてくれる重要なパフォーマンスだ。〈Mamma Mia!〉の後に続くチャニの様々 な活動を顧みると、 これに同意しない人などほとんどいないと確信している。 粘り強く前を見て走ってきた人間に、 こんな過去の瞬間があるということほど 重要なことがあろうか。

ここに、ムンビンの情熱

ASTRO
MOON BIN

　ASTRO のムンビンについて話し出すと、まずは大きくて強そうな肉体を称賛する声があがる。〈HIDE&SEEK〉で明るく笑いながらメンバーたちと冗談を言い合っていた少年は、今や男性誌の表紙モデルにもなっている。少年は、成長して青年と呼んでもいいほど健康的な魅力を醸し出していたし、周りは彼を見て才能あふれる洗練された ASTRO のメインダンサーが今回のコンサートでも鍛え抜かれた肉体を見せてくれたと褒めたたえた。

　デビュー当初、彼が所属する ASTRO はいつも明るく、きれいで清楚なイメージを見せていた。ガールズグループと言っても遜色がないくらい端正で清らかな姿を見せてくれるこのグループの匂いは、季節が変わっても同じだ。春、夏、秋、冬どの季節でも彼らの服はこぎれいで、メイクアップを最小限にした装いは少年たちの健康な眼差しに満ちあふれていた。しかしムンビンはその中で一番早く成長し、季節の匂いをほんのわずかに変化させるメンバーだった。おそらく大衆はその成長の成果物を大きな身長と頑丈な肉体から読み取っていたのだと思う。

　最近になって彼の動作一つ一つに生じた繊細なディテールが、ASTRO のステージを豊かにするのに大きく貢献している。長い指先から出るエナジーは、時にバレリーナのように優雅で、時にバレリーナのようにはっきりと曲のイメージを表現している。〈All Night〉のムンビンは、夜通し恋人と電話をして寝たくないという気持ちを愛嬌と洗練さを合わせた旋律にして愛の形を描く。〈Knock〉で新しい世界に向き合おうとする強固な欲は、ASTRO が

もつ野望とムンビン個人のバイタリティあふれる性格をそっくりそのまま映し出す。彼はどんなコンセプトの前でも恐れず自分の今を歌の中に投影し、ASTROというチームのイメージを、時に淡いパステルトーンの画用紙から強力な原色に変えてしまう。

　この原色は、美しいという表現より鮮やかだという表現がぴったりなムンビンだけのカラーだ。XtvN『最新流行プログラム』という突拍子極まりない番組で、アイドルとしての自身を投げ出し恥ずかしげもなく人を笑わせることにのめりこむ彼は、ステージ上で見るムンビンとはまるで別人のようだ。芸人たちの間で多少ぎこちない演技としてネット上で流行っているミームを一つ一つ現実化する彼を見ていると、ASTROのステージ上で繰り広げられるありとあらゆる濃い季節の匂いが、勇気から始まるものだとわかる。

「練習をしすぎて死にそうだと言われたら、こう言ってあげたいです。死なないよ、と」。素質だけが今の彼に与えられたステージと多くのチャンスを作ったわけではない。息があごの先まで上がり、喉がつまるまで練習をしながら「死にそうだ」と言ってきた人間だからこそ、人にアドバイスをすることもでき、自信満々に自分の才能を見せつけることもできるのだ。エレガントながらも力強く動く彼の姿を見ながら改めて、敢然と口にしたその言葉を思い出す。「死にそうでも死なないんです」。このインタビューの内容は、実はこれが全てだ。原色の青年に似合いすぎる一言として、インタビューの始まりとともに終わりを予告する。

PROFILE

✧

ムンビン

▽

ムンビンは、2016年にデビューしたボーイズグループASTROでメインダンサーとして活動した。ASTROは、デビューアルバム [Spring Up] をはじめ、[Summer Vibes]、[Autumn story]、[Winter Dream]、[GATEWAY]、[SWITCH ON)] などをリリースした。またムンビンは、メンバーのサナとユニットを組み [IN-OUT]、[Ghost Town]、[REFUGE]、[INCENSE] などの作品でもステージに立った。XtvN『最新流行プログラム』、JTBC ドラマ『十八の瞬間』を通じて、演技者としての姿も見せてくれた。

ムンビン氏のインタビューの内容は2020年当時のものです。

ちびっこ神起とベイブレード

◆ 〈Knock〉のカムバック期間が終わりました。今回の活動を見ながら、ムンビンさんのダンスが上達したと思いました。

この間、いろいろな気づきがありました。カムバックが2週間ということで少し残念ですが、前後にメンバーたちそれぞれの予定があるので、2週でちゃんとしめられてよかったと思います。1位にもなりましたし。

◆ アルバムはまた出せばいいですしね。

そうですね。次のアルバムを出すときはメンバーそれぞれの活動がうまくいって、皆で集まったときにシナジーが出ると嬉しいです。だから今年中にカムバックをして、最後までうまくやれるといいですね。

◆ ムンビンさんの話し方がリアリティ番組で見たのよりかなり落ち着いていて驚きました（笑）。

起きてすぐだからですよ（笑）。それに仕事の話をするときはやや静かになる方です。

◆ テレビに出ているムンビンさんを見たのは、ちびっこ東方神起（ちびっこ神起）が初めてでした。そのときの小学生が今はアイドルとして活動しているのが、私としては不思議です。

　ほんと小っちゃかったですよね。SF9のチャニもいましたし、MVを撮影するときはIKONのチャンウもいました。でもこの本にチャニも載ると聞いて「もしかするとその時代の記憶が2人ともそれぞれ違うかもしれない」と思ったりもしました。

◆ その時代からふり返ってみるとどう違うかわかりそうですね？　当時はご両親からムンビンさんが何か面白いことをしてみようと説得されて始めたんですよね？

　そうです。8歳のとき、両親が子供服のモデルの話を僕に持ってきました。正直僕は好きじゃなかったんです。それくらいの年齢って遊びざかりじゃないですか。塾や習い事にも行きたくないし、勉強も嫌だし、外で友だちとベイブレードをしたり鬼ごっこをしたくて。

◆ そうやって遊ぶのが好きだった子が、どうやってちびっこ神起になったんでしょう。

　子供服のモデルもしてあれこれしていると、ミーティングと言うのかな、オーディションと言うべきかな。そういうのも受けるようになりました。OKが出て東方神起の先輩たちのMVに出演することになったんです。そのおかげでちびっこ神起としてSBSの『スターキング』にまで出ることになりました。でも今考えるとそのときの自分は本当に辛かったと思います。

◆ 遊ぶ時間が減ったからですか？

　それもありますが、僕は小っちゃかった時とても内向的で恥ずかしがりやだったんです。ちゃんと話せませんでした。ですがテレビに出る前から僕を応援してくれる人たちがカフェ（訳注：ファンコミュニティ）を作ってくれました。自分の口から言うのはちょっと恥ずかしいですが（笑）。そ

れもあって学校に知られたり、隣の中学校のヌナたちが見に来たり、小学校1年生のときから高学年のヒョンやヌナから「アンニョン?」って挨拶されるのですが、それに挨拶を返せないくらい恥ずかしさが勝っていました。とても怖くて震えるんです。そういうのって歪曲されがちじゃないですか。「あいつは生意気だ。挨拶もしない」みたいに。

✦ とても傷つきましたよね。 でもちびっこ神起のときは高学年だったから少しはましになっていそうですが?

ちびっこ神起がターニングポイントでした。あれが足がかりになって今の自分がいるのではと思います。それがきっかけでFantagioのオーディションを受けて、事務所に入って今のポジションまで来ましたから。でもビハインドストーリーがあるんです。Fantagioが最初ではなかったんですよ。

✦ 別の事務所で練習生生活をしたんですね。

はい、Sidus HQの公開オーディションを受けていました。もちろんそれも僕の意志ではありませんでしたが(笑)。いずれにせよ合格して周りにいた同年代の友人を事務所に紹介していたんです。チャンウ、チャニをはじめとして僕の知り合いの別の友だちも含めて4、5名でした。

✦ 正式なトレーニングを受けましたか。

僕たちが今考えるような決まったトレーニングではありませんでした。アイドルの準備じゃなく演技だけ学びました。でもその会社で僕を担当していた方が退職してNOAを立ち上げたので、僕がそちらに移ったんです。その会社が今のFantagioです。そうやって練習を始めたのですが、正直中学生になる前までは練習の概念がほとんどありませんでした。ただ遊ぶだけ遊んで家に帰るんです。練習はほんのちょっとだけで。

✦ 中学生になって変わったんですね。

　不思議なことに、そのくらいになると自分のしていることが何なのかを考えるようになって、夢を抱き始めた気がします。いろんな映像を見始めて、いろんな人たちの言うことを聞き始めました。そうこうしているうちにハッとしたんです。「今、自分がしていることはお遊びでできることじゃないんだな」と。

✦ その当時聞いた話の中でムンビンさんに勇気を与えてくれた言葉はありますか。

「お前ほんとうまいな」、「君ほんとに才能があるね」。これです。中学校1年か2年のときに、Fantagioで年末の評価ライブがあったんです。そのときにものすごくいい評価をもらいました。そのときはHELLOVENUSのヌナたちや、今のWeki Meki、I-Teen Girlsたちもいました。この3チームがライブをしたんです。練習をするにはしたのですが、正直まだ幼くて死ぬほど頑張ったわけではありません。でもいざライブを終えて褒められると、やる気が出た感じです。

✦ 特にそう感じたきっかけはありますか？

　僕たちを採用してくれた本部長が厳格な方でした。褒められたことがほぼなくて。いつもよくないところを補完できるように苦言を呈する方でしたが、そのときに初めて褒められたんです。それで褒められる味を覚えたのに、その後はまた聞けていません（笑）。Fantagioは練習生に対してものすごく称賛を惜しむんです。アーティストとしてデビューしてからはよくしてくれるのですが、それまでは全然褒めたがりませんね。いつも称賛に飢えていました。

初 め て の 劣 等 感

✦ 練習生の時に一番楽しめたのは何でしたか。

先ほども言いましたが、幼かったじゃないですか。だから実は特別お
もしろいと感じたことはなかったのですが、ラップは楽しめました。練
習生のときにラップを一緒に学んだのですが、自分が直接歌詞を書いて
伴奏に直接フローを作るのがすごく楽しかったです。レッスンをすると
課題がありますよね。いくつかコピーをして、ラップも書いてといった
課題だったのですが、それを数セットしていきました。

✦ ものすごく意外ですね。 今得意なダンスや歌だと思っていたんですが。

そうなんです。何にせよ僕は勝ててこそおもしろいと感じるタイプな
ので。上手くできるとおもしろいじゃないですか。でも上手いグループ
には入れませんでした。ダンスも、歌も。ダンスはチームにとても上手
い奴がいるから、そいつと自分を比べ出してしまって。

✦ ラキさん？

はい。彼がこんなふうに踊っているのに、僕はなんでこんなにできな
いんだ？　彼はこうなのに僕はなぜこうなんだ？　常にこうやって比較
してしまうんです。当時はそうでした。ふり返ってみるとそういった競
争心は自分が成長するのにかなり役立ちはしましたが、当時は劣等感に

苛まれていました。それでも僕は人より上手いと言われたり、自分でも上手くできるという自負がありましたが、それはおごりでした。ラキが入ってきたことで完全に崩れました。自分で作った壁がさらに高くなったんです。事務所としては僕がもう少し遠くを見られるようにしてくれたわけで。

◆ その壁が壊れたきっかけもあったはずですが……。 劣等感から抜け出したときです。

　背も高くなり運動も始めたことで、自分の長所を見つけてバランスを取り始めました。人は人、僕は僕だから。人と僕には当然違いがあるし、同じダンスをしてもそいつの感じと僕の感じがあるからいいんだと。あとはどうせ一緒にやるのならそいつのいいところだけ盗もうと（笑）！

◆ この話を聞いてラキさんが何て言うか気になりますね（笑）。

　ラキも同じだと思います。ラキと僕のダンスにははっきりとした違いがあるんです。ラキの場合は、フィジカル面の短所を克服するために、動作をより大きくします。でも僕は背が高いじゃないですか。動作を大きくしようとしたら、むしろ短所になるんです。あえてパフォーマンス的に追求しなくてもいい部分だったのに欲が出たんですよね。それは置いておいて、リズム感覚や力をもう少し発揮してこの部分でラキみたいないい部分を浮き彫りにできるように努力するのが、僕の課題でした。ラキと僕とではそれぞれ課題が違ったわけです。お互いのいいところを見て学びながらここまで来ました。

◆ 長い練習生生活の中で出てきた競争心が、 いい結果につながった事例ですね。

　そのとおりです。僕としてはとてもいい影響を受けました。その当時

は、情熱のある奴がほんと憎かったです。僕がいくら情熱を出したところでうまくいかないから。でもそれができてしまう代表格がラキでした。ウィークリーテストといって週に一度、動画を撮りました。歌の練習も、振り付けのコピーも、別につくった振り付けも撮って、演技している姿まで撮ったんです。でもラキが振り付けのコピーを10個以上もやってきて。ものすごく羨ましいけど、同じくらい腹が立つんですよ。「うわあ、こいつほんとすごいわ。そう思いながらも、配慮なさすぎだろ！」と（笑）。

◆ 残りの練習生たちが練習をしていないように見えるから。

そうなんですよ。ラキがそんなにやってきたら週に2、3個の僕たちはばつが悪いじゃないですか。練習してない奴になってしまうから、それに腹が立ちました。案の定、終わってから本部長に「ラキがやっている間、お前たちは何してたんだ？」と言われましたね。でもラキに「お前なんでそんなにコピーしてくるんだよ？　やめろよ！」とは言えないし！　チームが上手くなれと、チームの成功のためにしている作業なんですから。

◆ 結局どうなりましたか？

自分の力じゃどうにもならないってわかるじゃないですか？　だからラキに、どうやったらそんなふうにできるのかを尋ねました。一緒にもやりましたし。「ラキ、今回は一緒にウィークリーをやってみようよ」。そうやって乗っかることもありましたね。僕ってほんと振り付けがつくれないんですよね。ラキが、「ヒョン、ここでは何をしましょうか？」と聞いてきたら、僕が「うーん、そこは……」と言っている間にラキが考えて「ヒョン、こういうのしますか？」と尋ねてきたら、「お、いいね！」というふうに（笑）。ほんとたくさん教えてもらいました。

MOON BIN

ス ラ ン プ を 克 服 す る 方 法

✦ **ここ最近のムンビンさんを見ていると、 メンバーをしっかり支えている印象を受けました。 動作の正確さが一番目立っているのを見ると。**

　実は〈Blue Flame〉のときも……。歌みたいにダンスにもそういう時期がやってきます。アイデンティティの時期です。「あ、これだ！」と何かを悟ったかと思えば、また壁にぶつかるんです。僕は個人的にダンスでいつもその時々に壁にぶちあたります。「あ、この感じだ！」と思ったことは一度もありません。もちろん映像は実際に見たときほどエナジーがこもらないのは事実ですが、それでも映像から僕の力が感じられなきゃいけないんです。

✦ **そうですよね。 そのエナジーがカメラを通して大衆の前に映し出されないといけないから。**

　それがほんと上手くいかない時期があります。特に〈Blue Flame〉のときが一番ひどかったです。とても難しいダンスでもありましたが、努力しているわりにうまくいかないからものすごくストレスなんです。「僕はダンスが上手いと言っちゃいけないんだな」と一番強く思ったのがそのときでしたね。[All Light]のときから[Blue Flame]までです。

144

✦ 辛かった時期でしたね。

　結局そのときに活動ができなくなって、色々たくさん考えました。僕は自分で崖っぷちまで、自分を追い込む性格です。そうやって僕がここで落ちたら死んじゃうからそこで足になる何かを探し出したこともあったし、実際に落ちたこともある気がします。崖っぷちまで自分を追い込みすぎて。もう一度這い上がるまで少し時間がかかりましたね。

✦ もしかしてそれが〈Blue Flame〉のときですか?

　そうです。少しずつ積み重なったものが［All Light］のときに大きくなって、［Blue Flame］のアルバムを準備する中でさらに膨れ上がりました。自分への確信がもてなくて。

✦ ものすごいプレッシャーだったんですね。

　そうでした。休むために与えられた時間だったのに、その時ですらたくさん悩んでいました。ボーカルの練習にもずっと行っていましたし。その時の僕にとって障害だったのがボーカルでした。いろんな先生に会ってみたり。これまで習った先生のところにも行ってみたり。自分でもやってみましたが、結局は原点でした。でも不思議なことに今回のアルバム作業ではピンときたんです。ああ、こうやって歌えばよかったんだって。

✦ 打破したんですね。　誰にでもそういう時ってあるじゃないですか。

　ああ、こうしたらよかったんだな。ああ、こうしたからだめだったんだな。そういうのが少しずつアルゴリズムみたいに頭の中に形成されるんです。パズルみたいに合わさると、それでも前よりは自分が心配していた枠を打ち破って抜け出たような感じがしました。そのときに感じたんです。「僕がこれまで過ごしてきた時間、そして〈Blue Flame〉のときに休

んだのは、ただ流されていった時間じゃなかったんだな。よかった」と。

◆ 時間が解決してくれるという大人たちの言葉は嘘じゃないみたいですね。

　どの時間にもすべて意味がある気がします。部屋で寝っ転がって天井だけを眺めているのも、ほんと意味のある時間なんです。ありがたいことに。

◆ 自分の役割を果たせなかったことからくる悔しさと申し訳なさも大きかったと思います。

　うーん、実は自分がステージに立てない悔しさよりもメンバーたちへの申し訳なさが一番大きかったです。完全な形でステージに上がってこそ意味があるからです。6個のカラーの中から1個が抜けるというのはとても残念なことじゃないですか。僕じゃなくて別の誰かだったとしてもとても悔しかったと思います。あ、年末の授賞式のときはメンバーたちがとても羨ましかったりもしました。僕たちASTROが年末の授賞式に出たのはそれが初めてだったんです。

◆ 2019年末のステージ衣装が忘れられません。 とても綺麗だと思いました。

　色々と山ほど準備をしたステージだったんです。もちろん準備するときは大変ですが、その後いざ結果を見ると胸がいっぱいになります。それを感じられなかったので、メンバーたちが羨ましかったです。家でメンバーを応援して見守りながら「ああ、皆よくやった」と思いつつも、「自分も出られたらよかったな」と。その時にこれを機にじっくり休んで自分がもっと強くならないと、と思いました。いつか他のメンバーが僕と同じ状況になったときに、そこを補えるようにならなきゃと心に決めました。そのメンバーを労えるくらいの何かを、今僕が感じている気分を基に強く作りあげなければという気がしたんです。せめて未来くら

いは自分でもう少し完璧なものにしようという気持ちでその時間を過ごしたと思っています。

✦ 残念な気持ちからも確実に得たものがありますね。

実は事務所もとてもいい機会だしもったいないから、年末のステージだけでも出るのはどうかと何度も勧めてくれました。僕も気持ちが動きはしましたが、それは違うと思ったのは、ASTROとして年末のステージにだけ立つのは意味がないからです。もちろんファンは喜んでくれるだろうけど、僕が同じメンバーだったとしたら？　もしかして気を揉むメンバーがいるかもしれないと思ったんです。

✦ メンバーたちとも話はしたんですか。

たくさんしました。当然メンバーたちはお前さえ大丈夫ならやれよと言ってくれましたよ。でも僕自身がその決定ができなかったんです。何より、自分が今は大丈夫な状態だとどうやって決めるのかと思いました。ステージに立たなきゃそれってわからない気がして。一度ステージに立つか立たないかの決定を下してこそ結果は出るのだから、万が一この一度の決定で引き返せないくらいの結果が出たらどうしようと不安にもなりました。結局、チャンスは今回だけじゃないんだから、来年も再来年もあるんだと思って決めたんです。「やりません」と言う瞬間ももどかしかったです。

✦ 前とはかなり心構えが変わらざるをえないことを経験しましたね。

前は足りていないことに気づいていながら、それを克服しようとしないのが問題でした。できないのではなく、しないのが問題だったんです。僕もそうだし、チームもそうでした。それぞれのスケジュールが忙しくなりすぎて、皆一緒に集まって練習するのがとても難しくなった時期が

あったんです。それがものすごく歯がゆくて。それでも僕たちは他のチームからも上手いと認められていたし、僕たち自身もたくさん練習をしてここまで来たチームだという自負もあったのに、少しずつ駄目になっていくパフォーマンスを見るたびに「やらなきゃいけないのに？　僕らほんとやらないとやばいんだけど？」とずっと思うわけです。ツアーに出る前もラキがいつもメンバーたちにこういう話をしていました。

◆ ラキさんがチーム内でそういう役割をしていたんですね。

でも4年間も同じ話をするとなると、ほんと疲れますよね（笑）。だから僕が第二走者になったんです。僕たちほんともっとたくさん練習すべきだ、皆個人チッケム見たかと。あれを見てかっこいい、大丈夫だと思ったのかと。僕は今とても恥ずかしいと。メンバーたちにこういう話を正直に打ち明けました。そのあと練習したときに、皆にも変化が見られてとても嬉しかったです。

◆ お互いものすごく正直ですね。

この部分は何よりも正直になるべきです。それが僕の信条だからです。恥ずかしいステージにしては駄目だ、恥ずかしくないようにしよう。いずれにせよアイドルは偶像という意味の単語なんだから、そういう存在がステージの上でかっこよくないなんて駄目じゃないですか。本業を全うできなければ意味がないんです。

◆ ファンが2人のダンスをよく比較しますよね。　本人からするとラキさんとムンビンさん2人のダンスはどう違うと思いますか？

ラキにはパワーがあるという話をよく聞くんです。でもこれをパフォーマンス的な観点から見ると、ダンスにパワーがあるというよりかはスピードです。スピードがものすごく速いんです。スピードって力じゃないで

すか。リズムが「ドン！」だとすると、「ドン」のスピードにぴったりの動作が出てきます。だから当然パワーが強く見えます。思い切り力強いダンスに見えるのですが、びっくりするのがラキはものすごく楽に踊っているんです。それに加えてラキは動作一つ一つをとても大きく見せます。実際にバレエをやっていたこともあって、ジャズのダンスラインとバレエのダンスラインを持ち合わせているからとてもかっこいいダンサーですね。舞踊をするみたいにも見えますが。それってとても難しいことなんです。僕がもったいないと思うのは、こういうラキの姿がASTROというチーム自体のカラーに埋もれていることです。ソロでダンスを披露できる大会に出てもっと広く知られるようになったのは嬉しいです。あ、でも今はラインを大きくして鋭く使う傾向はやや鈍りました。

✦ 鈍ったというのはダンススタイルが変わったという意味ですか？

前に踊っていたスタイルをわざと捨てたんです。あまりにもとらわれすぎている気がするから。それにもう達成できていることですし。きれいさを少し捨てて自然な感じで行こうと努力中ってわけです。僕はきれいさをもっと追求しようとする方です。どっちにしろ重要なのは、ラキはボクシング選手みたいなダンサーだということです。重厚な感じで「バン！」と的確に動作を入れるからパワーがすごいんです。

✦ ではムンビンさんのスタイルはどう分析できるでしょうか。

僕にはまず、フィジカルというプラスがありますから（笑）。それをどう上手く使うかが要でした。とりあえずラインを長く使うことと、力があるということが言えそうです。ラキのスピードから出る力とはちょっと違う、力そのものです。だから思いがけず上手くいかないと鈍く感じられます。筋トレをしながら、ちょっと鈍くなったなと思う日がけっこうあったんです。元々僕は踊る時にたくさん力を使おうとするスタイル

です。そこに筋肉までできちゃったから、鈍くなったんでしょう。ステージの端から端まで行こうとすると、到達しなければいけない位置まで早く動いたとしても減速することがあるのに、筋肉まで力を使うからさらにスピードが落ちたんです。だから次の動作をするときに、連結動作の流れが壊れるしかないわけです。

◆ 体格が大きくて長い頑強な体をメリットとして掲げすぎていると、そういうデメリットがあるんですね。

　筋トレをし始めてからは少し力を抜かなきゃと思いました。ただ、見ている人には動きは同じように見えるわけです。僕の感じ方だけが違うんです。ここにラキの打点を持ってきて利用しました（笑）。僕には定型化されたスタイルがあるから、そこにメンバーの力を借りるわけです。

◆ 最近のように芸能人に多くのものが要求される時代であっても、一番重要なのはやはりステージ上でのパフォーマンスですね。

　そうです。おっしゃる通り、今は芸能人という職業がその人の実力以外にも人柄だったり価値観までも重要視される時代じゃないですか。もちろん大切な部分だと思います。それでも一番の優先順位は実力だと思います。歌って踊る職業なんだから。それができなければ、自分の職業について話すときに果たして満足感はあるのかなと。僕のステージを見に来てくれて、僕はファンから評価される職業じゃないですか。とても胸の痛む話ではあるけれど上手ければ褒められるし、下手だと悪く言われるのが仕事というものですよね。だから歌手として、アイドルとして本業が何かをちゃんと考えて、それは必ず成しとげなければいけないと思います。

◆ 今回のアルバム準備はどうでしたか。

休みながら色々と頭を整理して、新しい気持ちで準備したのですが。本当に全てが順調でした。曲の選択から収録、振り付けを学ぶことまでです。それに加えて自分の体のバランスを探っていくことまでも、水が流れるように上手く進みました。身体バランスが崩れてはいたのですが、それでも悪くない過程でした。カムバック期間もそうでしたし。

◆ 私の立場からは立派な姿だけが見えるので、バランスが崩れているとは思いもしませんでした。

自分の問題は自分が一番よくわかるじゃないですか。ダンスについては体系的に練習してきたからすぐわかるんです。2時間ずつ黙って立つことから始めました。そうやって一つ一つバランスをとっていくものだから、一つが崩れるとバレてしまうものなんです。例えば腕を曲げる動作をして鏡を見たとき、バランスがいいとすぐにわかります。でも崩れているときもあります。

◆ そういう困難が生じた場合、どうやって解決しますか。

問題が目につき始めたらラキと話します。他のメンバーだけじゃなく、僕たちも崩れていなかったか、これを2人でディテールを合わせながら修正していかないと自分はステージの上で恥をかきそうだと。こんな話をしながら一緒に整理していくので、また元通りに戻りはします。ステージでも全部、ドライリハーサル、カメラリハーサルをするじゃないですか。そういうときに毎日練習してきたことを考えて、もう一度合わせていくんです。自分の身体がつくり出す動作のバランスを、です。

◆ **今回のカムバック活動で一つ一つの動きに忠実な気がしたのは、だからなんですね。**

そうなんです。個人的には今回の活動ではそれなりに満足しました。ライブでも見落としはなかったと思うし、ダンスも同じです。表現やジェスチャーなんかのパフォーマンス全般でミスしたものはほぼないと思える舞台がいくつかできました。

◆ **その中でもダンスで完璧なステージを披露したと思うのはどれでしたか。**

カムバック1週目のKBS『ミュージックバンク』のステージと、2週目のSBS『人気歌謡』でお見せしたステージがとても気に入っています。この2つの舞台を分ける基準があるのですが。まず1週目のときはスケジュールが過密だったので大変すぎて、ベストコンディションではありませんでした。それなりに振り付けを整えてはいたのですが、混乱することが多すぎると自分でも思っていたんです。そういうときは体が壊れてもいいくらいの勢いで踊るのですが、力の配分が上手くいきません。でも皮肉なことにそういう瞬間だからこそ、情熱的に走るみたいに見せられるという魅力がありました。もう少し力の配分を上手くすべきではあるんですが。パートによってはやみくもに踊るのではなく自分のエナジーをやや抑えてこそ、メンバーたちをサポートできるんです。

◆ **では『人気歌謡』の場合はどうでしたか。**

そういう配分までやり遂げられたステージだったと思います。ばっちりでした。ほんと上手くやれた気がします（笑）。曲が1フレーズ、2フレーズとサアッと流れて、最後のサビでエナジーをとてもきれいに爆発させられたと思います。

✦ この話を聞いて2つのステージを改めて見てみると、前とは違う感じ方をしそうです。

　絶対にもう一度見てみてください。最後のサビの「맡겨봐 맡겨봐 널（任せて任せて君を）」というパートが、1週目のときはとにかくパワフルでした。そして2週目のときは少し抑え気味にしました。ライブもしなきゃいけないし、自分のコンディションも考えなきゃいけないからです。そうこうしていると、妙なことに最後は力が温存されているんです。配分という概念を考えすぎた結果、そうなってしまったんです。だからARを活用するついでに、どうせダンスをパフォーマンスとして見せられるステージなんだから、ここに重きを置こう、一度有終の美を飾ってみよう、となったんです。今回のカムバックで結果を出せたと自負できる、そういう記録を残しておきたいという気持ちになりました。だから2フレーズまでやって、どれだけ力が残っているかチェックしました。「お？このくらいならできそうだな？」と思いましたね。

✦ 頭の中で力の配分をするというのがとても不思議で、印象的でした。

　リズムに合わせてタン、タン、タン！　と移っていくのですが、とても上手く入っていけるんです。「あ、そう？　だったらOK、この感じでそのまま行ってみよう。「Up Up Up 선명히 빛난 세상（明るく輝く世界）」では力を出し切ってみよう」タイミングばっちりなのが自分でも感じられるんです。こういうのを打点がぴったりと言うんだなと。体の動きから感じられるバランスもとても良かったですし。

✦ 成功するときは、それが感じられる瞬間があるんですか？

「これだ！　これ、この感じだ！　この感じを逃さないようにしよう」そういうのがあります。

◆ 先ほど、 ダンスのスタイルはやや定型化されていると言っていましたよね。 でも実際ムンビンさんのダンスを見ると独特の感じがあります。 ソロステージではむしろソフトで自分だけのラインを持っています。

基本力もチェックしながら練習しなきゃいけないのですが、実際はほとんどそうじゃない場合が多いので少し恥ずかしいです。ボーカル練習はたくさんするのに、ダンスの練習はあまりやらなくなるのって変ですよね。これって性格だと思います。上達するとちょっと疎かになるんです。それが感覚を重視する姿として出ているんだと思います。

◆ 具体的にどういうことですか。

歌も楽譜どおりに歌うスタイルではありません。自分だけの感覚を生かして音楽に近づくタイプなんです。踊るときも同じですね。だから僕は歌の練習をするときにスケール（音階）に合わせて歌うように言われると上手く歌えません。でもスケールでは出なかった音が、歌うときには自然に出ることがよくあります。感覚で覚えるからだと思います。これって有利になることもあるけど、毒になることもあるから問題ですよね。

◆ ムンビンさんは理論よりも実践に強いタイプということでしょう。

喉の調子がよくなかったり緊張すると、体も固まるじゃないですか。そうすると支障が出ますよね。いつもそれがコンプレックスでした。今回のプロモーションで、運よくそのコンプレックスが少し克服できました。朝のドライリハーサルって本当にきついんですよね。その時間帯に歌おうと努力する中で、少し克服しました。でも正直……。朝の7時に歌を歌えというのは、過酷だなあと感じるときがあります（笑）。

◆ 最近の心配事は何ですか。 やはりCOVID-19のせいでステージやイベントもかなり減って、 これまでなかったような不安も生じた気がするので、 それにつられてなのか気分もよくありません。

体を使う職業じゃないですか。でも一定期間体を使わないとこり固まることもあるし、今みたいにまた戻るまでに時間がかなりかかります。もちろん戻らないわけではないのですが。戻る過程でまた自分を調整するのがとてもきついんですよ。今はプロモーションが終わった状態ですが、イベントもないし僕たちが体を使う機会が練習する時を除いては少なすぎます。それが一番の心配事です。

TAKE. 4

アーティストの長所

◆ ASTROの初期のパフォーマンスは〈HIDE&SEEK〉みたいにストーリー性が強い振り付けが多かったです。 いたずらっ子のような姿が浮かび上がる振り付けがほとんどでしたね。

そのとおりです。でも一番きつかった振り付けをあげろと言われたら、〈HIDE&SEEK〉です。ものすごく皮肉みたいだけど。

◆ ほんと意外です。

僕は、個人的に一番苦しいダンスはOld schoolだと思います。むしろUrbanのダンスは楽にできる方に属していて、Old schoolは本当に難し

いです。幸いASTROはOld schoolジャンルのダンストレーニングをた
くさん受けて、おかげでとても大きい動作が、ものすごく大きく体を動
かすバウンスができるようになったんです。そういう動作が集約された
のが、〈HIDE&SEEK〉です。基本的に動作がOld schoolをベースにし
ていて、体を大きく動かす動きの連続でずっと進んでいくんです。3分
間一度も休まずです。だからとてもきついんです。みんな、かわいいと
かステージで飛び回っているみたいとか褒めてくれましたが、実際は笑っ
ていても本当のところは急いで息をはあはあと吐き出していました（笑）。

**◆ とても明るく笑って踊るから、 見ている人はきついことを知らなかった
はずです。**

　ASTROの当時のパフォーマンスがきついことをよく知らない人は多
いですね。でも同業の子たちが「おい、お前らのダンスすごいな」と言っ
てくれたり、ダンサーの方たちが「ダンスチームに行ってもいいくらい
だよ」と言って応援してくれたので、気持ちが軽くなりました。僕たち
が〈Breathless〉の活動中だったとき、他の先輩たちのステージはもの
すごく華やかでした。そんなときに「ASTROの振り付けはほんとのダ
ンスチームの振り付けと言ってもいいくらい、とても難しい振り付けだ」
と、有名なダンスチームの方たちが言ってくれると、癒されましたし、よ
かったと思いましたね。でも僕らの間ではものすごく悩んでいました。

◆ 世間にはよくわからないから?

　そうです。僕らはとても大変なのに、その難しさが大衆にちゃんと伝
わらないのであれば、何の意味があるんだろうと思ったんです。いくら
周りの人たちが認めてくれると言っても、僕たちはその人たちを見てス
テージに立つのではなく、ファンや世間を見てやるわけですから。それ
どころか僕たちはその当時、ARすら絶対に使えませんでした。カムバッ

ク活動を6〜7週間ずつすると、喉もまともじゃなくなりますし……。当時を思い出すと、笑いながらもメンバーが心配でした。メインボーカルのMJヒョンが横に移る振り付けをしながら「꼭꼭 숨어라（しっかり隠れろ）」と歌わなきゃいけないところで、口は笑っているのに目は泣いているんです。僕たちにはわかるから、全部聞こえるからわかりましたよね。「わあ、ヒョンほんと辛そう」だと。

◆ そんなASTROが全く別のコンセプトを披露し始めました。〈Crazy Sexy Cool〉が本格的なスタートではなかったかと思います。ストーリー性が強い振り付けから、個々人のいいところを見せる振り付けへと変化を図りましたよね。

そのとおりです。それまではいわゆるカルグンム（訳注：キレのいいダンス。刃を意味するカルと群舞を意味するグンムが合わさった言葉。グループ全員が一つになって髪の毛の先まで切れよく踊るさまを表す言葉）みたいな、動作が大きくて目にパッと入るようなパフォーマンスを目指していましたが、〈Crazy Sexy Cool〉からは、もう少し個人が引き立つように構成しましたね。いくつかのパートを少しずつ枠組みだけ合わせておいて、その中でそれぞれ自由にやってみようというスタイルでした。そういう感覚も僕たちのチームを見せるのに、とても役立ちました。でもこれがまた、ある瞬間からは危機に陥るんです。

◆ パフォーマンスの形態によって別の危機がやって来るとは。難しいですね。

どのみち時間が過ぎればその自由さというのは、少しずつ変質するものです。それぞれの個性が生きていると感じた部分が、チーム全体として見ると多少乱雑に見えるんですよ。それって実は練習が必要だということを知らせてくれるサインみたいなものです。練習をしないとそう感

じられます。自分では上手くやっていると思っていても、ステージで見せる結果がそう出ちゃうということです。

✦ また指摘せざるをえない状況がやってきて。

　僕の場合は、リーダーのジンジンヒョンに言います。「ヒョン、こういうところはちょっとめんどくさいと思うんだけど、僕が話すのは気まずいからヒョンが言ってよ。ヒョンはリーダーだから話す理由が十分にあるだろ」僕が言うと神経質みたいになっちゃいそうだから、ヒョンが言ってくれることを願って頼むんです。

✦ 今また昔の曲を歌ってみると、かなり感じが変わりそうです。

　ジェスチャーは前から直接つくってきました。メンバー同士でよくわからない部分は、互いに聞きながらつくってきたので、前とあまり変わらない部分だと思います。でもパフォーマンスそのものを考えるとちょっとぎこちないでしょうね。肉体的にもかなり成長して、価値観のような部分でも成長しましたから。こんな大きくなった体で「꼭꼭 숨어라 (しっかり隠れろ)」とやったら、ちょっと怖そうです（笑）。実際に曲をもう一度収録する場合も「ああ、こういうのをやる時期は過ぎたんだな」と感じるときがありますね。

✦ だとしたら、ものすごく自然にコンセプトを上手く変えたわけですね。ASTROってなかなかおもしろいアイデンティティをもったグループです。明らかにボーイズグループですが非常に爽やかなイメージをもっていて、これまでガールズグループに合うコンセプトとして主に語られてきた清らかで美しい清純なイメージを同時に見せてくれます。

　僕はそこがいいんだと思います。どれもいい意味じゃないですか。長兄のMJはとても童顔だし、雰囲気自体が皆明るいです。ウヌも清楚で、

サナもきれいな雰囲気です。そういった何人かのイメージが集まって
ASTROというグループそのものが清純で清楚なグループとして作られ
たのではないかと思います。

**◆ 〈Crazy Sexy Cool〉くらいから、 そういった印象にトレンディで洗練
された青年の雰囲気がさらに加わりました。 少年から確実に青年へと
成長したと思えるステージにつながりましたね。**

　成人するとかっこいい姿への欲が出ますから。「かっこいい」という
基準は何でもいいんです。ただ当時はスーツにはまりまくっていました。
スーツを着て踊るダンスがとてもかっこよく見えたんです。

◆ 〈告白〉の制服から、 今はスーツになりましたね。

　そうです。例えばJustin Timberlakeの〈Suit & Tie〉のパフォーマン
スが大好きでした。それを見ながら「わあ、これがダンスシンガーだよ
な！」という思いが強くなった気がします。Micheal Jacksonもかなりた
くさん見ましたが、〈You Rock My World〉という曲の彼の姿がとても
かっこよくて。あれこれ見ながら今度はこれをやらなきゃ、あれをやら
なきゃと考えていたのですが、〈Crazy Sexy Cool〉でチャンスがめぐっ
てきたんです。そのとき事務所に「これはスーツスタイルで行くのはど
うですか」と軽く投げました。

◆ 結果は……

　通ったんです！　大満足でした！

**◆ ASTROの曲とパフォーマンスに、 メンバーたちがどれくらい意見を出
しているのか気になっていました。**

　ビハインドストーリーがあります。僕たちがある程度年を重ねる中で、

こういう曲でやれたらいいなという意見を出せるようになったんです。それがちょうど〈Crazy Sexy Cool〉のときでした。でも皆さんびっくりするかもしれませんが、〈Crazy Sexy Cool〉は実は僕のソロだったんです。

◆ お、 ではどうやってタイトル曲になったんですか?

はじめは、数多くの曲の中にこれぞタイトル曲だと直感できる曲がありませんでした。そんなときに『ムンビンのソロ曲』としてやって来た〈Easy to Love You〉というタイトルのデモを受け取ったのですが、それがとてもよくて。僕たちが追求したかった自由な感じに、Justin Timberlakeの雰囲気を加味できそうな、例えばパーティー会場でシャンパングラスを持って演技できる曲みたいな感じがしました。でもソロだと言うので「いや、これは絶対にチーム曲だ」と思って、曲に対する意見を書いて送ったわけです。

◆ 事務所に直接話せるチャンスができたんですね。

はい、僕たちがそれぞれ聞いた曲への意見を全部書いて送りました。この曲はこうだからどうで、あの曲はああだからどうだと。僕のソロ曲についても、僕は「ソロだと仰いましたが、パーティー会場のような雰囲気があふれ出ている曲です。何としてもメンバーと一緒にやりたいです」と言いながら、どうか願わくはと祈ったのですが最終的にはそういう決定が下されました。

◆ 実際、〈Baby〉までは韓国人作曲家の曲でほとんどのステージに立っていました。 海外の作曲家と作業をして雰囲気がだいぶ変わりましたね。

必ずしも外国の曲がいいというのではありません。ただちょっと違うインスピレーションを受ける部分があるのは事実です。〈Crazy Sexy Cool〉を韓国語でまた歌詞を書いて、それを収録する過程がとても大変だった

んです。でもこの過程が本当に刺激的でASTROがもう一段階成長するのに意味のあるステップだったと思います。その次のアルバムが［All Night］で、この曲はデモタイトルが〈GUCCI〉でした。「니 목소리 간질간질 간질하게（君の声はくすぐったい）」この部分に、「구찌（グッチ）」という歌詞が入っていたんです（笑）。最初に聞いた時はタイトル曲だというインスピレーションが湧かなかったのですが、他の曲も全部聞けるかと尋ねたところ、絶対にここから選ばなきゃいけないと。それでもう一度聞いてみたところ、「お、これだ、これだったね」と思ったわけです。「これ以外の答えはありません！」と言ったものの、案の定収録するときはものすごく大変でした。ラ、ラ、ソ♯、ラ、ソ♯……。

◆ 大変な努力をしたからこそいい結果が出たんです。

実はその中でも、〈Blue Flame〉はほんと大変な中でつくられた曲です。うちの事務所って改革の多い会社だったじゃないですか（笑）。時期によっては信じたり頼ったりできるのが、メンバーしかいなかったくらいですから。そんな中で新しく入ってきた人たちとASTROのカラーをめぐって摩擦がちょっとあって、その状況でメンバーたちがASTROのカラーを死守してできた曲が〈Blue Flame〉でした。単純に僕たちの声をあげるだけじゃなく、相手に理解させるくらいの十分な意見を出して、それに加えてそのコンセプトを選択した時に何をすべきかまで提示しなきゃいけなかったんです。僕たちがA＆R、音盤事業本部になったかのようにです。

◆ 心労が絶えなかったんですね。

すでにタイトル曲として決まった曲があって振り付けまで受け取った状況で、僕たちが曲を変えようとするから、事務所も大変そうでした。でも僕たちには守りたいカラーがあったから、ものすごく必死で頑張り

ました。話し合いの時間が長引くことでカムバックが目前になったので、振り付けチームを探すのも簡単じゃありませんでしたが、力を合わせてやり抜きました。その渦中にドラマ撮影をしていたウヌは海外に出ていて振り付けを覚えるのがぎりぎりになるし、僕まで泣き面に蜂で問題が出てきちゃって。大変なことが多かったですが、それでもアルバムが出て皆で力を合わせていい結果がつくれたからよかったです。皆にものすごく感謝しましたね。

◆ **今回の〈Knock〉は、やりやすいと感じるしかなかったでしょう。**

〈Knock〉のデモのタイトルは〈YOU〉でした。

◆ **デモ曲のタイトルをメモしながら聞かなきゃいけないインタビューは初めてです（笑）。**

これがまたとってもいい曲だったんです（笑）。僕たちが目指していたポップスタイルにK-POP的な要素が十分に入った曲だったからです。でもメンバーの中で意見が分かれました。弱すぎると思う、明るすぎる、新人アーティストの曲みたいだという意見があったり。年を重ねたのだからもう少し楽しめる曲を選びたいと言うメンバーもいましたし。そのとおりだと思います。でも僕の立場からすると、〈Blue Flame〉で一度強めに押し通したから、今回のアルバムでは結果を出さなきゃと思っていたんです。

◆ **何人かのメンバーがタイトル曲にしたがっていた曲はどれでしたか。**

〈We Still〉という曲でした。この曲も聞いてみるととても良かったのですが、タイトル曲ではなくサブ曲やライブナンバーに合いそうな気がしました。僕が思うに、この曲はアクセントはあるんだけれど、曲がしなやかにすっと流れていく印象のほうが強かったんです。僕たちはパ

フォーマンススタイルのグループだから、〈Knock〉のほうがよく似合う
と思いました。ラキと僕は〈Knock〉、他のメンバーは〈We Still〉とい
うふうに分かれて、次はA＆Rチームと匿名投票をする時間になりまし
た。でも向こうには話し上手な奴が一人いますよね、ウヌという（笑）。
だから僕が先手を打ちました。A＆Rチームの本部長のところに行って、
歌いながらダンスを披露しました。「ビンさんがそうやって踊りながら見
せてくれると、説き伏せられる気がするよ」と仰って。そうしてついに
〈Knock〉がタイトル曲になりました。子どもっぽく見えるというメン
バーたちのフィードバックがあったので、何度か修正をして今のバー
ジョンに確定したんです。だけどこういう話って本当おもしろいですね。

✦ よかったです!

こういうのを「too much talk」って言うみたいですね。

**✦ それくらい一人で大きな絵をたくさん描くタイプなんだと思います。 ム
ンビンさんの新しい一面を見ました。 もともと自己主張がちょっと強い
タイプのような気もしますし。**

はい、強い方です。今回は特に折れなかった方ですが。別のことだっ
たら投票で決定したり討論をしたときに受け入れることもありますが、
今回はほんと諦めたくなかったんです。僕が前のカムバック活動のとき
に離脱して途中でまた入ったこともあって、今回のアルバムは成功させ
たかったんです。

✦ やはりたくさん欲が出るしかないですよね。

僕たちはボーカル中心のグループだから、やはりラッパーのパートが
少なくならざるをえないじゃないですか。でも今回収録をしてみると、
思ったよりも少なすぎると感じました。それがものすごくもったいなかっ

たから、振り付けまで出ていた部分をもう一度修正してラップパートに変えました。（実際に変える前のバージョンを聞かせてくれながら）これが僕のパートだったんですが、ラッパーのパートに変えた部分です。こっちのほうがいいでしょ？

◆ **パートを諦めるのは簡単じゃありませんよね、 本当に。**

　Bridgeパートで僕のところを抜くなり誰かのを抜くなりして、ラッパーパートをつくろうという強い気持ちが湧き出てきて。音楽を聞いてみると、僕のパートを抜くのがいいと思ったんです。

TAKE. 5

性 別 に こ だ わ ら な い

◆ **とても頑張って体を鍛えていますね。 デビュー初期と比べると風貌がかなり変わりました。 それが、 踊るときに歯車がかみ合うかのように上半身と下半身がしっかりかみ合うような安定感を与えるのに効果的だったと思います。**

〈Crazy Sexy Cool〉あたりから体を鍛え始めましたね。度重なる撮影のために鍛えたこともありますし。当時はたくさん食べていたうえに筋トレまでするから、体が膨張するみたいに大きくなりました。俗にBulk upと言うじゃないですか。だから体が鈍くなるんです。逆に力はもう少し強くなって。ああ、これをどうやったら上手く使えるのかなあとかなり

悩んだのですが、撮影をたくさんこなす中でさらに体系的に管理できる
ようになりました。筋肉をつけて体脂肪を減らすという努力をしたとこ
ろ、踊るときの感覚がとてもよくて。自分の体が変わると、踊る感覚も
こんなふうになるんだなあと思いました。

✦ そのままドラマの撮影にまでつながっていったんですね。

　でも問題があったんです。最初は一生懸命管理をして挑んだのですが、
いい感じで画面に映っているのを見ると自分でも甘くなっちゃって。俳
優も自分と同世代で、監督も皆とてもいい人たちだから、ダイエットも
せずに、終わると必ずご飯を食べに行くんです。撮影所の横にとても美
味しいチゲのお店があって、ラーメンを入れご飯を2杯食べてという具
合だから俳優は皆太りましたね（笑）。そうこうしてステージに立った時
に、びっくりしたんです。あまりにもきつすぎて。同じダンスを踊って
いるのに、体が膨張した状態だから動きがものすごく重くなりました。

**✦ ステージにはずっと上がらなければいけませんが、 どうやって克服した
んですか?**

　使いたい力があるのに、体が条件に合わないと言って喚いていました。
体から発せられる感覚ってありますよね。これ以上負荷を与えるなと、
今まで努力しなかった対価だと。それで日記を書きました。「ステージ
がきつすぎる。自分がこうなってむかつくし悔しい。恥ずかしい」そう
やってダイエットを決意したんです。これを何度か繰り返しました。実
践するのってほんと大変です。このせいで絶食するくらいやってみて、一
番痩せたのは〈All Night〉のときでした。メンタルもそうだし、食べて
いなかったので、当時のステージを見るとかなり身軽に動いています。
きれいでしたよね。デメリットは軟弱に見えるということです。

◆ **踊っているときは体のどの部分に一番神経を使いますか。**

　ダンスは絶対に下半身で支えないといけないので。下半身が貧弱だと動作も貧弱に見えます。床に足を当てる時に「ドン！」と蹴ると、「パン！」とつかんでやらなきゃ、そうじゃないとこの反動のせいで上半身が一緒に倒れてしまうんです。

◆ **私がとても印象深かったのはソンミさんの〈24 Hours〉のカバーステージでした。 自分で企画した舞台でしたか。**

　はい、初めてコンサートで披露する個人ステージだったので自作曲をお見せできればとも考えていました。でもその前にBTOB先輩のライブに行ったのですが、(ソ)ウングァン先輩がソンミ先輩の〈Gashina〉をカバーしていて。そのステージを見て、いつか女性アーティストの歌を男性バージョンにしてみたらよさそうだなと。僕も〈Gashina〉をやろうかとも思ったのですが、その当時は最先端の音楽だったこともあって、いろんな人たちがカバーしていたので後悔しそうで。そうして〈Full Moon〉と〈24 Hours〉のどちらにしようかと悩んだのですが、やっぱり「これだ！」というフィーリングになったのが〈24 Hours〉だったんです。

◆ **一番惚れ込んだパフォーマンスだったんですね。**

　ものすごく気に入りましたし、男性のキーに変換して歌ってみたのですが、ほんといい感じでした。じゃあ、どうすれば元の作品を壊さずに上手く生かしながら僕の感覚を入れ込めるか。女性アーティスト固有の雰囲気をなくさず、僕の性別が男性だという点を強調するにはどうすべきか。明らかに男性と女性のダンスラインの差は存在するので、それについての悩みが大きかったです。僕が女性アーティストのダンスを自分なりに咀嚼できなければ、パロディ化するみたいに見られるかもしれないから、その部分を一種の脚色みたいに上手に手を加えなきゃいけな

いと思いましたね。

**✦ どうしても話したかった部分を先に言ってくれました。 私は、 ムンビン
さんが女性アーティストの振り付けをパロディ化することなく、 それを自
分のスタイルに再構成することが非常に重要な部分だと思うんです。**

　ほんとは女性アーティストたちの動作をそのまま真似することもでき
ます。だとしても僕が印象を変えて踊る理由ははっきりしています。僕
はいったん性別が男性ですし、カバーダンスを踊るとき、原曲歌手と同
じ雰囲気ではなく違う印象になると嬉しいんです。ファンがその当時僕
が企画していた、悩んでいた部分をよく理解してくれたようでよかった
です。

✦ ダンスを変えることで特に悩んだ点はありますか。

　腕をどう持ち上げるかによっても印象が変わります。女性アーティス
トが腕を滑らかな曲線で曲げるときに、僕がそれを直線で曲げるともう
少し男性アーティストが踊っている雰囲気になります。男性の体だから
こそ最大化して見せられる動作があるので、それを上手く表現したかっ
たです。ソンミ先輩の場合はステージをいくつか探してみたのですが、男
性―女性ペアが一緒にする振り付けがとても多かったです。ただASTRO
のムンビンにはペアの振り付けは時期的にまだ早い気がしたので、振り
付けの先生とさらに悩みましたね。

**✦ Ｖアプでカバーダンスを踊る姿をいくつか見ましたが、 性別もジャンル
も選り好みしませんでしたよね。 その中でもITZYの 〈WANNABE〉の
カバーが大きな話題になりました。**

　僕にとって性別は大した問題じゃないんです。自分のスタイルに変え
ればいいんですから。ただカバーするスピードが速いと褒めてもらうの

ですが、僕なんて全然です。ラキはもっと早いですから。僕が30分か
けて覚えるとしたら、奴はたった5分でやってのけます。僕の場合はダン
スをたくさん踊って、ざっくりと次の動作を予想してつなげているん
です。そうするとスピードが速くなります。

**◆ いずれにせよムンビンさんは才能があるんです。 時間が経てば経つほ
  ど実力が際立って伸びているじゃないですか。 新しい悩みも絶えるこ
  とがないですし。**

　そう言ってくださるのはとてもありがたいのですが、僕の立場からす
ると実はあたりまえのことです。職業人でもあるし、この仕事をし始め
てから長いじゃないですか。練習生を含めると10年以上ですよね。ど
んな分野であれ10年間頑張ればてっぺんにいけると言うじゃないですか。
もちろん僕がそうだというのではありません。僕はまだ先は遠いけど、こ
れまでの時間を考えると自分だけのものがはっきりなくちゃいけないと
思います。そうあるべき時期です。

**◆ 自分がどんなことをしているのかをすごくよくわかっている人です、 ム
  ンビンさんは。**

　ほんとは、僕は部屋の整理整頓さえまともにできない人間です。文章
を書いてもまとまりのないことが多いですし。でも自分の職業について
は完璧でありたいんです。いずれにしても、お遊びではないじゃないで
すか。この仕事を通じて僕たちは収益を上げ、この職業を夢見るたくさ
んの子たちのお手本にもならなきゃと思いますし。実力面でも規範にな
るべきです。仕事をしているとそういう心構えになります。「これはちょっ
とやめて、こんふうに行こうよ？」じゃありません。「すべてやろう、で
きれば僕たち全部やろう」

◆ ダンスと歌、どちらも完璧にやりたい。そういう話ですよね?

はい、できれば全部やろう。元々は何か一つを完璧にしようとすると、他の何かを諦めなきゃいけないのが筋だと思うんです。全てやろうとしたらストレスになることもあるし、2つともやろうとしてむしろ全てを失う場合も出てきますし。

◆ 最近は歌のパートもかなり上達しました。努力の結果だと思いますが。

そうです。ダンスのせいでストレスが溜まることもありましたが、歌が一番大変でした。僕はチームというのは自分に足りない部分を補ってくれる人たちが一緒に活動してくれるのだから、とても大切だと思うんです。だから僕がメインボーカルではなく、僕よりももっと上手な人がチームにいるのだから、できるところまで最善を尽くそうという気持ちだったのですが、いつからかサビのパートを歌うことになりました。これがちょっと不思議なところなのですが。デビュー曲〈HIDE&SEEK〉の時はまだ僕のトップノートが「ファ」でした。2度で「ファ」だとかなり低いほうです。なので、ある意味ただの標準ですよね。韓国人男性のスタンダードですが。でも次のアルバムで「ソ」を歌えと言われて。わあ、これがほんとストレスでした。上達したと見られているわけだから、当然いいことじゃないですか。だからこのパートはできませんとは言えないし、プレッシャーにはなるし、自分への失望は膨らんで、がくがく震えました。

◆ 今でも緊張していたのがわかります。どうやって克服しましたか?

練習してみましたが上手くいかないので、仕方ないと思って両目を閉じてやりました。その時が本当に辛かったです。でも不思議なことに、アルバムを出すたびに自分の考えていた限界を超えられるようになっているんです。ソ、ソ♯、ラ、ラ♯、シ……。やってみると上手くいくんですよね。

◆ どんな曲がムンビンさんを一番苦しめましたか。

　緊張のピークは〈All Night〉の時でした。どう歌うべきなのかもわか
らないし、発声面からアプローチしようとしても理論的に学んだことを
ベースに歌をものにするタイプではないから、どんな感じなのかもわか
らないんです。「ああ、終わった（笑）」と思いながら収録はどうにか終
えたのですが、ライブはどうしたらいいかなと毎日気をもんでいました。
ステージに上がる前からずっと心配して、ステージに立ちながらも心配
して、1位になった時も心配して。あの時はずっとそんな感じでした。

◆ 元々ステージに上がる前に考えすぎるタイプですか?

　考えすぎますね。いつもイメージトレーニングをするんです。寝る前
はきまって気持ちを集中させます。緊張しすぎて震えるからです。「明
日は何しよう?　そうだ、こうやってこうしよう。」イメージトレーニ
ングを終えると、体中が汗だくになるほどです。それくらいひどく自分
を苦しめるみたいにやります。しかもMBCの『アイドル陸上選手権大
会』に出る前にもやります。僕が参加する種目についてイメージするん
です。こうやってバトンをもらってこうやって走って、シルム（訳注：朝
鮮半島の格闘技。日本では朝鮮相撲・韓国相撲と呼ばれることもある）はこうして。

◆ ものすごく徹底していますね?

　イメージトレーニングが役立つときもあるし、そうじゃないときもあ
ります。でも少なくても『アイドル陸上選手権大会』は、それがいい結
果につながりましたね。ASTROがほんとたくさん賞をとりました（笑）。
不思議です。僕たちが、運動が得意なグループだなんて一度も考えたこ
となかったのにそうなったんです。いずれにしても深刻なくらい考えす
ぎるタイプです。それにそうやって考えながら、決断どおり上手くいか
ないとかなり自責するタイプでもあります。

◆ **年を重ねて、それと同じくらい悩みも増えたわけですね。**

　わずかな考え方の違いが、人の体と心を大幅に変える気がします。「できる」と「できない」の差が、ものすごい推進力を自分が持てるか持てないかを決定しますよね。

◆ **以前と今を比べると性格も少し変わりましたか。**

　前はですね、怖そうなことは絶対にやりませんでした。今ももちろんそういう傾向があるにはあるのですが、前は試すことさえしませんでした。ある境界を、入り口を飛び超えるのが怖くて、一度やろうとするのならきちんとやらなきゃというプレッシャーがひどかったんです。自信がないことを心の中でくよくよしながら、ステージではバレないようにものすごく努力しました。でも今はそういうのがなくなって。それでもやってみよう、一度はやってみよう。一か八かやってみよう。心が病んだからってどうってことない。また戻ってくればいいと。はっきりとわかったんです。死にそうでも死なないって。もちろんとても辛いはずです。いろんな状況が自分を押さえつけてくるでしょう。肉体的にも、精神的にもきついかもしれません。でも考え方をほんの少し変えたらよかったんです。死にません。そう思えば何でもできます。全部できます。

◆ **XtvN『最新流行プログラム』もそうやってやったんですか（笑）？**

　あれは自分を捨てた状態で臨んだ番組ですね（笑）。元々かなりのシャイだからどうしようもないじゃないですか。キャスティングされたんだからやらなきゃですよね。だからやりました。最初はどれだけ怖かったか。クォン・ヒョクスヒョンに「ヒョン、これどうやるべきですか？」と尋ね、イ・セヨンヌナに「ヌナ、これどうすべきですか？」と尋ねて。そしたら2人ともこう言ったんです。「ただやるだけだよ」。そのあとは、上手い人たちの姿をいったん見ます。そうやって同じように真似してみ

るんです。するとできたんです。ああ、これが重要なんだな。一か八か、いったん自分をどこかに投げ出さなきゃいけないんだな。それに気づきましたね。あの番組のおかげで、今は音楽チャート番組のスペシャルMCをしてもぶるぶる震えることはありません。

✦ ムンビンさんが、芸能活動をずっとずっとしてくれたら嬉しいです。

　僕もです。アイドルとして一度はトップに立ってみたいです。この仕事を始めた人なら誰しも一度は夢見るじゃないですか。誰かにとってのロールモデルになることです。個人的には演技への欲もたくさんあるので、どちらも上手くやりたかったりします。音をなくして、伴奏だけをなくせば表現する職業だという点は同じですから。ステージの上の3分も、ドラマの中の1時間も。

✦ ステージに上がるとどんな感じですか?

　僕が準備万端の状態で大きな舞台に上がると必ず考えることがあるのですが。他のチームのファンを奪わなきゃ、そんなふうに思います（笑）。他のチームも同じはずですよ？　「僕はどう？　うちのチームよくない？」そんな気構えから、少しずつ自分たちのチームのポジションが高まっていくのを見る時が、とってもおもしろいです。

✦ ダンスを踊るときはどんな気分ですか。

　何も考えていません。プロセスを頑張りぬいて、その成果を見せる時は絶対に考えちゃいけません。代わりに体がわかってくれます。タンタンタン、このビートに自分の体が上手く合うとピリッとしたものが体に乗ってきます。ホームランを打った時みたいに。

〈24 Hours〉
The 2nd ASTROAD to Seoul STARLIGHT_20181222

原曲の歌手がつくった枠を飛び超え、 それを自分のものとして蘇らせるのは難しい。 ありきたりに聞こえるかもしれないが、 原曲の歌手が韓国歌謡界に多大な影響を及ぼしたソンミであればこそ、 そしてカバーステージをつくるのが後輩の男性歌手であればこそ、 より簡単ではないだろう。 何より多少煽情的な振り付けが含まれているという理由から何度か芸能人によってパロディ化されたこともあったこの曲のステージを、 男性の身体でコミカルにならずに見せるということは、 すでにムンビンがソロステージにこの曲を選んだ時から慎重に考慮したはずの部分だった。

そして驚くべきことに、 ムンビンのダンスはどこをとっても女性アーティストの動作を笑いの種にさせないことに成功したのだ。 女性アーティストのダンスを男性の身体に合うよう再編し、 一つ一つの動作を男性の性的魅力を見せる方向へと組み立てた彼のダンスは、 時代的な欲求に応えるという点でも、 K-POPアーティストの中のムンビンが具現化できる唯一無二の領域をつくり出す。

受動的な女性像ととことん対象化された女性の身体をさらけ出していると批判されたこの曲を、 男性アーティストが消化することによって何が変わったのか、 ムンビンははっきりと突きつける。 そして批判された部分を男性の身体が与えるセクシュアルな印象に昇華させながら、 話題あるいは議論の中心に立った女性アーティストの振り付けポイントを思い切ってなくしたとしても、 この曲の雰囲気を十分に伝えられることを証明している。

皮肉なことに男性パフォーマーであるムンビンによって、 私たちは〈24 Hours〉という曲に必要だった要素と不必要だった要素の境界にきちんと向き合えるようになるのだ。 パフォーマンスを構成する振り付けの完成度もすばらしいが、 意図があろうがあるまいが一歩さらに進んだムンビンの選択が与えてくれる意味は、 簡単に忘れられてはいけない。1998年生まれの彼が選んだ2013年のパフォーマンスが変化した姿は、 劇的でありつつも、 極めて現実的なイシューに応える今の世代を代弁している。

今日、ホシの成長

SEVENTEEN
HOSHI

　細長い両目は時計の針のようにスッとつり上がり10時10分を指す。眉を
ほんの少しひそめながら愉快にメンバーたちの間から飛び出た〈Adore U〉
の少年は、巣穴を掘って入っていたリスが春になって走り出てくるようには
つらつとしていた。ステージ上でおしゃべりをする演技をしながら思いどお
りにならない初恋に足をドンドンと踏み鳴らし、せわしなくメンバーたちの
間を駆け回っていつの間にか素早く13人の隊形を引っぱりセンターに立つ。
『めまいがするほど』君を大切にするからと頭を振るホシの姿は、巣穴から
出てきたリスではなく、何度も繰り返された評価会とオンライン放送から抜
け出しスポットライトを受けてワクワクした少年漫画の主人公に近かったと
も言える。

　2015年にデビューしたSEVENTEENは着実に成長してきた。バスケット
ボールのコートで遊び回るだけかのようだった少年たちは、好きだという気
持ちを告白し、告白がうまくいきそうならバンザイを叫び、心臓をドキドキ
させながらデートの場所に悩み、別れまでをも経験した。ストーリーは
〈Adore U〉に始まり〈Don't Wanna Cry〉で幕が閉じ、その間ホシは、盲目
的に好きな相手を追いかけていた。練習生生活を頑張る中で身につけた優
等生のダンスは、絶え間なく愛嬌とときめきを演じながら軽快であった。ゆ
えにホシのダンスは正統派アイドルのようでありながらも、むしろ既存のボー
イズグループに与えられていた固い枠組みを壊した。男性なら当然かっこよ
く見えるべきであり、ボーイズグループのメンバーであれば常に覇気がなけ
ればいけないという公式を崩したSEVENTEENで最も豪快に動いていたホシ
は、常に重要なポジションを担っているパフォーマーだった。

　デビュー当時から「ずっと考えていたソロ曲がある」と話して回り、『吹けよハリケーン』と叫んでいたホシは、ソロステージで〈Hurricane〉を披露した。紐がなびく白い衣装を着て念願のパワフルなパフォーマンスを見せた後、彼は〈Getting Closer〉でキレのある力強い動物の動きを披露した。SEVENTEEN の最も暗い瞬間を最も華麗な年末の授賞式のステージで見せてくれた〈Getting Closer〉のパフォーマンスは、鋭く研ぎ澄まされたホシの足の爪をさらけ出した。複雑に絡み合った SEVENTEEN のメンバーたちの姿は、その間ホシが〈Highlight〉と〈Lilili Yabbay〉などのパフォーマンスユニットを引っぱり幾度となく練習してきた作品の集大成だった。一気に時を飛び越えてセクシーな成人男性を演じようとはせず、成長というキーワード一つに集中してきちんきちんと積み上げてきた時間は、圧倒的な瞬間を生み出したのだ。

「『Special thanks to』を書けるとしたら、クォン・スニョン（ホシの本名）の名前を書きたい。この曲をつくる過程はあまりにも複雑で、実に 19 回を超える修正過程を経た。その間に答えをくれたのがクォン・スニョンだったからだ」。SEVENTEEN の音楽プロデューサーであるボムジュは〈Getting Closer〉の作業過程を振り返りながらこう言った。今でもホシは、なぜ自分がキャスティングされたのか正確な理由を聞いていないと言う。だがこれまでの 10 年間、彼は 7 千 300 回あまりの 10 時 10 分を送ってきた。今のホシが音楽について専門的に話すことができなくても、ひたすら音楽にマッチする動作と舞台演出を説明することで、逆説的に SEVENTEEN に音楽が必要な理由を最も見事に証明している。だから、ホシがキャスティングされた理由は、本人だけが知らない可能性もあるのだ。まだ知らなくてもかまわない。すぐにわかるはずだから。

PROFILE

ホ シ

ホシは13人組ボーイズグループSEVENTEEN
のメインダンサーであり、振り付けも直接手が
けている。2015年にファーストミニアルバム
[17 CARAT] でデビューしたSEVENTEENは
〈Adore U〉、〈CLAP〉、〈HIT〉、〈HOT〉、
〈Super〉、〈God of Music〉など数多くのヒッ
ト曲をもつ最高の人気ボーイズグループだ。ホ
シはメンバーのドギョム、スングァンとともに
SEVENTEENのユニット、ブソクスンを結成し
〈Fighting〉なども発表している。2023年第
12回サークルチャートミュージックアワードで今
年の男性グループ賞などを受賞した。

ホシ氏のインタビューの内容は2019年当時のものです。

小 学 校 6 年 生 の 自 信

✦ 最近はメンバーそれぞれのソロ活動がだいぶ増えましたね。

前よりもメンバー全員が集まるのが難しくなりました。なので、まず
はスケジュールがなければ皆、練習室にいる気がします。個人スケジュー
ルが多くてもステージは全メンバーが一緒にするものですから。ほとん
ど毎晩練習室で過ごしていますね。

✦ そうすればするほどメンバーの大切さがより感じられると思います。

最近になって強く感じることなのですが。このメンバーに出会わなけ
れば、こんなにいっぱい愛されていたかなと思うんです。もっと謙虚に、
もっと感謝しながら生きようと決意するようになりました。

✦ 一番長く一緒にやっているメンバーは誰ですか。

初めて練習室に入った時が思い出されますね。事務所から一度踊っ
てみるように言われたのですが、その時は僕とエスクプスヒョン、ジフ
ン（ウジの本名）の3人しかいませんでした。NU'ESTの先輩たちは別の建
物で練習していました。

◆ **小さい頃からSHINeeファンとして有名ですが、 オーディションを受け　たのもそれでですか。**

　父の友人がテミン先輩の家族なんです。小学校6年生のチュソク（訳注：秋夕、旧盆のこと）の時に、おじさんがうちに遊びに来ました。ちょうどテレビでSHINeeが出ているのを見ていたんです。その時、「おじさんからプレゼントがあるぞ。出ておいで！」と言われて。車に行くとポスターとCDがありました。初めは『これは何だ？　これがテレビで見てた歌手のアルバムってやつなのかな？』と思いましたね。よく見るとテレビで先輩たちが歌っていた曲だけじゃなく、いろんな曲が収録されているんです。不思議でした。元々僕はカセットプレイヤーで英語の勉強のCDを聞いていたんです。でもその日だけは英語のCDよりこっちのCDが聞きたくて。

◆ **ホシさんの人生でとても重要な日でしたね（笑）。**

　正直言うと、僕は音楽に関心がありませんでした。音楽のことなんて全く考えたこともなかったんです。でももらったCDを聞いた瞬間に、「わあ、音楽ってこんなよいものだったのか？」って声がひとりでに出ちゃって。この世にこれよりよいものなんてあるのかなと思いました。部屋には僕1人だけで、SHINeeの音楽が流れていて……。本当に最高でした。その時からSHINee先輩だけじゃなくK-POPの先輩たち皆に興味をもって、あれこれ調べ出しました。

◆ **今はSEVENTEENのダンスを代表するメンバーのうちの1人ですが、 ダ　ンサーより歌手になりたかったんですね。**

　はっきり言えます。僕は歌手になりたかったです。その時もらったアルバムは［Love Like Oxygen］だったのですが、それ以外も全部真似していたと思います。当時はK-POPブームがものすごくて。〈SORRY

SORRY〉、〈Tell Me〉とかたくさんありました。練習して友だちに見せると、皆喜んでくれて。

◆ 自分がダンスが上手だという事実に気づいたきっかけは。

　ある日友だちと一緒に、首を左右に動かす動作をしてみたんです。でも皆できなくて不思議だったんです。『お、僕にはできるのになんで皆はダメなんだろう？』と思いましたね。それと学校で修学旅行に行きました。特技自慢の時間に〈SORRY SORRY〉を踊ろうとするんですが、皆画面を見ながら真似できなくて。そんなに難しいかなと思って僕がやってみると、ものすごく反応がよかったんです。その瞬間、『あ、僕ってうまいのかな？』と思いましたね（笑）。1人で踊っている時はわかりませんでした。皆が自分のダンスを見て喜んでくれる姿を見たことで、もっと上手に踊りたくなりました。お客さんがいると欲が出てくるんですよね。

◆ 人前で踊りたいという欲も膨らんだでしょうね。

　ダンスがおもしろいと感じ始めてからは、もっと人がたくさんいるところで踊ってみたい気持ちに自ずとなっていきました。その当時、姉の友人が中学生のダンスサークルをしていたのですが、人手不足でなくなる直前で。でも僕がちょうど中学生になって友人たちとそこに入ったんです。その後は大会に出て、学祭にも出たりしたのですがやればやるほど楽しくて。母には「勉強もしないで、毎日ダンスと遊びばかりしていてどうするの？」と、かなり心配されていました。

◆ お母さんには何と答えましたか。

　自分でも心配だから中学校3年生までは待ってほしい、その時までに事務所に入れなければ高校生になってからは他の子たちみたいに勉強す

ると言いました。でもダンス大会に出てみたら、そこでキャスティングされちゃって。わーお、こんな偶然が？　母に早く契約しに行こうよと言いましたね（笑）。

✦ 早い時期にキャスティングされたわけですが、その理由は何だったと思いますか。

特に事務所から聞いたわけではないのですが、思い返すとその時いたヒョンたちは皆かっこよかったですね。でも僕がその間をかきわけたような気はします。時々オーディションの時の映像を見ると自分でも不思議です。わあ、なんでこの子を採ったのかなあって……。

✦ 特別な才能が見えたんでしょう。

でも事務所に入ると、基本練習が必要でした。ただ音楽を聞いてノリながら踊るんじゃなく、基本から始めて段階別にクリアしながら正式な振り付けを習わなきゃいけないことに気づきました。その段階を越えなきゃいけない時が少しきつかったです。『なんでこんなに腕を伸ばすことばかりしているんだろう？』って思っていましたね。初めは理解できませんでしたが、歌手になるにはこういった過程を全て経なければいけないわけです。『だったら自分もやらなきゃ、僕にできないことなんてないよね？』という気持ちでやりました。

✦ 正式にダンスを習うことになって嬉しくもあったでしょうね。

そうなんです。本当にダンスが習いたかったんですよね。両親には事務所に入る前から自分もダンスを習いたい、教室に通わせてほしいと言っていたのですが、父から「お前は俺のお眼鏡にはかなってないから、大会に出て賞をとってみろ」と言われたんです。でもそこでキャスティングされて。あ、これって一石二鳥（笑）？

✦ ダンスを習うようになって一番興味深かった部分は何でしたか。

　事務所では歌謡じゃなくポップスに合わせてダンスを習っていました。それで学校に行って友人たちに見てもらいました。友だちが歓声を上げるたびに楽しすぎて。鏡の前で練習するといつも自己満足はできます。でも自己満足を超えて観客に披露して褒めてもらえるとずっと気分がよかったんです。

TAKE. 2

SEVENTEENの
パフォーマンス

✦ SEVENTEENは13名ですし、大人数のグループだからこそ出せる特別なエナジーがありそうです。

　利点は本当に多いですが、まずはどこに行っても弱気になりません（笑）。ずっとワクワクして楽しいです。MBC『전지적 참견시점（全知的おせっかい視点）』に出た姿は氷山の一角です。パフォーマンスをつくる時も利点がとても多くて。数が多いから簡単な動作をする時に1人ずつ時間差をつけるだけで、ものすごく華麗な振り付けができあがるんです。例えば皆で一緒に1周回るだけでも、思ったよりずっとよい構図になりますね。やれることがとても多いです。

✦ **デビュー前からたくさん舞台を踏んでいましたよね。 デビューステージ
であまり緊張していなかったのはだからなんじゃないかと思いました。**

そのとおりです。元々デビュー前から評価会公演をたくさんやってい
たので、気楽にできた気はします。練習生の時から振り付けをつくって
いたんです。一度はディノと初めて一緒のチームになったのですが、2
人でこんな話をしました。「なんでここでしか踊れないんだ？」、「なんで
1カ所にだけ立って踊らなきゃダメなんだ？」、「壁に逆立ちしてもたれ
ることもできるし、あの靴箱の上でだって踊れるじゃないか？」練習室
の中で公演するわけだから、むしろ空間を利用して皆に衝撃を与えた
かったんです。だから小道具をたくさん利用しました。

✦ **似たもの同士が一緒になってシナジーが出たんですね。**

きっと若かったからできたんだと思います。その頃って考え方もとて
も柔らかいじゃないすか。どこに行っても常に「なんで？」というクエ
スチョンマークをつけて生きていましたね。SEVENTEENのメンバーと
も練習生の時からずっと話していたのは、「ただ踊るのだけはやめよう」
ということでした。音楽に合わせて踊るんじゃなく、音楽に合わせて一
つのストーリーを伝えられるようにしようと僕らの中でずっと考えてい
たわけです。

✦ **トレーニングの時期ですから、 むしろそんなふうに考えるのは簡単じゃ
なかったかもしれませんよね。**

代表がひそかに決めていた道に進んだのかもしれません。評価会で結
果が出ると、クリエイティブなアイディアで公演するチームがよい点数
をとることが多かったんです。『あ、代表はこういうのがお好きなんだ
な』と思いましたね。実際僕たちは代表の手のひらの上にいるんです
（笑）。〈Adore U〉の時も事務所のディレクティングを受けながら、自然

とクリエイティブな方向でパフォーマンスの練習をすることになりまし
たし。

◆　**一般的にボーイズグループは、3分間かっこいい姿を披露して舞台袖**
にはけたら終わりだという考えがありますよね。 でもSEVENTEENは
それを壊したチームです。 ダンスではなくストーリーでパフォーマンス
を完成しましたよね。

　初め〈Adore U〉が出た頃はまだ、新しい形のパフォーマンスに挑戦
している感じだったんです。それが楽しくて。正直僕はタイトル曲候補
だった〈Shining Diamond〉の方が好きだったんですが。単にかっこよ
くて好きだった曲です。後々〈Adore U〉がタイトル曲に決まってからは、
考えを改めました。SEVENTEEN というチームのカラーがあるわけだか
ら、これからも自分がやりたいことだけできるわけじゃないですよね。
〈Adore U〉みたいな独特なカラーのパフォーマンスも、ちゃんと消化で
きる人にならなきゃと心に決めました。

◆　**〈Pretty U〉がストーリーとして完成されたパフォーマンスの中で一番**
印象的だった曲の一つです。

〈Pretty U〉は一番悩みました。それくらい頭の中に振り付けが思い浮
かばなかった曲だという意味です。一体どうやってこの曲を表現したら
よいんだ？　と思いました。今考えてもソファーという小道具がなけれ
ば、ものすごく平凡なボーイズグループの振り付けの一つになっていた
んじゃないかと思います。

◆　**ソファーをステージに置くことで、 メンバーがミュージカルのステージ**
で演技するかのような印象を与えました。

　一つの方法だけに頼らず、いろんな形でソファーを使ってみようと思

いました。振り付けの1パートで「あいつらがソファーを使った理由は
これだな？」と思われた時に、別の部分で「お？ ソファーをあんなふ
うに使うやり方もあるんだ？」という感じを出したかったんです。もの
すごくいろんなスタイルについて悩んでいた気がします。

**◆ かわいらしいジェスチャーが織り交ぜられた振り付けが多くて、 細か
い小道具にも気を配った様子が見られました。**

　練習していて自然に出てきたものが多いです。ネットサーフィンをす
る動作もそうやって出てきたんです。自分たちで冗談を言い合いながら
「おい、これは当然（タイピングする仕草をして）こうすべきだろ？」と言うと、
「もちろんそうじゃなきゃ！」となってとり入れましたね。そして、いろ
んな小道具を使おうというアイディアはメンバーが思いついたんです。僕
たちはステージのたびにメンバーが出したアイディアを活用してステー
ジを少しずつ変えるんです。細かい部分でメンバーのアイディアをたく
さん反映しています。ただその分、難しい点も出てくるんです。例えば
〈Pretty U〉は放送のたびにメンバーの演技が少しずつ変わるのですが、
テンションは同じように維持しなきゃいけないわけです。この部分が本
当に難しかったですね。

◆ ステージ上で見せなきゃいけない感情は、 どうやって演出するんですか。
「ここはもうちょっと明るく笑おう！」、「ここでは驚いた表情をつくろ
う！」、こんなふうに曲をいくつかの部分に分けて話します。あとはユ
ニットで振り付けを披露するメンバーたちはグループをつくると、自分
たちで相談していますね。導入部やサビは振付師のヨンジュニヒョンと
表情の演技を練習することもありますし。

◆ **メンバーで長い時間を過ごしていると、皆お互いについてよくわかってくるじゃないですか。演技する振り付けをつくる時に、プラスに働く気がします。**

　メンバーの性格をよく知っていると、それぞれによく似合う振り付けがどんなものかピンときますね。ヨンジュニヒョンと〈CLAP〉をつくった時もそういったところを重要視しました。〈CLAP〉の1節目のサビの振り付けと2節目のサビの振り付けは違うのですが、1節目のサビは僕がやって、2つ目のサビはエスクプスヒョンがセンターに出るんです。僕は明るい性格を反映してエナジーがあふれるダンスを踊って、エスクプスヒョンは控えめにほどよく貫録を見せてくれます。メンバーのキャラクターの違いを確実に反映した部分だと思いますね。

◆ **リフティング動作が含まれた振り付けの場合は、身体条件を反映して動線をつくっていそうですね。**

　そこは気にせざるをえません。やはり力のある仲間がメンバーを上にサッともち上げなきゃいけないので、エスクプスヒョンとミンギュにリフティング動作を一番よく任せている気がします。

◆ **〈Getting Closer〉はそれまでSEVENTEENが全く見せていなかったカラーのパフォーマンスでした。暗くて、強かったですね。**

　やったことのないスタイルをやってみようという意図でしたから。『ダークSEVENTEEN』をつくろうという考えでした。曲もかなりたくさん修正していたのですが、この曲をどうやって消化しようかずっと悩んでいた時に、ボムジュヒョンが僕のもっていた振り付け映像を見て「この曲にダンスを加えるならここにブレイクがあるだとか、いずれにせよちょっと別の感じが必要なんじゃない？」と言ってくれて。そうやって全くリズムの違う別の曲に変わったんです。聞いた瞬間ものすごくよい

と感じて、そのまま『LOOK』という振り付けチームのヒョンたちのところに走って行きました。ヒョンたちと〈Getting Closer〉のカラーが本当にぴったりで、それからコンセプト会議もずっと一緒にやって完成したのが今のパフォーマンスです。

◆ 年末の授賞式で初めて公開するパフォーマンスですし、華やかじゃなきゃと悩むこともあったでしょう。

それもあってもう少し技術的なパフォーマンスを欲していました。何と言っても授賞式で披露しなきゃいけないので、誰が見てもかっこいいステージをつくりたかったですね。それ以前のSEVENTEENに打ち勝ちたいとも思っていましたし。

◆ 息つく間もないくらい追い込まれる感じのパフォーマンスです。メンバーが苦しいということはなかったですか。

いいえ。新しいことをすると言うので、むしろ喜んでいました。それに僕はメンバーの力量を知っているじゃないですか。これくらいのパフォーマンスだったら激しくても十分やりとげられる仲間なのに、これまで披露するチャンスがなくてとても残念だったんです。内に秘めていたものをすっかり出し切れてよかったです。

◆ ホシさんがSEVENTEENのパフォーマンスユニット（チーム）のリーダーを務めている事実を、今さらながらかみしめています。実際パフォーマンスというのは、SEVENTEENがすでに披露しているものですから、その中でもパフォーマンスユニットが見せられるものが何かをさらに考える必要があると思いました。

そうなんです。パフォーマンスユニットはSEVENTEENのダンスを代表するものですから。初めはまず基本的なSEVENTEENのパフォーマ

ンスよりもう少し難易度のあるパフォーマンスをしなきゃという思いで
スタートしました。でも僕らは歌手じゃないですか。歌やラップの実力
も、当然ダンスの実力と同じくらいの支えにならなきゃいけないわけで
す。この話をパフォーマンスユニットのメンバーに伝えたところ、全員
が同意しました。自分たちがまず実力不足を認めて皆で一生懸命練習
していくことで、SEVENTEENで見せられなかった姿まで作り上げられ
たんだと思います。

✦ いつその目標に近づけたと感じましたか。

〈Highlight〉の時に初めてユニットの成長を感じました。〈BOOM
BOOM〉のカムバック活動をしながらディノと一緒に振り付け作業を
したのですが、海外の振り付けをたくさん検索してみました。もし海外
の振付師だとしたら、この歌を聞いてどんなふうに振り付けをするのか
考えてみたんです。そしてその時期は、SEVENTEENメンバーたちも考
え方が成熟して音楽にも以前より真摯に向き合えている時でした。パ
フォーマンスチームのステージでもそういった感じを披露できればと思
いました。変化を出したくて自分たちでミュージックビデオも構想して
みましたね。

**✦ 〈Highlight〉の次の〈Lilili Yabbay〉は、既存のSEVENTEENの振
り付けとも違いますし、他のK-POPアーティストの振り付けとも違い
ましたよね。舞踊に近いと思える動作が多かったです。**

〈Lilili Yabbay〉でパフォーマンスチームのカラーが確実にわかった気
がします。『あ、やっとチームカラーがだいぶ見えてきた』と思いまし
たね。イントロ部分をつくる時は舞踊をたくさん参考にしました。一般
的な振り付けよりももう少し新しいものがないか、色々と資料を探して
いる時に現代舞踊の動画を見たんです。その動画で腕をとても簡単に

伸ばして上げる動作を見て、『僕たちはこの動作を互いに重ねてみるのはどうかな』と思いました。そうすると思ったとおりのよいものができたんです。動作をつくった後にメンバーたちが「ヒョン、ここでこうやって押してみて。その次はサッとつなげてみよう」と言っていて。そうやって意見を出し合いながらつくっているところに、急にヨンジュニヒョンが入ってきました（笑）。「お、よいんじゃない？　そこでああやってこうやって入ってみて！」こんなふうに完成したわけです。

✦ 全員で知恵を出し合って完成したパフォーマンスですね。ミュージックビデオも印象的でした。

初めにコンセプトをもらったんですが、本当によくて。ミュージックビデオに出てきた衣装は僕らが初めに見た衣装だったのですが、大満足でした。もちろん少し残念さが残る部分もあります。もう少しだけ踊りやすい衣装だったらもっとかっこいい振り付けができたんじゃないかと思って。でもツアー中だったので余裕がありませんでした。ツアー中にほんの少し立ち寄ってミュージックビデオだけ撮ってまた出発してだったので、もう少し余裕があれば細かく修正できたはずなんですが。

✦ 撮影時間も足りなかったんでしょうね。

だからこそ記憶に残っていて。そのミュージックビデオの撮影は、演技をしてくれた俳優さんたちまで覚えているくらいです。もっと言うとその日は雨が降っていました。『ああ、これは撮れないだろうな』と思っていたのに正午ぴったりに雨が止んだんです。雨が止むなりスタッフさんたちが地面を拭いてくれて、僕たちもすぐに撮影に入りました。ちょうど6回撮ったんですよね。でもよりによって最後のテイクが一番よくて。今考えてもとてももったいないです。もう少し時間があればよかったのにって。立て続けに6回踊ったので、僕たちとしては残念なところ

ばかりが目につきましたね。少しだけでも休んでまた撮っていたらもっと上手に踊れていたはずです。

HOSHI

TAKE. 3

僕 を 変 え た 人 た ち

◆ チェ・ヨンジュン振付師とは、メンバーと同じくらい長い間一緒に働いています。

　歌手としての僕の人生では、ヨンジュニヒョンに出会えたのが個人的に重要なターニングポイントになりました。考え方がとても変わったんです。

◆ 2人はパフォーマンスへの考え方が違ったんですね。

　僕たちは〈Shining Diamond〉の振り付けを先につくって、その次に〈Adore U〉をつくったんです。でも〈Adore U〉を聞いた瞬間、『わあ、こんな曲に一体どうやって振り付けをするんだ？』と思いました。その時ヨンジュニヒョンがいとも簡単に振り付けをつくり出したんです。『あ、こういうのって難しく考えたからってできるもんじゃないんだな。ヒョンみたいに完全に別の発想もできるんだな』と思いましたね。僕は今もヒョンを本当に尊敬しています。振り付けをつくるたびに驚きます。『ヒョンは一体どうやってこんなふうに考えるんだろう？』と思ってばかりいます。〈Adore U〉に出てくるリフティング動作もそうです。今見てもま

た驚くはずです。

✦ 練習生の時に実力がものすごいスピードで伸びたのは、だからですね。
当時習ったことの中で一番深く心に刻んだのは何ですか。

　捨てる時は思い切って捨てて、そろえる時は確実にそろえよう、です。
僕はメンバーたちを常に見せたかったので動線移動をする時も必ず何人
かはセンターに置いて、出てなきゃいけないメンバーはサイドに置いて、
踊らすだけじゃない方法を使っていたんです。でもヨンジュニヒョンは
「おーい皆、出たらそのまま後ろに行って」と言うんです。いとも簡単
にクールに、です。初めにつくった〈Shining Diamond〉の振り付けを
見ればわかります。誰もステージから抜けずにそのまま行くんです。逆
に〈Adore U〉はメンバー全員がステージの外に出たり入ったりします。
その時にものすごい衝撃を受けました。複雑な動線を考える代わりに、
捨てる時は確実に捨てられる方がむしろメンバーを引き立てることがで
きるんだと。自分はメンバーのことを考えてステージに残したのに、む
しろそれがよくないこともあるんだとわかりました。

✦ とてもありがたい存在ですね。

　そうなんです。僕だけじゃなくSEVENTEENのメンバーたちとも息が
ぴったりです。〈MOONWALK〉をつくる時もヒョンがこう言ってくれ
て。「お前たちみたいな子ばかりなら、ひと月に50個は振り付けができ
るよ」と。実はこの曲って皆の時間が合わなくて与えられた時間が1日
しかなかったのですが、すぐにやりとげましたね。最近は会うと深い話
をするよりかはすぐに作業に入ります。時間がなさすぎる状態で現場に
集まるので、「早くやろう！」となるわけです。メンバー同士でアイディ
アをぽんぽん出し合って、そうやって出たアイディアをヨンジュニヒョ
ンがきちんと組み立ててくれて、僕は「ヒョン、ここはこうしたほうが

いいんじゃない」と話を伝えるんです。すでにお互いの呼吸がぴったり
なので急ぎの場合でも振り付けがきちんとできあがります。

**◆ ホシさんはフリースタイルダンスでも着実に練習をしてきた優等生感が
　出ています。**

僕は『ヒップ』な人じゃないんです（笑）。

◆ そういう意味じゃないのに（笑）。

本当に僕は、バーノンみたいに生まれつきセンスのある人じゃありま
せん。こんな性格だからかダンスもすっきりしているのが好きですが、最
近は雰囲気が前とは変わりました。ヒップホップの感じが強いダンスが
流行っていますよね。そういう流れなのに優等生みたいに自分のカラー
だけにこだわってはいられませんよね？　直近でSEVENTEENのインス
タグラムにあげた振り付け動画は、そう思ってアップしたんです。『僕
もちょっとヒップになってみようかな？』と思いながら動画を見ていて、
今流行りの動作が入っている海外の振り付けを少しずつコピーしてみよ
うと思いました。その人たちとそっくりそのまま同じことをやるという
意味じゃなくて。彼らが踊るダンスの感じがどんなものか理解していこ
うと努力中です。

**◆ フリースタイルが、言葉どおり『自由に踊るダンス』ではないという
　ことですね。**

練習しないわけにはいきません。特に僕みたいにグループでダンスを
担当しているメンバーは、どこに行っても踊ってみてと言われます。も
ちろん誰かにさせられるから練習するわけじゃないですが。自分が楽し
くてやっていることですが、ファンがフリースタイルダンスをする時に
出る自由な感じをより好んでくれている気がして、頑張っちゃいます。

◆ 振り付け動画を検索すると言っていましたが、ヒップホップやストリートダンスの他にはどんなものを見ますか。

代表が韓国舞踊をしていたので、練習生たちは全員、韓国舞踊と現代舞踊を少しずつ習いました。その時に習っていたのがまだ記憶に残っているのですが、そのおかげで新しいアイディアをそこからたくさん持ってきている気がします。『何か新しいのはないかな？』と思うとすぐに舞踊の動画を検索してみます。練習生の時からそういう教育を受けたので、これまでいろんなスタイルのパフォーマンスを自然に構想できたんだと思いますね。

◆ SEVENTEENの曲をつくる過程でも「この曲にはこんな動作が入れられるようにしてほしい」というふうに、作曲家と協業すると聞きましたが。

ボムジュヒョンにかなり具体的に言います。ツアー中に〈Highlight〉をつくりながら説明した内容がどんなものだったかと言うと、「ヒョン、歓声が上がったら僕たちがステージに登場する。でもものすごくゆっくり出るんだ」もう少し詳しく言うと、「ヒョン、僕が控室から出るんだけど、カメラはそこから僕を撮ってるんだよ。誰もいないステージなのにカメラが僕を撮っていて、サビで観客を照らすんだ。その瞬間に僕がちょうど出られるとよいな！」でした。

◆ 頭の中ですでに構想したステージを、音楽に移すという感じですね。

僕はウジみたいに専門的に、シンセサイザーの音がどこで出たらよくて、ベースはどこで出るのがよいみたいな話ができないじゃないですか。だから体で感じることを言葉にするわけです。ここでこの音楽に『ドゥンドゥン』の音が2回入るとこんな動作ができて、それがよいとなったらボムジュヒョンに思ったとおりに説明するんです。ボムジュヒョンの

何がすごいって、全部言ったとおりにしてくれるんですよ（笑）

+ **音楽的な知識を持った人とダンスのセンスをもった人が出会ったわけ
ですね。**

　前にMnetアジアンミュージックアワードのステージで、MONSTAX
のヒョンたちと対決というコンセプトでステージをつくり上げたことが
あって。パフォーマンスチームのメンバーたちが出て踊るのですが、元々
やりたかった音楽に特別な変化をつけたかったんです。与えられたとお
りそのままやると、雰囲気が全く生きない気がしました。心配な部分を
思い切りカットして、ボムジュヒョンに新しい音楽をつくってほしいと
言いました。見る人に意外性を与えられるよう、音楽も雰囲気がどんど
ん変わっていってほしいと言ったところ、そのとおりにつくってくれま
した。その時僕が何と言ったかと言うと。「ヒョン、ここでちょっとト
ランポリンをするみたいにドゥドゥドゥドゥッパン！　こんなのを入れ
てみてよ（笑）」って。野外コンサートの時もパフォーマンスチームが立
て続けに舞台を消化しなきゃいけない部分があったのですが。コンセプ
トはモンスターで、モンスターが閉じこめられたガラス管から出てきて
誰かに捕まえられて、ヘリコプターの音もレーザーの音もして、赤い
レーザーが僕たちを狙っている感じにしてほしい、ソロの振り付けはど
こどこに入って……。こんな話を全部しましたね。そのとおりにつくっ
てくれました。本当にすごいヒョンです。

公 演 を す る 理 由 、
公 演 を 見 る 理 由

◆ **SEVENTEENは最近、 日本でもかなり人気が出ていますよね。 ホシさ
んは日本でもとても人気があると聞いています。**

　名前がホシだからだと思います。韓国語では『虎（ホランイ）の視線（シ
ソン）』という意味ですが、日本語の『ほし（い）』には『星』という意味
もあるし、『ほしい』という意味もあるそうです（訳注：ハングルでは、『ほし
い』を表記する時に長母音の『い』が省略されるので『ほし』と『ほしい』の表記が同じ）。
ファンが言葉遊びをするのにちょうどよいからじゃないかと。歌詞にも
『ほしい』という単語がたくさん入るじゃないですか。それがおもしろく
て気に入ってもらえている気がします。どこに行ってもステージに立つ
僕の心は同じだということを理解してくれているんだとも思いますね。

◆ **アルバムの売り上げも増えたし、 ライブ会場の規模も大きくなりまし
たね。 それだけに考慮すべきことも出てきているでしょう。**

　初めて日本で公演した時とはだいぶ変わったのを感じます。まずはライ
ブ回数自体が増えましたし、ライブ会場の大きさも大きくなりました
ね。こんな大きなところで僕たちが公演をして満員になるのかなと思っ
ていたのですが、その空間が全部埋め尽くされてびっくりしました。そ
れに平日公演なのに、ファンが来てくれることが不思議でした。

✦ ライブ会場が大きくなるにつれてパフォーマンスの構成のし方も少しずつ変化している気がします。

ここ最近公演の準備をする時は、むしろ大きな動作や動線中心の振り付けに変えています。ライブ会場が大きくなればなるほど、小さな動作はよく見えなくなってきて。ふつう振り付けをつくる時は動かす部分を一つ一つ細かくちゃんと考えるタイプなんですよね。ただコンサートの時に音楽番組と同じように踊るとちゃんと見えないと思うので、編曲と一緒に振り付けの修正もすることが多いです。〈Crazy in Love〉のような場合も、元々5人で始まって徐々に動線が変わるんです。でもこうやって流れていくよりも、舞台装置を利用して1人1人がよく見えるように別でポジションをとる方が、むしろ大きなステージを全て活用できる方法のような気がして。ライブ会場が大きくなるほど、集まっているより広がっている方がよい場合が出てきたので、振付師のヒョンと一緒にたくさん変えるようになりました。

✦ 自然とライブ演出にも関心が行く気がします。

今はまだよくわからないことが多いですね。僕が思いつきもしなかった舞台装置が本当にたくさんあって。そういう部分はライブ演出チームから色々と助けてもらいますね。もちろん勉強はしたいです。今回の日本ツアーは前半部と後半部に分けて行ったのですが、前半部を終えたところで自分がうまくできたのか気になって、舞台の勉強ももう少ししたくなりましたね。だから韓国に戻るなりスーパージュニアD&Eの先輩たちのコンサートに行って、その次の日はNU'ESTの先輩たちのコンサートに行きました。勉強しようと心に決めてから行ったので『わあ、ここではこんなふうにライブ演出をするんだなあ』と思いましたよ。自分のステージに対する責任感がさらに強くなりましたね。

✦ ライブ会場ごとにステージ演出のスタイルも少しずつ違いますから。学ばなきゃいけないことが多くなったでしょう。

そうなんですよ。日本でも突出ステージの長さによってはリハーサルの時にずっとタイミングを計らなきゃいけないんです。ここではもう少し早く出なきゃいけないし、あっちではもうちょっとゆっくり出なきゃいけないし……。こういうことをちゃんと考えなきゃいけません。ずっとこんなふうにやっていくとメンバーとも息が合ってきます。アルバム収録曲のステージの場合はふつうカムバックの初めに覚えると全部忘れちゃうのですが、コンサートを続けていると自然と練習にもなって今でも音楽が流れると皆すぐに踊れるくらいになりました。

✦ コンサートで一番大切な要素は何だと思いますか。

観客を満足させることですね。それができなければその公演には意味がないと思います。僕が他のアーティストのライブに行く理由には、自分たちのファンへの感謝の気持ちが大きくて、その立場に立ってどんな気分になるのか感じてみたいのもあります。実際に行ってみるとファンの立場で考えるようになるんです。3時間公演する方も大変ですが、同じ場所に3時間座り続けるのも大変じゃないですか。

✦ 自身のパフォーマンスを見せながらも、そのパフォーマンスの中心にはホシさん自身ではなくファンがいるような気がします。

それがまさに責任感の大きさが変化した理由ですね。自分への責任感だけじゃなく、周りにいる人たちを皆大切にしたいと思うと、責任感が強くなります。だから今の僕にとっては、観客全員が感動できる、それくらい悔いの残らないステージが一番理想的な舞台です。1階から見ても、2階から見ても、3階から見ても同じように感動できるとよいです。最近はライブ会場の音量にも前より気を使っています。ステージリハー

サルをする時に他のメンバーたちより少し早めに出て、LEDみたいな舞台装置をきちんと確認するタイプだったりもします。時間を割いてこの場所に来てもらうわけですから、その部分でお客さんを満足させなきゃと思いますね。

◆ 直接ライブ会場を巡りながらいろんなことを感じたでしょうね。

　よく見えない座席だと僕が感じる満足感を全部味わえないんですよね。それに自分だけがよいと思うステージに何か残るものがあるでしょうか。初めて SEVENTEEN を見に来た人たちにも、『わあ、楽しい。見てるとおもしろい！』って思ってもらえるようにしたいです。だからダンスステージをたくさん入れようと思っています。一緒に楽しめるように。コンサートでは『興味』という単語がとても重要です。SEVENTEEN のライブもずっと興味を持たれなきゃいけないわけですよ。始めから終わりまで次は何が出てくるのか、観客が気になるようにしなきゃいけません。

◆ 公演をしていて新しい気づきを得た瞬間はいつでしたか。

　日本公演で〈Don't Wanna Cry〉をバラードバージョンで歌ったことがあります。静かに立って歌うだけでも感情移入できることを、その時に知りました。『踊らなくてもこの歌の感情を伝えることってできるんだな』と思いましたね。それに、こういったステージでは舞台演出が特に重要だと思いました。曲の雰囲気を支えてくれる装置、例えばLEDのようなものが重要になってくるわけです。逆に考えるとむしろ特定の曲では、踊るだけだと観客の立場からはおもしろくないかもしれないですし。

◆ **ではコンサートステージよりも音楽番組のステージでもう少し気を配る部分はありますか。**

　コンサートはカメラを気にしなくてもよいじゃないですか。でも音楽番組のステージは画面で見ている人たちが多いので、表情の演技、つまり演技として見せなきゃいけない姿にもっと気を配ります。やはり人数が多くなるとパートが短くなりますよね。短時間で自分を表現する方法に重点を置くわけです。

◆ **13名ですから自分のパートが出てくるたびに緊張しそうですね。**

　皆、自分のパートをいっぱい研究しています。初めの頃は何か足りないところがあれば僕も知らず知らずのうちに干渉していたのですが、そうするとそれぞれのカラーではなく僕のカラーを見せることになりますよね。多様なカラーのメンバーを見せることができません。昔は下手なところが見えたらもう少しちゃんとできるように直したかったんです。でも今は『あ、あれが彼の魅力だよな』と思います。万が一ぎこちなくても見栄えよく見えるな？　だったら、それって下手じゃないんです。それまで僕が偏見を持っていたことに気づきました。アルバムをつくる時はいつも、メンバー全員がタイトル曲に集中するために努力するのが当たり前じゃないですか。どんな音楽が出てくるかメンバーも事前に知っているので、ファンにかっこいい姿を見せたくてそれぞれのスタイルで研究しています。だからずっと新しい姿が出てくるんだと思います。

◆ **セルフプロデュースを打ち出しているグループっぽい話ですね。**

　でも実際は代表の描く大きな絵だったわけです！

▽

虎 の 視 線

◆ 先ほどアイディアを浮かべるために舞踊の動画を検索したと言っていましたよね。最近は振り付けをつくる時にどんなコンテンツをよく参考にしますか。

　他のダンサーさんたちのダンスからインスピレーションを受けることもあるのですが。意外なところからアイディアが出ることが多いです。最近は虎（ホランイ）の動画をたくさん見ています。名前がホシなので虎が好きになったのですが、最近特によく見ているような気がします。動物の動画って本当におもしろいです。

◆ これまでSEVENTEENが披露したステージの中では〈Getting Closer〉が一番ワイルドな感じを見せた舞台だったと思いますが。

　ワイルドな感じを表現しようと努力しましたね。個人的には虎の足の爪を表現しようと思いました。『虎の視線』という名前の意味を活用して目つきで舞台を制圧しようという考えだったのですが、目つきだけではうまく表現できなくて具体的な動作も入れました。実は〈Getting Closer〉の振り付けをつくる時に、代表が野生的な感じを出してほしいと言っていたんです。「もうちょっとライオンみたいにやってみて！」と言われて、心の中で『虎でもよいのに……』と思っていましたね（笑）。

✦ **デビューの時からずっと『吹けよハリケーン』というフレーズを口ずさんでまわっていました。ソロステージをやることになったら、必ずこのフレーズが入った歌を歌うんだと。本当にステージでやった時は驚きました。ものすごい意志を感じましたよ。**

それくらいテレビやラジオで騒ぎ立てたじゃないですか（笑）。ある日ウジが「おい、『吹けよハリケーン』をそのままフックにしてトラックを書こう」って言ったんです。〈Don't Wanna Cry〉のミュージックビデオを撮りに海外に出ていたのですが、その時すでにトラックができあがっていた状態だったので休み時間のたびにスマホで歌詞を書きました。振り付けはヨンジュニヒョンと一緒に作業をして。

✦ **この曲で語りたかったのは何ですか。**

僕が持っているエナジーそのものについての曲だったと思います。ソロステージができるようになったら絶対に言いたかった言葉があったんです。「誰も僕に追いつけない！」感じを見せようと思いました（笑）。

✦ **次のソロステージは〈TOUCH〉でした。〈Hurricane〉とは全く違う感じの曲でしたが。**

〈TOUCH〉の時は、またもう一度ソロステージが与えられたという点でプレッシャーでした。〈Hurricane〉が元々強いイメージの曲だったので『わあ、今回は何をしよう？』と思っていたんです。どうせ悩むなら皆が全く予想できないことをしたいと思って『girl-crush』的な感じをつくってみることにしました。だから振り付けも自分でやらず、女性の振付師にお願いしました。全く新しいものを受け入れてみようという気持ちでした。

◆ **ボーイズグループのメンバーが『girl-crush』をコンセプトにしたの
は珍しいですよね。**

最近は男性と女性の性別を区別せず、両者の調和する感覚を追求す
ることが多いですよね。簡単に言うと中性的な感じを出したかったです。
グループステージでは見られなかった、一度も見たことのないホシの姿
を見せたかったんです。

◆ **自分の企画したソロステージを終えるとどんな気分になりますか。**

まず一番感じるのは『あ、おもしろい』ですね。チームでできなかっ
たコンセプトでステージができるのがよいところですから。でもステー
ジを終えると必ず残念な気持ちになります。また次のチャンスがあれば、
こういった部分はもう少し改善しなきゃともずっと考えちゃって。

◆ **〈Hurricane〉と〈TOUCH〉ではどちらの曲がより自分に似合うと思
いますか。 かなり雰囲気が違うので、 本人がどう思っているのか気に
なりました。**

どちらかを選ぶことはできませんね。実はまだお見せしたいソロステー
ジがいくつかあるんです。そのリストにある曲にも全く感じの異なる2
曲があるのですが。つくりながら『どっちも自分だな』と思うんです。ワ
イルドな僕もいるし、セクシーな僕もいるということですね。

◆ **ウジさんと〈Bring It〉を一緒にやった時も少し意外でした。 一番静
的なイメージのメンバーと一番動的なイメージのメンバーでしたから。**

〈Bring It〉は始まりがちょっと突飛ですが。ジフニはいつもバラードし
か歌っていなかったので、自分も激しいのをやりたかったみたいです。急
に「おい、〈Hurricane〉みたいなやつをもう1回やらなきゃだよね？」と
言うので「だったら一度やる？」となったんです。その時もツアー中で、

ジフニが歌を持ってきて「タイトルは〈Bring It〉だよ」と言うのですが、とてもよくて。歌詞を書いて、そこに合う振り付けをつくりながらジフニが望んだようにワイルドな姿を表現しようと努力しました。

◆ **その反対に、〈Just do it〉はデビュー前からおもしろくて騒々しいことで有名だった『ブソクスン（ブ・スングァン、ドギョム、ホシ）』の公式デビュー作でしたよね。**

一緒にやるメンバーがとりあえずブ（ブ・スングァン）とソク（ドギョムの本名、イ・ソクミン）じゃないですか（笑）。あいつらとやると思うと僕のマインドすら変わってきちゃって。皆に楽しいエナジーを与えたかったです。その時に、誰と一緒にやるかによって違ったエナジーが生じることに気づきました。

◆ **ステージにスーツを着て登場しました。後半部にはジャケットを脱いで回す、ユーモラスな振り付けもありましたね。**

スーツを着て登場するのは僕たちの意見でした。映画『キングスマン』から着想を得たアイディアなんですが、すっきりとした紳士的な感じを出そうとしてみたんです。

◆ **1人ずつコメントする部分もありました。〈Just do it〉はデビュー前からつくってきた3人のキャラクターが完璧に溶け合ったパフォーマンスだったと思います。**

初めから「疲れた人たちに元気を！　言えないことも僕が全部言ってあげよう！」こんなコンセプトだったんです。だから音楽番組ごとに、曜日ごとにコメントを全部変えていきました。例えば金曜日だったら「皆さん、待ちに待った金曜日です！」になるわけです。

◆ **今こうやって話しながら驚かされっぱなしです。疲れ知らずのその元気は一体どこから湧いてくるのでしょうか（笑）。**

運動をすることで力がつきますね。ウジがしつこく運動しろと言って連れ回すので、ついに僕も本格的に運動を始めることになったんです。でもダイエットをせずに運動を始めたから、体格が大きくなって力もつきました。

◆ **身体の状態が変わると踊る時も影響されませんか。**

そうなんです。それが欠点です。体が少し鈍くなるんです。ツアーが終わって韓国に戻るなりダイエットをしたら、また軽くはなりました。これは個人の好みだと思うのですが、個人的には体が軽い方が踊りやすい気がします。筋肉をつけたり痩せたりどちらもしてみましたが、痩せている時の方が動きやすいですね。

HOSHI

TAKE. 6

▽

時 間 の 流 れ

◆ **SEVENTEENはパフォーマンス能力でも成績面でも着実に成長してきました。**

時間の流れに合わせてうまく成長してきたと思います。落ちこぼれるメンバーが出ないように事務所も支えてくれました。

◆ **踊ることを楽しんでいた小学生も、 自分だけのパフォーマンスを披露**
できるプロフェッショナルへと成長しましたね。

　ダンスがステージ上でのパフォーマンスの全てだとは思っていません。
歌もだし、 ファンに送るコメントもパフォーマンスになりますよね。 パ
フォーマンスというのは『表現』そのものを表す言葉だと考えています。

◆ **その数多くの要素をうまく表現するための方法とは何でしょう。**

　時々歌手も役者と同じだと感じることがあります。ステージ上でも演
技をしていると思うからです。曲の雰囲気によって僕たちの顔つきも変
化しなきゃいけません。 でもそこで終わりじゃないんです。与えられた
状況にうまくのめりこんで、本当に自分のものにできなきゃダメです。演
技だと思って踊って歌うのではなく、ステージ上で見せる姿が自然な
自分の姿そのものになるようにするのが重要な気がしますね。

◆ **ホシさんはネタバレをよくするメンバーとしても有名です。 正直さが美**
徳という点を自然に体得した人だと思います。

　最近特によく思うことなんですが。嘘って全部いつかはバレるから、着
実で誠実に生きていくのが正しいんだと思います。運動しながらもすご
く感じました。体質上、目に見えて進化するスピードはゆっくりですが、
コツコツと誠実にやっていればいつかは願いどおりの成果を得られます。
簡単にうまくいくことなんてありません。だから早くやろうではなく、長
期間やって本当に自分のものにしなきゃいけないと思っています。

◆ **ずっとダンスを続けていても飽きなかった理由、 それも同じような理由**
だと思います。

　踊ると自分がかっこいいんです。だから今までずっとやって来れた気
がします。音楽というのは、本当に何でもない状況でも人の気分に影響

を与えるじゃないですか。悲しい音楽が流れると悲しくなるし、明るい音楽が流れると楽しくなるし。音楽が人間の感情そのものになっちゃうんだと思います。僕はただふつうの人、クォン・スニョン（ホシの本名）なのに、かっこいい音楽が流れてそれに合わせて踊るとかっこいい人になるんだと思います。歌って踊ると、僕がかっこいい人になったかのように感じさせてくれます。

◆ 今のホシさんのエナジーだと、今後もやってみたいことがたくさんありそうです。

ソロアルバムを出してみたいという夢ができました。これまではSEVENTEENのメンバーたちが、僕の足りない部分を埋めてくれていたんです。でも1人でも自分の足りない姿に打ち勝てるくらい成長したら、ソロアルバムを出すことにも挑戦したいです。もちろんSEVENTEENが最優先で、SEVENTEENのメンバーとしてもっと多くのことをやってみたいのは当然です。ソロアルバムは自分の人生で僕がどれくらい成しとげられるのかへの挑戦ですね。

◆ 先ほどツアー中に歌詞を書いて、曲をつくることがあると言っていましたね。今回もツアー中によいアイディアが浮かぶかもしれません。

そうかもしれません。ずっと移動していて、移動する時間自体も長いのでその時間に何かしちゃいますから。それに僕はゲームをやらないんですよ。勝負欲が強いから負けるととても傷つくんです。負けるんだったらやらない方がよいです。

◆ マンネ（訳注：末っ子）のディノさんがホシさんのメインダンサーのポジションを狙っているという話をバラエティ番組でしていました。年下の子が勝つかもしれません（笑）。

ディノはすでに僕を飛び越えています（笑）。僕はマンネがとても大切ですし、頼もしいです。本当の弟みたいで尊敬しています。ライバルだとは思っていません。時々『どうやって振り付けをつくり続けているのかな？』とは思いますし、それがびっくりするくらいのレベルなので刺激を受けることもありますね。実は振り付けをつくり続けることで、これまでなかった不安がちょっとずつ出始めてきて。自分がつくったものが認められないかもしれないと思うと、簡単に挑戦できないこともありますから。でもディノは全部やっちゃうんです。

✦ ホシさんがこんなにも成長できたのは、周りによいお手本がたくさんいたからですね。年齢や性別に関係なく。

今ディノの話をしながらも思いました。最近特によく感じることなのですが、本当によい出会いに恵まれている気がします。誰かが大切になるほど、アイドルという自分の職業への責任感も強くなります。ファンの皆さんに見せなきゃいけないものがありますし、僕たちをつくってくれた事務所とスタッフたちに対しても同じですね。

✦ 以前とは大きく変わった自分を感じているみたいですね。

ありがたさをかみしめています。初めはよくわからなかったんです。活動していろんなことを経験する中で、周りの人たちとファンがどれほどありがたい存在なのかを知りました。実はグループで活動をしていると、なんとなく『誰か1人くらいは感謝の言葉を伝えてくれるだろうな』と思う時がありました。『13人もいるんだから、誰か1人くらいは言うんじゃない？』と思っていたんです。でも後からメンバー全員がそんなふうに思っていたことがわかって。その期間はむしろ感謝の気持ちを伝えられない状況が生じたりもしました。それがわかってからは常に言葉で表そうと思っています。「ありがとうございます」って。

〈Lilili Yabbay〉ダンスブレイク

Mnet『PRESET SPECIAL』_20171107

SEVENTEEN は13名のメンバーが３つのユニット（ヒップホップ、 ボーカル、 パフォーマンス）に分かれている。 ホシはこの中でパフォーマンスチームのリーダーを担当している。 〈Lilili Yabbay〉は SEVENTEEN のパフォーマンスユニットが一緒に歌った曲で、 それぞれ雰囲気の異なる４人のメンバーが、 パワフルなエレクトロニックサウンド、 幾何学的な構図と一般ボーイズグループの動線を融合させて、 独特なステージをつくり出している。

特に〈Lilili Yabbay〉は、 ホシの様々なキャラクターを一度に見られるという点で魅力的だ。 まるで死んでいた生命が生き返るようにゆっくりと起き上がった彼は、 燃え上がる太陽、 メビウスの輪、 まだ咲いていない花、 無限大（∞）の中のどれを思い浮かべてもよいくらい、 複雑に絡み合った４人の腕と脚の中で真っ先に毒蛇のようにうごめく動きを披露する。 曲のサビに達すると上半身と下半身をスピーディーになったリズムの間に割り入れて、 自身の感情であるパワフルなエナジーを噴出させるのだが、 直前まで手の動きで細かく感情を表現していたのと違い、 サビではボーイズグループの振り付けだと思えるほど大きくて強い構図を描く。

〈Lilili Yabbay〉は、 デビュー前から K-POP アイドルグループを羨望しながら強くて頑強なボーイズグループの振り付けを夢見てきたホシの願いが、 新しいアイデンティティに出会った時期を指している。 ステージの演出、 曲の構成などから多彩な変化をとげた SEVENTEEN のアイデンティティが、 彼の過去に合わさりひたすら『パフォーマンス』そのものにだけ集中できる曲に出会った時にどんなシナジーを出せるかを見せてくれる。 自分の願いと舞踊の要素が混ざった特別なダンスを完成させることで、 『LILILI YABBY』という不気味な呪文は、 ホシの２つの顔をどちらも見せる象徴になった。 いばらの茂みの間をかき乱して進む毒蛇のように優雅で、 急流を渡る少年のように強靭な。

本当の、ユアの声

OH MY GIRL
YOOA

「昨日よりも少し足りない部分もあるし、よくなった部分もあるから。ユア
のＶログみたいだね、Ｖログ」。高いところにぶら下げたカメラを見て爽快に
笑うユアの顔は、OH MY GIRL のステージで爽やかにかわいく笑っていた姿
とは全く違う。妖精や人形という修飾語がよく似合う彼女の小さな顔、そ
してそのきゅっと収まってくっきりとした目鼻立ちからは常に美しい少女の
姿が思い浮かんだ。しかし汗だくになりながら個人コンテンツ用の振り付け
を練習した後に笑う彼女の姿は、健康な20代の女性そのものだ。

　羽が生えた衣装を着て OH MY GIRL という愛らしい名前でデビューステー
ジに立った日、ユアは自身がずっと描いていた振付師としての夢よりも歌手
としての夢で完成形を描いたはずだ。その日から彼女のダンスの動作は、激
しいヒップホップのバイブから繊細でソフトなガールズグループのバイブを
体現する側へと変わった。〈CUPID〉から〈CLOSER〉へ、その後2つの路線
に分かれた音楽とパフォーマンスで OH MY GIRL がそれぞれの魅力を見せて
いる間、ユアはユ・シアではないユアとしてのボディラインを整え、OH MY
GIRL というチームのコンセプトごとのストーリーを伝えるために、足のつま
先一つまで細かく計算していた。

　デビュー曲である〈CUPID〉が〈LIAR LIAR〉、〈Coloring Book〉、
〈BUNGEE〉などの曲へとつながる OH MY GIRL の明るいイメージを代表する
ならば、〈CLOSER〉は〈WINDY DAY〉、〈Secret Garden〉、〈The Fifth Season〉
につながる神秘的で幻想的な OH MY GIRL のイメージを見せてくれる。2つ
の間に位置する〈Remember me〉、〈Nonstop〉のような曲を歌う時も、ユ
アはメインダンサーとしてこの曲が歌詞とビートのどちらに重点を置くべき
曲なのかを示す役割をする。見ている人たちにその解釈を強制するのではな

く、曲のイメージをよりダイレクトに伝えるOH MY GIRLと大衆の間の媒介者として。

OH MY GIRLがデビュー時からひたすら『少女』のイメージに固執していると言う人もいる。しかしこのチームが聞かせてくれる音楽とステージ上で具現するパフォーマンスを細かく観察してみると、このチームの性格は『少女』というアイデンティティよりかは『少女時代』を語る方に近いことがわかる。もしOH MY GIRLが少女にだけとどまっていたなら、ユアは今よりもっと、輝く未来を夢見ることが難しかったかもしれない。ヒップホップを踊る少女時代を過ごし、自由奔放な兄のダンスを見て自分の方がもっと立派な振付師になるんだと心に決めていた少女が、一つのイメージにだけとどまるには、その世界は狭すぎるからだ。

Boxyな黒いTシャツに黒い帽子を深くかぶって「たくさん話したいことがあった」と喜んでいた彼女の姿を忘れることはないだろう。清純で神秘的なステージ上のユアのことを話す時も、ヒップホップの振り付けでまた踊り出したことによって勇気を取り戻し始めたユ・シアのことを話す時も、彼女はそのどちらをも押しのけることなく自身の生き方として受け入れた人のように微笑んだ。どちらも飾ることなく自然に楽しく、限界や枠という単語が「嫌いだ」とはっきりと言いながらインタビューに臨む彼女の姿に、私は自分自身のことを振り返った。他の誰かにとって私は、限界が明らかな人として映っているのではないかと。そんな思いにふけっていた私にユアが言った。「自分で自分を枠の中に閉じ込めてはいけないと思います」。少女時代の夢を思い出させ、今目の前にいる相手の心までわかる不思議な人。自分に対する自信のある人は、こんなにも心をなごませてくれるのだ。

PROFILE

✧

ユ ア

▽

ユアは 2015 年にミニアルバム [OH MY GIRL]
でデビューし、チームでメインダンサーを務めて
いる。 OH MY GIRL は [CLOSER]、[WINDY
DAY]、[Secret Garden]、[Remember
me]、[The Fifth Season]、[Nonstop]、
[Dear OHMYGIRL]、[Real Love]、[Golden
Hourglass] などのアルバムをリリースしている。
ユアはソロ歌手としても活動しており、[Bon
Voyage]、[SELFISH] など自分だけのカラーを
見せられる作品も出している。

ユア氏のインタビューの内容は 2020 年当時のものです。

兄 か ら の 影 響

✦ ものすごく嬉しそうに見えます。

このスケジュールは他のスケジュールとは違うじゃないですか。本だということで両親もとても喜んでいて。昨日の夜から本当にドキドキしています。

✦ 私も最近のOH MY GIRLを見てどんなインタビューになるのかとてもドキドキしていました。 でも今回の音楽番組のステージではファンを見られなかったじゃないですか。 とても残念だったと思いますが。

普段からかなりムードに乗るスタイルです。その時その瞬間の雰囲気に酔いしれると、できないことなんてないと思うスタイルなので今回は物足りなかったんだと思います。音楽番組のステージを盛り上げてくれるのはファンのエナジーなんだと、改めて気づかされましたね。普段は『ファンがいてくれると私たちがエナジーをたくさんもらうよね』くらいにしか思っていませんでしたが、いざいなくなってみるとその空いた穴をすごく感じました。『あ、自分がファンからもらっていたエナジーって本当に大きかったんだな』ということがわかったんです。そういった面でいつもよりステージにのめりこめなかったのが少し残念だった気がします。全身でそれを感じました。

◆ 画面で見ると全くわかりませんでしたが、そうだったんですね。

　だからきっとカメラにものすごく集中したんだと思いますよ。逆にその残念さが伝わらないように頑張ったわけです。OH MY GIRL はイベントも多いグループですが、今回はそれもできない状況なのがとても残念です。イベントをするとふだん音楽番組の観覧に来られないファンも来てくれるんです。そういう部分が本当によくて、来てくれたらファンサービスも頑張ろうって色々努力していたんですが、そうできる状況じゃないですから。ものすごく残念です。

◆ 幼少期から雰囲気に浸りやすいスタイルだったそうですね。

　父がとてもおもしろい人なんです。家族全員そうでした。親戚の集まりに行くと祖母、叔母、伯父たちまで皆あまりにもおもしろくて、食卓に座ってご飯を食べると突然誰かがお箸でリズムをとって食卓を叩き始めるんです。するといきなり祖母が歌い始めて、「はい次！」と言うと2番目の伯父がそれを受けてまた歌います。うちの父は末っ子なんですよね。父の番が来たら次は私たちです。こんな家庭で育ったので私も兄もこの文化が当たり前だと思っていました。

◆ 全然当たり前じゃない文化ですよね？　不思議なくらいおもしろい人たちの中で育ったんですね。

　（机にお箸のリズムをたたきながら）食卓でこうやってリズムを合わせて祖母が歌うと、父がトロット（訳注：韓国音楽のジャンル。日本では韓国演歌とも言われる）を歌うんです。するとまた別の誰かが歌を歌って。不思議なことに私は「シア、踊ってみて」と言われると、音楽に合わせて頭を思いっきり振り回して踊っていた記憶があります（笑）。

✦ お兄さんとも幼い頃からたくさんおもしろい遊びをしていたんでしょうね。

6歳くらいの時だったと思います。女性アイドルがよくキュロットスカート（チマパジ）を履いていたじゃないですか。その当時私はチェックのキュロットを履いていたのですが、兄とおしゃべりをしながらキュロットソングをつくってみることにしたんです。履いていたキュロットがかわいすぎるからその歌をつくってみようと。そうやって兄と1小節くらいの短い歌をつくりました。何でもよいから音を合わせて足を組んで「キュロット！　トゥットゥントゥン！」これに合わせて踊りました。今思えば2人とも音楽に関心があったんだなと思います。

✦ ダンスはお兄さんが先に習い始めたんですよね。

はい。兄が高校生の時にダンスを始めて、それから私も始めました。もちろんその前から2PM先輩たちの歌がリリースされると必ず家で真似して踊ってみたり、そんなふうに軽い感じでやったりはしていたんです。兄は勉強熱心な学生だったのですが、ある日突然学校をやめてダンスをやると宣言したんです。両親からするとあまりにもショックじゃないですか。でもその時私が何を思ったかと言うと。そんな兄を見ながら『え？　私の方がお兄ちゃんよりもっとうまくできるのに？　え？　私もダンスが大好きなんだけど？』と思いました。

✦ ご両親は驚いたのに、ユアさんは一緒に踊ることを……（笑）。

高校生になるまでは勉強熱心な学生でした。でも高校2年生くらいだったのかな、ある瞬間から『あ、私は勉強で勝負できるキャラクターじゃないな』と判断をして。

✦ 判断が早くて、決定もさっと下す方ですか。

確実に自分の気持ちはこうだと判断がついたら、ためらわずに決定す

るスタイルではあります。少し曖昧な時は自分の気持ちを見守るのです
が、確信したらすぐに決定しますね。私はものすごく自分のことを信頼
するタイプですから。中学校の時に勉強を頑張って成績のよい子たちが
行く高校に進学したのですが、冷静に見ると勉強では勝負にならないな
と。そんな時に兄がダンスをするのを見て、『あ、私はあれよりもっと
上手にできそう』ってちょうど思ったんです。とても楽しそうに見えて。

◆ ご両親は何と言いましたか。

　お前だけは頼むから勉強してほしいと。でももう決定しちゃった状態
じゃないですか。だから「お父さん、お母さん違うんだよ。私が思うに
勉強はダメな気がする。ダンスをやってお兄ちゃんが今夢見ている振付
師を私がやらなきゃいけないの」と言って、一生懸命ダンス教室に通い
詰めました。でも兄は退学したので学校に行く時間に練習をして、明け
方までも練習するわけだから、他の人が勉強している時間もずっと踊っ
ているわけですよね。小学校の時からダンスを始めた子たちも多いのに、
他の人たちより遅く始めたからそれくらい一生懸命練習しようという兄
の情熱を、私は横でそのまま見て学びました。兄を見ながら『あ、こん
なふうにするんだな。わあ、絶対振付師になりたい』と、『私もあの海外
の有名な振付師のように、2NE1みたいなかっこいいチームに振り付け
ができる振付師にならなきゃ』と思いましたね。

◆ でもどうやって歌手の道へ入ったんですか。

　周りから歌手になるつもりはないかと何度も聞かれました。そのたび
に「歌手には興味ありません。振付師になるつもりです」と言っていま
したね。もちろん小さい頃はBOAオンニを見ながら夢を育んだりもし
ました。でも勉強が楽しかったので、小学生の時からの陸上選手と歌手
という夢を中学生になって変えたんです。自分が勉強を頑張って両親

を幸せにしなくちゃ、この家族を養っていかなきゃ、そんなふうに思っていました。その後は急に高校の時にまた夢が振付師に変わったんです。実はダンスを始めてまだ2カ月の時に、すでに完成しているグループに入らないかという提案もされていました。その後ダンス教室で発表会があったのですが、そこで3、4回キャスティングされたんです。その時に『私って歌手の才能があるのかな？』と思っていると、両親が積極的に後押ししてくれて。お兄ちゃんは振付師になりたがっているから、お前は歌手をやってみたらと。初めダンスをやると言った時は、兄のショックが大きくてものすごく嫌がったのに、その後は才能を認めてくれて本当にすごく応援してくれました。

✦ そうやってWMエンターテイメントまでたどり着いたわけですね。

　事務所は私のことをものすごく評価してくれました。それがあったから歌手という夢にまい進しようと決めましたし、オーディションを受けて事務所に入ったので皆情熱にあふれていて。その姿を見て、自分は始めるのが遅かったから大丈夫かなと思いました。大学に通いながら練習生生活をスタートして、事務所で半年ほど練習生生活をした後にデビューしたのでプレッシャーがとても大きかったですね。歌も習ったことがないし、ダンスも主にヒップホップを踊っていたので、パフォーマンス的に振り付けと表情なんかが全部一つになる形のダンスは踊ったことがないのに、自分はここに適応できるのかな？　と。初めて録音をした時は布団をかぶって泣いたりもしました。でもダンスだけは自信があるから、『そうだ、私はこのチームにダンスで貢献できるメンバーにならなきゃ』という一心でずっと活動していたような気がします。

✦ このことをよく知らない人は、ユアさんの練習生生活が短かったという理由だけを見て羨ましがる可能性もあります。

　そのとおりです。よく知らない人からは「ユアは本当に簡単に歌手になった」と言われるかもしれません。でも私は1年という時間内で全てをカバーするために、他の子たちが3、4年する練習生生活を本当に短期間で過酷な状態でやりました。半年後にデビューしなきゃいけないのに歌を習ったことがなかったじゃないですか。だからあの歌この歌全部カバーをして練習生の友人や歌手がしているのを口の形まで同じように真似しました。『ハ』の発音をする時もビヨンセはこっちを開けて声を出すこともあるし、あっちを開けて発声することもあるんだなと。同じフレーズだけど表現によって違うんだなって。こんなふうに口の形と表情まで全部真似したわけです。そうすることで自分の体の中からもいろんな声が出せることがわかりました。そうやって発声する方法を習ってからデビューをして、大泣きしながら録音していましたね。ずっとこんなふうに練習をしながら活動していました。

◆ 今は楽しそうに歌っていますが、合っていますか。

　はい、今は幸せを感じられるくらい楽しく歌っています。メインボーカルのメンバーがいて、私がリードボーカルを担当しているくらい過酷な練習過程を経てここまで成長したと思います。家に帰ると両親にうるさいと言われるほどたくさん練習をしていた記憶があります。ダンスもそうでしたね。暗くなると窓に自分の姿が映りますよね。鏡じゃないのに自分が映るから、それを見て明け方まで練習しました。2時まで練習して6時に起きて学校に行かなきゃいけないので、常に寝不足の状態でした。インターネットで見たのですが、ユアが高校時代、学校の試験を受ける時に全部答えをあてずっぽうに選んで寝ていたってあるんです（笑）。そのとおりです。当時はダンスに没頭していたので、試験を受けたところで何が何だかわからなくて。でもとても恥ずかしかったです。

✦ やりたいことがとても明確でしたから。

　前で先生が授業をしていても、体はそっちを向いているのに頭の中ではダンスのことを考えていてずっと足を動かしていました。そうすると自然にその歌が聞こえて。練習していた歌を聞きながら自分の踊りたい姿を想像しました。机に向かっていると体を大きくは動かせないので手足の指で練習していたんですが、それがどれだけおもしろかったか。努力もたくさんしましたが、とても楽しかったからすぐに上達した気がします。ダンスも歌も始めたのが遅かったですが、夢中だったから早く実力がついたんじゃないかと思いますね。

TAKE. 2

▽

メ イ ン ダ ン サ ー の 役 割

✦ ソロ歌手ではなくガールズグループの提案をされたのは残念じゃありませんでしたか。

　いいえ、全然です。スタートが遅かったので、あらゆる面で足りない部分を感じていましたから。自分のこういった足りない部分を埋め合わせてくれるメンバーがいてよかったと思いました。それに両親が歌手デビューすること自体をとても喜んでくれて。ソロかグループかという考え自体がなかった気がします。メンバーと一緒に本当に楽しく頑張って、少女時代先輩たちのようにグループとして最高のポジションに上り詰めたいと思っていました。全員の目標でしたね。そうしているうちに、今

は『自分たちの道を行こう』という確固たる方向性が生まれました。初めとはだいぶ変わりましたね。生きていると常にいろんなことが変わっていくんだと思います。

✦ ダンサーには自分だけの 『くせ』 というのがありますよね。

私それがすごく多いんです。多すぎます。

✦ 最近はそういった姿を様々なパフォーマンス動画を通して見せてくれている気がしました。

最近はむしろ自分だけのくせをなくすために努力しています。まずは指先に集中するくせがありますね。リズムに乗る時は首がしょっちゅう長くなります。昔〈CLOSER〉の時に、元々ヒップホップを踊っていたから体がちょっぴり曲がっていたんです。〈CLOSER〉はラインが美しくて、そのラインを通してストーリーを表現しなきゃいけないことが多いので、曲がっていた体をまっすぐにしなきゃいけなくて。それが5年過ぎた今になってわかったんです。前まではほんのちょっと曲がっている自分の姿がきれいだと思っていました。それが自分のスタイルだから。

✦ 最近アップした動画でも体をまっすぐにしようと努力していますか。

はい、曲がった上半身を伸ばさなきゃと思ってかなり努力しました。自分でも踊る時のくせが本当に多いです。先ほどお話ししたようにムードに乗る方なのでムードがどんな方向に流れていくかによって顔の表情も変わるし、ひどい時は自分の顔が違って見えることもあるんです。スタイリングをどうするかによって体がムードを受け入れる感じもパッと変化しますね。表情、顔、ダンスのスタイルが全部変わるんです。だから自分でも不思議でなぜだろうと思いましたが、むしろ芸能人として仕事をするには利点だと考えると嬉しくなりました。

◆ **OH MY GIRLのステージのために努力した部分がとても多いと思います。**

OH MY GIRLはグループですからメンバーと合わせなきゃいけないじゃないですか。昔は若干ムードにひたってステージに立っていた気がするんですよね。でも最近はOH MY GIRLのステージに立つ時くらいはひたらないでおこう、しっかりと動線を正確に1、2、1、2と数えながらいこうと努力しています。

◆ **ユアとユ・シアの違う部分ですね。**

そうなんです。私が振り付け動画を楽しんでアップする理由もそれです。OH MY GIRLをする時はOH MY GIRLに合わせる理由があるし、ソロで自分を見せる時はユ・シアですよね。ユアしか知らない人には「お？　こんな姿もあるんだ？」と新鮮さを見せるわけですからとてもおもしろいです。自分のくせをちょっとくらい見せても大丈夫ですし。次の動画では何をやろうって色々企画しています。

◆ **でも思ったより動画のアップされる時期が遅かった気がします。だいぶ前からアップしたかったと思うんですが。**

アップしたかったのですが、怖かったんです。

◆ **どんな理由からですか。**

楽しく踊っていただけなのに、いざそれが仕事になるとプレッシャーになってしまって。自分がチームのメインダンサーの名にふさわしいものを出していかなきゃというプレッシャーがとても大きかったんです。OH MY GIRLのユア、メインダンサーのユアとして常に上手に踊らなきゃいけなくて、何かアピールしなきゃいけないという、さらに言うと認められなきゃいけないという思いが常にありました。それに評価コメ

ントを多く見ていると、自分のコンテンツを披露すること自体に恐れが
出てきてしまって。自分はこれが楽しくてやっているのに誰かに評価さ
れて、その評価にはよいものもあれば厳しいものもたくさんありますよ
ね。ファンからユアはどうして振り付け動画をアップしないのかという
声が出た時、事務所からもやってみようと言ってもらったんです。でも
私がやらないと言いました。恐れ、いえ、プレッシャーが大きすぎたの
で。

✦ ではどうやって今のような決断をしたんですか。

　このままだと自分に負ける気がしました。それに私はダンスが大好き
な少女でしたし、あんなにもダンスが好きで一生懸命踊っていた少女
だったのに、このプレッシャーに押しつぶされて自分が負けてしまうと、
これ以上前に進めない気がしたんです。進むことができなければ、いろ
んな人たちに自分のダンスと歌を披露することによって幸せを与え、有
名になってよい影響を与えられる人になりたいという私の夢も叶えられ
なくなるわけですよね。あ、それが私の目標だったのに今私は1歩も踏
み出せずに怖くて隠れているんだな、と思ったんです。そうやって〈Lights
Up〉もあげて、他の振り付け動画もアップし始めました。

✦ 克服できたなんてすごいです。

　でも、とてもびくびくしながらOH MY GIRLの曲をやる時だけ踊っ
てきたじゃないですか。自分のコンテンツを企画するとなったら、初め
は体が思うように動かなくて。そこでまたかなり苦労しました。その過
程で先生が私に、執着心がありすぎると首を横に振ったんです。なぜそ
んなふうに思うのか尋ねたところ、全然休まないと、こんなに休まない
アーティストは、自分が受けもったグループで他に1人見たくらいだと。
ダンスに関してはその人より私の方がさらにこだわりが強いと言われま

した。その話を聞いて誇らしくもありましたし、『私は本当に以前の自分のコンディションに戻ろうとたくさん努力をしているんだな』と感じました。本当に休まなかったんです。

✦ こういう人だから生半可に自分だけのコンテンツを公開するのが怖かったんだと思います。

本当にものすごく怖かったんです。評価も怖いし、何より好きだったことが徐々に嫌いになっていくことが恐怖としてさし迫ってきました。自分がとても好きな食べ物があるとして、その食べ物を食べて一度ひどく胃もたれをしたらむしろ嫌いになるじゃないですか。でも嫌いになった食べ物を、またおいしく食べていた過去の記憶を思い出しながらそれにまつわる楽しかった思い出、その味を味わおうとするから辛かったわけです。だから今回［Nonstop］のアルバム活動をするのが、一番プレッシャーが大きかったです。私のくせを思いっきり使っちゃうとダメだから、自分なりになくそうとかなり努力しました。リズムを一つずつ分けて口ずさみながら練習しました。正確にリズムに合わせて踊ろうって。

✦ チームカラーをなくさないようにするのもメインダンサーの役目ですから。

そう言ってくださるととてもありがたいです。でも努力すべき部分が本当に多くて。兄が私に「ユア、リズムは最後まで聞いて感じなきゃ」って教えてくれたんです。これはどういうことかと言うと、『ジャン！』というビートがあるとこれを1から10に分けるんです。ふつう人はこのビートを聞くと1から5の間の前ノリを聞きます。でも兄は5から10の間の後ノリを聞けと言いました。遅れて聞く習慣をつけなきゃいけないと、そうすれば一つ一つの動作が最後まで感じられると。リズムに前ノリで乗る人と比べると動作が違って見えて、リズムの乗り方が違って見えることもあります。でもそうやってリズムに乗る人を1人だけ見て

いるとリズムがぴったりになってリズムで遊べるのが感じられます。でもOH MY GIRLの活動をする時は私以外にリズムにそうやって乗るメンバーがいないので、前ノリで乗ろうとむしろ反対の努力をたくさんしました。

✦ リズムを分けるのが習慣になった人にはそれも難しいことですね。

はい、後ノリが聞こえる私にとってはこれって当然のことじゃないですか。努力しなくても習慣として刻み込まれていますが、メンバーの6人はほとんど前ノリでリズムに乗るからその部分をかなり悩みました。私の基準ではこっちが合っているはずだから、このままやるべきなのか？ あるいはOH MY GIRLのメンバーが乗るリズムどおり私もやらなきゃいけないかな？ 結論としてはチームに合わせる方がよいと思いました。だから自分のコンテンツではそうやって後ノリのリズムに合わせて踊って、OH MY GIRLで練習してステージに上がる時はできるだけ前ノリに合わせようとしています。でもうまくいかないですね。難しいです。

✦ そうでしょうね。 簡単じゃない部分ですね。

だから最近は悩みが多くて。ムードで感じられる感覚と理性の間でその中間を探さなきゃいけないし、リズムも前ノリと後ノリのどちらかを探さなきゃいけないですし。他の振付師の動画もたくさん見て、わざとメンバーたちのチッケムをちょっとずつ探してみます。どうやってリズムに乗るのか慣れようとして、です。誰が合っていて間違っているかという問題じゃなく、自分の習慣がこうだから楽なところを探っていこうということです。以前Mnet『QUEENDOM』の時に、誰のリズムが正解なのか？ をアップした人の動画も見ました。団体ステージで、ッパム／ッパパム／ッパム／ッパムがリズムだとすると、私はッパム／－ッタ／－タッ／－ッタこうやってリズムに乗りますが、他の人たちはッパム／ッタ

‐ /タッ ‐ /ッタ ‐ こうやって前ノリで乗るんです。ファンが細かくリズムまで全部見ていることをその時に知りましたね。OH MY GIRL のユアとただのユ・シアの間で努力中です。

✦ どちらも自分ですから。

OH MY GIRL のユアですが、ダンスが好きな人でもあるから、自分だけの感覚を尊重してあげなきゃいけないっていうのも正しい気がして。とても難しい問題です。ダンスが好きすぎるからこんなふうに悩むんだと思います。大好きだから。それにいつも自由に踊る兄という基準がありますし。

✦ 少し前にお兄さんより自分の方が、ダンスがうまいと言っていましたが（笑）。

もちろん兄がうまい部分もありますが、私がもっている長所の方がアーティストとしてはよりかっこいいと思います（笑）。

TAKE. 3

▽

OH MY GIRL の コ ン セ プ ト

✦ OH MY GIRL はデビュー時からずっと妖精コンセプトをうち立てていろんな姿を見せてくれています。

実は妖精コンセプトは、私も OH MY GIRL に合流して初めてとり入

れたんです。だから初め女性アイドルが多く見せる、ラインを生かす振り付けスタイルが私にはちょっと難しくて。やっぱりヒップホップが好きな学生なのに、私ってかわいくて、私ってかわいくて、私ってかわいいです、こんな感じを見せなきゃいけないからとても難しかったんです。でも今は違います。OH MY GIRLのユアとして長い間過ごしているので、簡単に思えますね。妖精コンセプトを表現する、表情で優雅さを見せる、こういうのはもう難しくありません。でもヒップホップコンセプトを考えると、心の底から湧き出る何かがあるんです。まさに『そう、これだよ！』と思うポイントがあります。実際に〈Nonstop〉でヒップホップスタイルに近い衣装を着て出てくることがありましたよね。そういう時はもう少し自由奔放に動けます。動作も前よりも大きくなりますし。

◆ 今言った 『そう、 これだよ!』 と思うポイントは何ですか。

　一言で言うと自由さですね。自分が何かにラッピングされていなくても大丈夫な感覚があります。OH MY GIRL としてステージに立つ時はコンセプトがあるじゃないですか。例えば恋に落ちた少女だとか。〈CLOSER〉の場合は個人的にイメージメイキングをする時、誰かが去ったけれどその縁について考える感じを描きました。それに合うコンセプトを表現しようと努力はするけれど、自由ではないんです。でもヒップホップを踊る時はずっとやってきたことがあって、自分にわかる感覚そのものがあるから少し楽ではありますね。

◆ OH MY GIRLのユアをたくさん見ている人たちにとっては、 少し不自然かもしれない部分です。

　そうなんです。不自然に感じる人もいます。でもそれは1、2、3回くらいお見せすれば慣れる部分ではないかなと思います。常に明るくきれ

いに笑っていたのだとしたら、これからはある程度笑わない顔でそこまでが一つのパフォーマンスにできるアーティストでありたいです。笑わず目つきだけでストーリーを投げかけることもできる、それくらいいろんなものを表現できる人になりたいですね。

◆ **メインダンサーですし、 センターポジションにいることが多いので特定コンセプトでユアさんが笑うか笑わないかでコンセプトの感じが区別できるようにもなりました。**

わあ、光栄です。

◆ **でも個人的に気になったことがあります。〈Remember me〉では笑わなかったのに、〈Secret Garden〉ではにっこり笑っていましたよね。笑わない感じのコンセプトだった〈Secret Garden〉で笑うユアさんを見て、 どうしてなんだろうと気になりました。**

曲の解釈が少し違ったんだと思います。〈Secret Garden〉の場合は歌詞がよりたくさん聞こえた曲で、〈Remember me〉はビートの方がたくさん聞こえました。2曲のポイントが違ったわけです。〈Secret Garden〉には私が秘密の庭園に隠しておいた自分の夢と希望があって、それが叶うだろうという希望に満ちた歌詞がずっと聞こえました。だから自分はこの夢をもうすぐ叶えられるという希望とときめきを演じなきゃと考えたんだと思います。

◆ **〈Remember me〉はどうですか。**

この曲は導入からッパム - ッパムッパムッパムというサウンドがきれいな感じではあるのですが、EDMサウンドなのでビートに合わせて出てくるムードに乗らなきゃと思いました。でもそのムードが若干、私を笑うような笑わないような感じにしちゃって。曲の感じるままに流され

ていく私の姿がこういう時に見えますよね。〈CLOSER〉や〈Secret Garden〉みたいな曲のポイントを解釈する時は、歌詞や曲の感じに従うことが多くて、〈Remember me〉のようにひときわビートがよく聞こえる曲は私が昔踊っていた時の感覚でいくような気もします。〈Nonstop〉も同じです。歌詞はときめいていますが、歌自体はときめきとは違った表現のビートが強調されているんです。私の感じ方では、この曲はそういったアンバランスさのある状態で歌詞よりビートがより強く表現されなきゃいけない曲だったわけです。そういうわけでスタイリングによって笑ったり笑わなかったりしました。一つに決めて『こうしなきゃ』ではなく、どんな服を着るかによってコンセプトは変わる可能性もあったということです。

◆ ユアさんのパフォーマンスがどうつくられるのか気になっていた人たちは、スッキリしたと思います。

実は私もよくわからないんです。ステージに立つと別人になります。

◆ つまりストーリーテリングが可能になるくらいイメージが描かれるのは、歌詞を基盤にしているからじゃないですか。ですよね？

そうです。〈CLOSER〉はものすごくたくさんイメージメイキングをした例ですね。映画もアニメーションもいっぱい検索してみて。自分がこの歌詞の状況に置かれたとしたらどんなイメージをもった少女だったかな？　どんなイメージを想像できる、どんな心持ちの少女だったかな？　そしてどんな相手を追いかけたかな？　こんな質問を投げて一つ一つに気を配りましたね。その質問の中で童話みたいなストーリーを一つつくりました。その中では私が主人公なんです。ステージはその童話の中の少女が繰り広げたものです。

◆ ステージ上であまり目を閉じないのも、 その設定に思いっきり浸って いたということじゃないでしょうか。

　酔いしれていましたね。それに不思議なのは、酔いしれると世界がかすんで見えます。自分がここにのめり込みすぎてこの世の人じゃないような感覚になる時があります。本当に私がそのストーリーの主人公になったみたいに。現実に存在する OH MY GIRL のユアではなく、私がつくったそのストーリーの主人公そのものになったみたいで、世の中がかすんでふわっと浮かんでいる感覚になる時があります。表現というものをする時、『あ、私って本当にのめり込むんだな。ストーリーも重要視するタイプだし』と思いますね。

◆ だからOH MY GIRLは 『少女』 ではなく 『少女時代』 をイメージさ せるチームだと思います。 ものすごくいろんなスタイルをもった少女時 代の女の子たちを見ているみたいとでも言いましょうか。 女性ファンが 多いのもだからなのかなと思います。

　鋭いご指摘です。芸術というのはですね、体が先にそちらに向かっていくのが正しいと言いますが、体が先に向かって初めてわかりました。それだけだとある程度のポジションまでしか上がれません。それ以上には行けないんです。跳ね上がることまではできます。でも多くの人に心で伝えようとするなら、それ以上に飛ばなきゃいけないんです。私はそれをIU先輩がものすごく上手にしていると思うんです。ダンスも、歌も体の赴くままにやっているみたいだけれど、ある程度頭の中で考えるイメージだとか自分が表現したい部分を正確に分けてそれをバランスよく混ぜている先輩だと思います。私もそろそろそれができなきゃいけないですね。

240

◆ **前はステージに上がること自体に酔いしれていたとすると、 今は少し変化を図りたいわけですね。**

そうなんです。以前の私が完全にダンスに酔いしれてステージをしていたとすると、今はある程度理性的な部分を混ぜようとかなり努力しています。そうすればもっとたくさんの人たちに本当に近づける気がするんです。それに私のダンスを見てインスピレーションを受けたがっている人たちにも誠意そのものが伝えられる気がします。でもこの過程にたどり着くまでにいろんなことがたくさんありましたね。

◆ **たとえば 〈CUPID〉、〈LIAR LIAR〉、〈WINDY DAY〉 で見たシャースカート、 ローラースケートの靴、 風車のヘアバンドみたいなものですか（笑）？**

当時はちょっと衝撃的でした。大学生なのにこんなのを着てもよいのかな？ 風車だなんて（笑）。〈LIAR LIAR〉の時は靴が高すぎて踊れるかも心配でした。いずれにせよとても恥ずかしいけれど、自分はパフォーマンスをする人だしこういうもので人を楽しませなきゃいけない人だ、こんなふうに集中しようと努力しました。でも実は風車を頭につけた時は恥ずかしすぎて控室から出られませんでした！

◆ **OH MY GIRLのメンバーたちは皆個性が強いから、 そういったかわいらしいものも全部上手に取り入れていました。 大丈夫です。**

メンバーって本当に重要だと思います。自分がこのチームに出会えたことは本当に幸運だと感じています。メンバーそれぞれが、得意なものがとても多いんです。

◆ **曲に対する意見はどうやって話し合いますか。**

やっぱり私はパフォーマンスへの欲が強いじゃないですか。だから歌

を受けとるとメンバーに、皆の構想が同じじゃなきゃいけないと思う、自分たちがどんな部分を表現したいのかシェアしよう、こんな話をしましたね。メンバーそれぞれにこの歌を聞いてどんなイメージが湧くか全部尋ねました。子どもが痛みを我慢して血を流しながらチクチクしたサボテンを抱えているのを想像したと話してくれたメンバーもいましたね。自分の心は痛いけど、サボテンである君を抱きしめてあげると。宇宙を感じただとか、きれいで澄んだ庭園で走り回って遊んでいる感じを受けたと言うメンバーもいました。その後、皆で輪になって座って一緒に音楽を聞きました。それぞれこんなイメージをもっているけれど、どんなふうに表現できるか考えてみようと。初め私が提案したものだったのですが、メンバーがちゃんとついてきてくれてありがたかったです。

◆ ではダンスの動作はどうやって合わせますか。

　その時もぐるっと輪になって立ちます。自分の対角線にいる人を見ながらずっと踊って、順番に回りながら次の対角線にいる人のダンスを見て合わせて、また次の対角線にいる人のを見て合わせて……。そうすると相手がどのリズムで踊ってどう表現しているのかが見えるじゃないですか。その時だけは自分のダンスに集中するのではなく、相手が踊る姿に集中してみようと話したのですが、メンバーがこのスタイルをとても気に入ってくれたのでこれでやることが多いです。

◆『QUEENDOM』でよいステージができたのはそれですね。

　私たちって本当に団結力があるんです。そういう提案をした時に耳を貸してくれないメンバーや面倒くさがるメンバーが1人もいません。

『 QUEENDOM 』 で わ か っ た こ と

✦ **『QUEENDOM』はOH MY GIRLの歴史に欠かせないターニングポイ**
   ントになったと思います。

　個人的にもものすごく大きなターニングポイントになった番組です。
それまではユアじゃないユ・シアのステージとパフォーマンスに対する
恐怖があったんです。でも『QUEENDOM』をやりながら『あ、自分は
こんなふうにできる人なのになんで怖かったんだろう？』と思いました
し、その時から振り付けコンテンツを制作し始めました。事務所に行っ
て理事に、これがものすごくしたい、こんな構想案があると提示しなが
ら説得してつくり出しましたね。自分でも後戻りしていたと感じていま
すが、前のコンディションにまで引き上げられるという自信がもてまし
た。少し時間がかかっても大丈夫なはずだと。そういう面で
『QUEENDOM』は私にとってチャンスでしたね。

✦ **OH MY GIRLは他のチームを一生懸命応援することでも有名でした。**
   他のチームも同じでしたし。『QUEENDOM』は結果的にガールズグ
   ループの競争番組ではなかったことを、ガールズグループ自らが証明
   しました。

　そのとおりです。皆仲よくなりましたね。あの番組をやりながら、ど

れだけ学ぶことが多かったか。MAMAMOO先輩がただステージに立っているだけで「わあ、終わった」と思いました。歌とダンスを始めてもいないのに、ただ黙って立っているだけなのに先輩たちが何を表現しているのかが見えるんです。これは学ばなきゃと思いました。私はパフォーマーなんだからステージの上に立った瞬間からがスタートだという事実に気づかされましたね。AOA先輩には長い間ガールズグループ生活をしてきたそのバイブがあるじゃないですか。これには本当に勝てません。それくらい長く活動してきたからこそ出せるムードがあります。そして(G)I-DLEの場合は、私たちが新人だった頃を思い出しました。表現することに恐れのない新人の姿が見えたんです。実際ある瞬間から怖気づく歌手が多いのですが、そうじゃないチームの意気込みはものすごかったです。うーん、私はまたあの意気込みをもてるかな？　って。

◆　そんなふうに思ったんですね。

　はい、どのチームからも学ぶことがありました。それに私は〈Destiny〉のステージに怪我をして出られなくて泣いたじゃないですか。

◆　でもそのステージにユアさんがほんの少し登場した時は、曲の雰囲気を圧縮した一枚の絵を見たかのようでした。

　メンバーが本当にたくさん気を使ってくれました。元々は出ないことになっていたのですが、とても出たかったんです。それを知っているメンバーはもちろん、事務所のマネージャーさんたちも私が出られる方法はないか頭をひねって悩んでくれて。「ユアが出てくれたら本当に嬉しい」って応援もしてくれて、「舞台の演出をこうするのはどう？」と提案もしてくれたんです。メンバーは「ユアが全然出られないと悲しいです」とまで言ってくれました。その時にうちのチームメンバーは本当に仲がよいことを改めて感じました。自分たちが全パートをやりたいと思

う可能性だってあるわけですよね。

✦ **それなのにハイライトにユアさんの出番をつくってくれたんですね。**

　はい、中間に出すぎても、ブリッジ部分にだけ出ても私が目立たないからと、イントロや最後の部分で私を主人公みたいに立ててくれました。本当にありがたかったです。私にできることは何もなかったけど、メンバーが助けてくれる中で『ああ、だからチームでやるんだな』という気持ちにもなりました。とてもとてもありがたかったです。

✦ **おそらくそういったチームワークのおかげで前哨戦だった〈Twilight〉から〈Guerilla〉への変化がより自然に起きたのではないでしょうか。妖精から次の段階に進んだOH MY GIRLの姿が印象的でした。**

　妖精のイメージを守り続けたいメンバーもいますし、少しずつ成長した姿を見せたがるメンバーもいます。でも元々違ったコンセプトを披露できるステージじゃないですか。だから〈Twilight〉をやった時は個人的には少し糸口が見えた気がしましたし、〈Guerilla〉の時は衣装からヘアスタイル、メイクアップまで全部、私が望む強いコンセプトに集中できるようになっていたので、ものすごく楽しめました。

✦ **〈Twilight〉ではダンスブレイクが2回も出てきますよね。 その時の振り付けがそれまでOH MY GIRLが披露した振り付けの中で一番力強い感じが込められていたと思います。**

　そうです。実は練習の時はもっとヒップホップに近づけて踊ったのですが、いざ髪をセットして服を着ると妖精に近くなっちゃって(笑)。だからステージでは変えました。ある程度バンパイアではあるんですが、ヒップホップ戦士のバンパイアではなくもう少し自分に与えられたムードに近づいてです。何かをものすごく渇望するバンパイア少女みたいな

感じを出そうとしました。すっと、力を入れすぎないように踊りました。
ラインをもう少し生かして。

◆ **それでも私は、　あれを見ながら「わあ、　ユアさんの恨（訳注：読み方は**
『ハン』。　自分の運命に対する嘆きのようなもので、　望んでいた状態に達しないこ
とへのいらだちや悲しみ）が解けただろうな」と思いました（笑）。

　そうでしたね。歯を食いしばりながら出ましたよ。でも準備期間が3
日くらいで、それも他のスケジュールも全部消化して明け方にだけ3日
ほど時間が与えられた形だったので残念でしたね。もっと準備したかっ
たです。すぐに振り付けを覚えてそのままスケジュールを消化するので。
ヒョジョンオンニはうまくやりたいのに体が思うように動かないから悲
しくて泣いていました。そうすると慰めてあげてまた振り付けに入って
……。

◆ **〈Guerilla〉も簡単じゃなかった気がします。『Guerilla』という単語**
自体がこれまでOH MY GIRLが使わなかった感じを含んでいますよね。

　私は逆に自信がありました。昔やっていたことを少し見せられますか
ら。昔のユア、ユアをする前のシアだった頃はこういったダンスをたく
さん踊っていましたから。私が5年間封印していたバイブをほんの少し
出してみてもよいかな？　OK、出しても大丈夫。振り付けをいただい
て確信しましたね。ただ私は服やメイクアップのような外的な要素が与
えるムードに乗ってしまう方じゃないですか。でも何がよかったって、
服を着ても練習どおりのエナジーを発散して大丈夫そうだったんです。
表情ももう少し積極的に演技したり、ダンスももう少し力強く踊ったり。
後でアップされた自分のチッケムも見ました。足りていないところを確
認しようしたのですが、自分なりに満足したステージでした。元々私は
あまり満足できないタイプなのに、そのステージだけは努力したポイン

トを生かそうと自分で頑張ったのが見えたので、ちょっとよかった気が
しています。

✦ OH MY GIRL メンバーにとっても 〈Guerilla〉 は特別な意味をもって いたと思います。

メンバーが初めて曲をもらった時に何と言ったかと言うとですね。「何
これ？　私たちの話みたいなんだけど？」と言いました。後で作詞家さ
んが本当に私たちの話を書いたものだと知りました。だから皆の没入度
がずば抜けていたんだと思います。そういう曲だったからあのステージ
は私たちにとって少し意味深かったです。

✦ どんな部分がよかったですか？

ゲリラ戦自体、戦闘要員の多い状態で繰り広げられるわけじゃありま
せんよね。力の弱い戦闘要員が襲撃して勝つじゃないですか。他の人か
ら見るとまだ弱くて小さく見えるかもしれないけれど、私たちは自分た
ちがよくわかっているポイントを生かしてお前たちを圧倒させられるん
だというストーリーが好きでした。勝てるんだ。私たちがこれまでやっ
てきたことを見てよ……。実際に他の人の目には私たちが小さく見えた
かもしれないけれど、勝てるんだと言うところがものすごくよかったで
すね。

✦ Six Puzzleのステージの時はどうでしたか。

その時は欲が出すぎて、練習室に日が昇ると入りました。マイケル・
ジャクソンのパフォーマンスを練習していたのですが、先生に頼むから
家に帰ってと言われましたね。「ユア、帰ってよ！」じゃなく「ユア〜、
お願いだから帰ってくれない？」のレベルでした。靴を履いてステップ
を披露しなきゃいけない部分があるのですが、靴を履いてやるとかかと

が擦りむけるかもしれないので練習の時はスニーカーを履いていたんです。それなのにスニーカーを履いていてもかかとが擦りむけて血がついていましたね。

◆ 文字どおり血のにじむ努力をしましたね。

私が怖いもの知らずでマイケル・ジャクソンを選んだのですが（笑）。自分が好きな人の、自分が尊敬する人のステージをやってみたかったです。だから決して私の得意な部類のダンスじゃないにも関わらず選んだんです。マイケル・ジャクソンはキレのよいダンスを踊るアーティストですが、私はルーズなムードのヒップホップを踊っていましたから。自分には本当に踊れないダンスだって知っていたんです。それでもやってみたくて。自分からこれに挑戦して、順位が低くなっても満足しようと思って挑戦しました。

◆ でも順位もよかったです！

運よくよい結果が出ました。でもステージで1位になろうと歯を食いしばってやったと言うよりかは、自分がこのアーティストのステージを本当にかっこよくやりたいという気持ちで頑張ったんです。

◆ そうやって頑張っている自分の姿を見たとき、気分はどうですか。

昔は酔いしれていたからか、自分がとてもかっこいいという思いでいっぱいでした。ステージに立つ時、鏡の前にいる時、自分の姿がとてもかわいくてかっこよく見えていたんです。それでこそ人前に立った時もかわいくかっこよく見えるんです。でも最近はそうしないように心がけています。さっきお話ししたように理性的な部分で自分をコントロールできてこそ、本当のかっこよさが出ると思うからです。人から見ると少し後退したみたいに見えるかもしれないけど。

◆ なぜ進歩ではなく後退なんですか。

うーん、目に見えるかっこよさだけで評価する時は自分に思いっきり酔いしれる方がよりかっこよく見えるかもしれないんです。でもそれをある程度コントロールできるようになると、理性的にポイントをしっかり生かして動作できるようになるのであまりかっこよく見えない可能性もありますよね。だけどひざを曲げて飛び跳ねてこそより高く飛び上がれるじゃないですか。ひざをこわばらせて開いた状態で飛び跳ねようとすると少ししか飛び跳ねられないわけです。だから今はこうやってみようという自分の勇気に拍手をしようと努力中です。今の姿は自分でもちょっと気に入らないんです。今回の［NONSTOP］の活動はだから少し残念ですね。でも時間が経って実績がたくさん積まれた時に、それまでのただ酔いしれていた自分の姿よりもずっと進歩しているはずだという確信があります。ただその感覚に従うことにしました。

◆ 怖いですよね。 自分のスタイルを変えようとすると評価がすぐにそのまま返って来ますから。

怖いですね。たくさんのフィードバックがすぐに返ってくる職業ですから。こういうことってないですか。例えば私が飴をくすねたとして、それを自分だけが知っています。その時に誰かが「飴はどこに行ったのかな？」と言うと気持ちがとがめますよね。そんなふうに自分がその部分を気にしていたことを誰かが言うとドキッとするんです。ただそれについては友人たちにたくさん聞いてみました。私は今こういった部分に悩んでいるんだけど、それとは別の部分で確信があると。自分の決断に従ってもいいのかな？　って。

◆ 友人たちの答えはどうでしたか。

確信があるなら大丈夫。でもアドバイスもあるよと。

250

✦ すでにある程度自分でも答えを出してから質問したんですよね。

そうです。とりあえず自分の気持ちへの確信がある状態で聞いたわけですから。人に何かがバレたような評価を受けると胸が痛くなる可能性はあるけれど、自分には確信があるから大丈夫だと。次はもっとかっこいい私になっているはずだし、もっとかっこいい私は感性と理性が一つになって表現できるアーティストに生まれ変わって、もっと多くの人たちにアピールできるアーティストになっているはず。こうやって自分に言い聞かせて、信じてあげながら進み続けています。

✦ 元々自己肯定感が高いタイプですか。

いいえ。ものすごく低い方です。でも他の人からは自己肯定感が高そうだと言われます（笑）。自己肯定感が低いから努力しているのですが、私を見ると自己肯定感が高く見えるという文章もたくさん見ました。

✦ 自信がありそうだからでしょうか。

この2つってちょっと違いますよね？　でも自己肯定感は高く見えるみたいです。

✦ 『QUEENDOM』で得たものがたくさんありますね。特にユアさんの人生に関する重要なキーを得ました。

人生の第2幕を手に入れましたね。何と言うべきでしょうか。1段階から2段階に進む時ってうまく行っているようで、いざ2段階に行く前になると足りないものが目につくんです。でもこの段階を越えると跳躍できるようになるから、ターニングポイントみたいな感覚でした。以前の自分、私が忘れていた自分の姿まで見つけてくれましたね。そしてもう一度その姿に戻ってかっこよく見せなきゃと思わせてくれたので、人生の第2幕を開いてくれたと言える気がします。

TAKE. 5

完 璧 主 義 者 の 仕 事

◆ **完璧主義者ですか。**

　はい（笑）。準備を本当に頑張ってこそ80%が本番で出ますし、120%
やってこそ100%の結果が出ることを知っています。今回ヒップホップ
の振り付け動画を撮りながら気づいたことですが、〈Lights up〉はもの
すごく頑張って準備したのに、思ったよりよい結果が出なかったんです。
ヘリポートで撮影したのですが、体が押されるくらい風が強く吹いて踊
れなくて。でも風のせいにする前に、野外のせいにする前に『あ、こう
いうことまで自分が予想したうえで踊れたらよかったのに』と思いまし
たね。ヘリポートで撮影することはあらかじめ知っていたんですから。私
が前もって考えておかなきゃいけなかったのにできなかったんです。だ
から次からは先に外で踊ってみなきゃと思いました。だから次の撮影の
時は振付師の先生とダンサーさんたちと全員で一緒に行ってワンテイク
で撮ることまで前もって練習しましたね。皆「こんな練習初めてだよ」
と言っていました。

◆ **カバー動画についてなのですが。 踊りやすい音楽もあれば、 少し踊
りにくい音楽もありますよね。 でも後者を選んだ気がします。**

　〈Lights up〉がそうでした。 この曲は歌だけをカバーしようと思ってい
ましたが、よく考えると自分が歌ってダンスまで踊ってアップしたらか

なりよさげだなと。その曲に振り付けを依頼すると、先生たちが戸惑っちゃって。これは振り付けをして踊る曲じゃないと。でも私にはむしろよかったです。新しいじゃないですか。新しいものができるかもしれないから。振り付けもわざとヒップホップの振付師さんにお任せしました。曲の雰囲気とは全く違う振り付けをつくっている人がここに手を付けると、違った感じが出てきそうな気がして。他の場合も熟練したスタッフとご一緒するより、まだ仕事に不慣れでも新しいアイディアが出てくる人とお仕事する方が個人的にはとても好きです。ありきたりが大嫌いで。

♦ **個人SNSを開設したのを見て、 ついにユアさんが自分について語り始めたんだなと思って嬉しかったです。**

　私はOH MY GIRLのユアですがそれ以前に私はユ・シアじゃないですか。実際OH MY GIRLのユアとしてはたくさん機会があります。ユアをお見せする機会が、です。でもユ・シアという人間を見せられる機会がないので、SNSということで少し違和感を覚える人がいたとしても、本来の私をお見せしたかったです。ワンピースを着ながらも鋲のはめ込まれたスニーカーが好きで、デニムが好きなそんな性格です。こういうスタイルの自分が好きです。例えば車なんかも乗用車を夢見るのではなく、ジープを運転したくて。ジープは本当に私のロマンです。

♦ **とてもワイルドな人ですね。**

　はい、そうなんです。ある瞬間からワイルドなものがより好きになったのですが、歌を歌う時もそうです。きれいな声よりもやや重たい声が好きです。だんだんとOH MY GIRLのアルバムでもそういった声を聞かせられるようになりました。収録曲の場合なんかはものすごくどっしりした感じで歌っています。

◆ 〈Dolphin〉もステージとは別個に、ユアさんの歌い方には重々しい
　　面があります。

　でしょう？　初めは私の声がよく弾むタイプだということで、他のメ
ンバーの声でずっとカバーしていました。そうして［Secret Garden］の
時からは収録曲で私の声を出し始めました。タイトル曲は全部明るくて
少女みたいなイメージだからそうはできないけれど、収録曲では変わり
ましたね。初めは歌もダンスもかわいらしくやろうとかなり努力してい
ましたが、元々R＆Bが好きだから響きをたくさん使ってみたかったで
す。

◆ 声の出し方がどう違うんですか。

　アイドルの歌は、耳に刺さるようにうまく歌わなきゃいけないんです。
声がはっきりと聞こえる方がよりかわいらしく聞こえるからです。ハ！
ハ！　ハ！　こう歌いますね。でもR&Bの曲を歌う時は共鳴をハー、
ハー、ハー、こう与えます。

◆ 専門家になるためには本当にたくさんの努力が必要なんだと、ユアさ
　　んを通して私が学んでいます。

　実は辛かったことの方が楽しかったことよりもずっと多かったと思い
ます。でも、表現する仕事って難しいながらも楽しい気がしていて。何
かが頭の中から出てきてイメージするところまでは簡単ですが、それを
外に出して表現するのはそれだけの実力が土台にあってこそ可能じゃな
いですか。その表現の瞬間のために骨身を削るような苦しみを経なきゃ
いけないと思うんです。本当に苦痛で、練習しながら息が切れるような
瞬間ばかりです。

254

**✦ そうやって努力をしても望むほどの成績が出ないと傷つきますよね。 ど
うやって耐えてきましたか。**

　井の中の蛙で、自分が一番うまいと思っていました。世界で一番上
手だと思っていたんです。でも外の世界に出てたくさんの人を見ること
で、自分という人間自体がまだ準備ができていないことを知ったわけで
す。世の中には変数がものすごく多いことを学びました。それからは自
分を責めないように努力しました。自分自身を非難すると人間が小さく
なっちゃって。私にはたくさんの可能性があるんだから、それを信じて
疑わないように心を何度も整えていた気がしますね。

✦ 何度も自分を否定せざるを得ない瞬間がやって来るからですね。

　自分の置かれた状況に『お前は間違ってる。お前が間違ってるんだ
よ』と言われても、『ううん、私は間違ってない。私のこの姿をわかっ
てもらえる時が絶対に来るはずだ』と考えました。周りから聞こえるネ
ガティブな話に動じないようにってものすごく努力しましたし、日記も
たくさん書きました。本もたくさん読みましたね。自分自身が小さくな
る瞬間に静かに「そうじゃないよ」と言ってくれるのが本だったんです。

✦ 本を読みながらどんなことを感じましたか。

　自分自身が限りなく小さくなっている状態では、自分でも小さな姿し
か見えませんよね。でも本を開くと「違うよ」って言ってくれるんです。
その時から本を読むようになりました。小さくなるたびに本を開いて読
んで、大丈夫だと自分自身を慰めました。もしかすると世間が私を受け
入れる準備ができていないのかもしれないと、だから私はこの姿のまま
でやっていけばいいんだって。自分の望むように、自分のほしいままに、
行きたいようにやればそれが正解なんだってずっと考えていました。

✦ そうですね。 辛い時は自分を中心に世の中を眺めるのもいいと思います。

　その考えは今も変わりません。誰かから見ると間違っているように見えるかもしれないけれど、私が望むことをしてその姿に確信さえあればそれが正解なんじゃないでしょうか。ステージをする時もそんな確信のある舞台をしたいですね。自分自身に確信があるステージを。

✦ ユアさんを見ていると、 一つのイメージだけにとらわれたくないんだなと強く感じます。

　そうなんです。それが私の目標です。何かに限定されないことです。自分自身がある枠にとらわれたと感じた瞬間、外で見ている人たちも、全てがその枠内に限定されてしまったと感じるはずです。それに私は過去にOH MY GIRLのスタイルに慣れすぎてそのコンセプトの中でしか動けない自分の姿を一度見たことがあります。OH MY GIRLの活動に専念するために、他のことに気を回す余裕がなかったからというのもありますが。今はある程度自分のしたいことを実現できるように事務所からチャンスももらえるので、できることが見えます。どこかに限定されていない、閉じこめられていない自分の姿が好きです。閉じこめられるのが一番怖いです。

✦ 詩も書くと聞きました。

　文章を書くのも自分を表現することじゃないですか。絵を描くのも表現の一つになり得るように。単に家で詩を書いているのですが、思ったより自分の気持ちを表現できる手段がそんなになくて。日記を書くとしきりに足りない部分ばかり書くことになるから、私の感情を表現できるものには何があるんだろうと悩んだ末に詩を書き始めました。

✦ たくさん書けていそうですね。

1文字2文字と書いていくうちにもう数十ページになりました。ファンに公開したものもありますし、公開していないものもあるのですが。実はわざと公開しないようにしていたんです。公開するつもりで書くと他の人に見せるために書くことになるから、そもそもの意図が変わって来る気がして。他人には見せないと思って書くと自分の純粋な気持ちがそのまま出てくるので、それがよかったですね。こういう気持ちはステージに対しても同じだと思います。誰かに見せようとステージに立つんじゃないんです。そうすると気持ちが凝り固まってしまうから。自分が純粋にこの曲をどう解釈して表現したいのかに集中しようと努力しています。

✦ 多彩な単語を使ってユアさんを飾りたいです。 珍しくこんな話をしちゃいますね。

よいですね！ ステージをする時も少女みたいな感じを出すべき時はその感じに忠実に、ワイルドな感じを出さなきゃいけない時はその感じに忠実にやるつもりです。OH MY GIRLでいる時は明るい少女って感じですが、別の姿を見せる時はもう少しラフなのもよいですよね。芸術をするっていうのは、そういうものだと思います。コンセプトによって別人になれなきゃいけないという。ファンの方もこんな私の姿を肯定的に見てくれると嬉しいです。

✦ （もう一度言いますが、）ユアでもあって、 ユ・シアでもあるから。

OH MY GIRLのユアですが、それ以前に何かを表現したくて、表現をする私の姿によって多くの人たちによい影響を与えたいユ・シアですから。いろんなユアが存在するんだなと受け止めてもらえると本当に嬉しいです。時々は『え？ 自分が考えていたユアとなんで違うんだろ

う ？』 と 感 じ ら れ る か も し ま せ ん 。 で も そ れ も ま た 私 が 表 現 し た い ユ ア の 姿 だ と 見 て も ら え る と よ い で す ね 。

✦ 踊る時はどんな感覚なんですか。

踊る時ですか。蝶になったみたいです。まだ体に慣れていないダンスを踊る自分の姿を見るのは簡単じゃありません。足りない自分を認めなきゃいけないじゃないですか。でもそのダンスが体に馴染んでうまく踊れるようになると蝶みたいです。どんなリズムにどんな表現をしても全部大丈夫な、風に乗っている蝶です。

✦ 実際に蝶みたいだという話をよく聞くじゃないですか。

心が軽いからなのかな（笑）？　自信がつくほど表現する自分自身への制限がなくなりますから。楽しいです。ただものすごく、楽しいです。自由になりますね。

✦ インタビュー中ずっと楽しそうに見えて、とっても嬉しかったです。

本当に楽しかったです、こういう話ができて。ダンスと歌については本当に話したいことがいっぱいあったんです。私はこんなふうに正直で、強い志のある人でいたいです。他の人にどれだけ違うと言われても、これが合っているなら私はこのままでいたいですね。ただそれが私だから。私という人を表現するのが好きなんです。私だからこんな歌が歌えて、私だからこんなステージができます。それに私だからこれもできるし、あれもできます。ただオープンな人であろうって思っています。

THE PERFORMANCE

〈Lights up〉
SHASHA DANCE PERFORMANCE _20200402

　ユアの後姿は、建物のてっぺんに位置するヘリポートで音楽の出るタイミングを待っている時から、自由への欲求でみなぎっている。舞台裏映像で「シックに」と表現した整えられた髪の毛は風になびいていつの間にか乱れ、スーツを変形させた白色のクロップトップの衣装は、自由奔放に動く準備を終えたユアの雰囲気とは対照的な雰囲気を醸し出している。

　昼と夜に分けられたこのパフォーマンスで、ユアは踊れるビートを強調すると言うより、水が流れるように流れていくボーカリストの声に合わせて繊細に手足の動きを調節する。空とヘリポートを半分に分け、カメラの中に収まった自身の姿がレンズの範囲の中からずれないように、腕を伸ばす具合と脚の角度を徹底的に合わせている。また、指先の動きにこだわるよりも、大きな動作一つ一つを見せることに力を注ぎ、ユ・シアの過去を現在の時間の中に盛り込むために、風に立ち向かったジャンプとターンで力いっぱい自身の意志を表現するのだ。

　初めからユアのダンスの動作と表情の微妙な変化一つ一つを収めることにだけ集中したカメラワークは、不思議なことに昼と夜の境界がない都会の中にユアを溶け込ませる。忙しない都会の真ん中に放り込まれたユアは、自身が計画した動作の中で動いていたが、最後の瞬間にまた後ろを振り返って広々とした天に向かって腕を広げる。予想どおり少女ではないダンスを踊る20代の女性として、まるで新しい生を授けられたかのように。

　Harry Styles の原曲の歌詞『Never coming back down（もう二度と戻らない）』は、すでに自分の生き方を主導し始めたユアの心とパフォーマンスのステージを絶妙に織り交ぜている。『Shine, step into the light. Shine, so bright sometimes. Shine, I'm not ever going back.（輝け、光の中に入って。輝け、時にはとても明るく。輝け、私は絶対に戻らないよ）』私は引き返さないから、君が私の光の中に入ってきてという宣言のような歌詞で、ユアは語っているのだ。勇気がなかった時代の自分には戻らない、自分の生き方をしなやかに粘り強く守り切ると、誰にも私の意志を曲げさせることはできないという話を、ダンスという名の身ぶりによって。

ただ、レオの運命

VIXX
LEO

　2013年1月、ある放送局はVIXXの音楽番組出演を拒否した。家族が食卓を囲む時間に、バンパイアの奇異な瞳孔を演出するためにつけたカラーコンタクトが不快だというのが理由だった。その時、レオは赤色に染めた短髪を額の上にぴったり上げて、こめかみまで伸ばしたアイラインの横に、輝くキュービックをつけていた。たった今、棺から出てきたバンパイア、あるいはドラキュラ、でなければ狼人間。映画に登場するような奇怪な存在が生存していることを知らしめながら、彼は黒いマニュキアが塗られた手に握った何かで自分の胸を突いた。その何かに形はない。人が目で見られないという意味だ。形を知る人はたった1人。

　パントマイムというパフォーマンスで自分がつくり出した虚像の実体を知る人は、もっぱら演じる本人だけだ。つまりレオだけが自身の胸を突いたのが何かを知っている。バンパイアからサイボーグ、桃源郷の仙人、香りに酔って甘い実験をするという映画『パフューム　ある人殺しの物語』の主人公ジャン＝バティスト・グルヌイユまで、VIXXのパフォーマンスでレオは、手に握ったか握らなかったかのようにはらはらさせる愛を、狂気がにじむ目で奪おうと努力する。彼が握っているものが切ない気持ちが詰まったラブレターなのか、いばらの茂みの中で咲いたバラなのか、柔らかい人間の肌なのかわからなくても、それらが指し示す気持ちは愛情と執着の間のどこかにある。彼が眉毛を動かしながら3分間隠していた欲望を、高音と力強い腕の動作で編み出す時、他のメンバーたちの活躍とともにVIXXのパフォーマンスは、長い手足をもつ男性の肉体自慢ではなく、各自が考える口伝の物語の中の男性キャラクターがつくり上げた調和として興味深く迫り来る。

　レオがこれまでステージ上で演じたキャラクターのほとんどは現実の中の人間ではなく、人間の想像力によってつくり上げられた存在だった。VIXXのステージだけではなく、ミュージカルの舞台でも彼は歴史上の人物に近

い役柄よりかは死神、トートを演じた時に最も本物に近い動きをした。偽物を演じながら一番本物っぽく演じることができる才能は、VIXX の数多のコンセプトを消化しながら得たものだ。VIXX のステージで長い手足と広い肩を使い、小さな動作でも威圧感を出してみせるレオは、ミュージカル《エリザベート》の舞台に上がってもすらっとした背と鋭い目、鳥肌が立つほど相手を誘惑する死のイメージそのものを披露した。今でも彼はミュージカル俳優として、パフォーマンスが完成形に至るまで歌と演技の完成度を高めねばならない過程を経てはいるが、幕が上がって登場する死の歩みは、エリザベートと観客に緊張を抱かせた。

　ボーイズグループとしては初めて首に黒いチョーカーをつけ、ふり回す鞭に引っぱられるように動きながら『Amor down』、つまり武器を下ろして降伏を宣言したレオの姿は、VIXX のメンバーが伝えようとしていたセクシュアリティを時に極端に表現する。ソロ曲〈Touch & Sketch〉でも体の至るところを自身の長い指で軽くなでおろし、ラストでは片方の脚をまっすぐ伸ばして座り、指先でエロス的な欲求をスケッチする。力強く、あるいはしなやかで優雅に踊る VIXX のメンバーよりやや冷たく見える顔で、性欲について語る男の姿。だが結果的に気だるげにカメラを眺め、つまらなそうに指をはじく〈My Valentine〉の中の男性は、結局相手がいなければ何も試みることのできない軟弱な人にすぎない。相手の目に映った自分と、相手に傷つけられた自分を発見してようやくセックスアピールは力を発揮するからだ。

　インタビューの場所に白い帽子を深く被って現れたレオは、チョン・テグンの顔をして言った。「実は僕は、かなりの運命論者ですから」。彼は自分を一番愛しているから運命を信じるようになったのかもしれない。おかげで彼は、運命の力に導かれて世の中に背くこともできたし、運命だから惹かれるのだと言うくらい強烈な愛を抱いて子どものように耐えることもできた。

PROFILE

✧

レオ

▽

レオは2012年、VIXXのシングルアルバム
[SUPER HERO]でデビューし、VIXXでメイ
ンボーカルを務めている。[On And On]、
[hyde]、[Jekyll]、[Chained Up]、
[Shangri-La]、[EAU DE VIXX]など、独特
なコンセプトのアルバムでグループのカラーを
構築し、2023年は[CONTINUUM]でカム
バックした。レオはVIXXでの活動以外にもソ
ロアルバム[CANVAS]、[MUSE]、[Piano
man Op. 9]をリリースし、本名のチョン・テ
グンでミュージカル《マタ・ハリ》、《エリザベー
ト》、《フランケンシュタイン》、《ウエストサイ
ドストーリー》、演劇などに出演した。

レオ氏のインタビューの内容は2019年当時のものです。

サッカー選手からアイドルへ

✦ とても疲れて見えます。

　アルバムの最終段階だからです。予想できなかった修正箇所が出てきたので解決してきました。振り付けの練習もずっとあって、スケジュールが早朝4時に終わったんです。いつも寝る時間とほぼ同じなのですが、コンサートの準備もしなきゃいけなくてとても忙しかったです。

✦ アルバムがリリースされる時期はいつもそんな感じなんでしょうね。 音楽が、 ステージがそれくらい好きですか(笑)?

　好きですね。小学校1年生の頃から歌うのが大好きでした。初めて真似て歌ったポップソングは、1999年に出たJessicaの〈Goodbye〉でした。姉たちのカセットテープを聞きながら歌詞をハングルで書きとって真似して歌った記憶があります。

✦ 元々はサッカー選手でしたよね。 その時も音楽が好きだったんでしょうね。

　試合に行く時は車でずっとイヤホンで音楽を聞いていました。フィソンヒョンと、Fly To The Sky、god先輩たちのテープを聞きながら通いました。中学校3年生になってすぐにサッカー選手をやめたんです。その時から歌の大会に出始めました。あっちこっち行って賞金ももらって。

◆ Jellyfishエンターテイメントに入る前も練習生生活をしていたと聞きました。

　大会にだけ出ていたのですが初めて事務所に入って、そこに高校2年生の時までいましたね。振り返ってみるとその時は見栄で練習生生活をしていたと思います。事務所に行ってトレーニングを受けるより、カラオケに行く方が好きでした。大会に出る方が楽しかったですし。トレーニングシステムが整っていたところではなかったので、なおさらそう思ったのかもしれません。練習室はあったのですが、誰かがオーディションに合格するとビジュアル要素なんかを元々いた練習生と合わせてみる程度でした。特に練習時間があるわけでもなく。だからしょっちゅうカラオケに行って、歌いたい歌はそこで歌いました。

◆ ご両親も歌手になりたいという話を快諾してくれましたか。

　父は、僕が外見にばかり気を使って途中でやめてしまうと考えていたみたいですね。でもいざ高校3年生になってアヒョン産業情報学校の実用音楽科に進学すると言ったところ、『あ、本当にやりたいんだな』と思ったようです。2年生の時に担任の先生が両親に「この学校はとても入りにくい学校なので、合格したら音楽をさせてあげてもよいと思います」と言ってくれました。その先生が今までで唯一の僕にとっての恩師です。

◆ その時もダンスよりは歌の方に集中していたんですよね？

　やはり、アイドルグループのメンバーよりかはソロパフォーマーやボーカリストを考えていましたから。アイドルグループで好きだったのはgod先輩たちが唯一だったんです。もちろんアイドルグループになる可能性を排除していたわけじゃありません。前にいた事務所でも寮生活をしながらアイドルグループを準備していましたし、そこでもメインボーカル

を任されていたんです。拒否感があっただとか、自分のアイデンティティに違和感を覚えていたとかではないです。

✦ 今はレオさんのダンスが好きなファンがたくさんいます。 ボーカリストとだけ見るより、 マルチプレイヤーになったのも事実ですし。

　ダンス教室には高校2年生の時から通いました。でも心から自分がステージでパフォーマンスを見せる歌手になりたいと思った機会は別にありました。フィソンヒョンが年末の授賞式で〈Walking on the sky〉という曲に合わせてパフォーマンスをしたんです。それが単純にダンスというよりかは、言葉どおり演技と歌、ダンスの全てが合わさったパフォーマンスそのものでした。結婚式場に怪しい男が乱入してきて新婦を亡くした男が嗚咽する内容でしたね。ステージが終わるとMCも2〜3秒間言葉を失っていました。それくらい圧倒されたんです。その時思ったんです。『あ、あれをやらなきゃ』って。

✦ 物語性があるパフォーマンスに惹かれたわけですね。 VIXXのステージだけではなく、 ミュージカル俳優をしているのともつながります。

　僕はそういうのが好きなんだと思います。その時に感じた喜びは、他の舞台を見た時とは少し違ったんです。元々音楽的に確固たる地位を築いている歌手に憧れていましたし、それぞれがもつカラーが好きでした。でもそのステージを見てからは『パフォーマンス』そのものが好きになりました。今でもそのステージを時々見ています。

✦ 今見るとどうですか。 今の観客の立場からはいまいちだと感じることもありえますよね。

　今はとてもたくさんのパフォーマンスがテレビに出ていますから。以前よりずっと華やかなものも多いのでダサいと感じるかもしれませんね。

でも僕にとっては、その時はヒョンのステージがセンセーショナルでした。何も考えず画面だけをぼうっと見ていました。拳で胸を思いっきり打たれた感じかな？

TAKE. 2

▽

V I X X が 追 求 す る コ ン セ プ ト

✦ VIXXは他のアイドルグループとは少し違います。 歌詞が小説のように物語をイメージできるように流れていくので、 ステージ上で演劇や映画のワンシーンを演じなくちゃいけませんよね。 コンセプトも変わっていますし。

そのとおりです。だからVIXXのステージでは集中力が一番大切だと思います。振り付けチームの人から最近聞いた話ですが、VIXXみたいな振り付けをつくってもらいたがるチームがあるそうです。でも真似するのはちょっと難しいはずです。

✦ そこまでの確信がもてる理由は何ですか。

ある日いきなりこうなったわけじゃなく、僕たちは〈On and On〉からやってきたことをしているからです。その時からものすごくたくさんのことを勉強しました。一度で真似するには、〈On and On〉のパフォーマンスはものすごく強烈な印象を残しましたし、今でもVIXXの物語の中に重々しく存在しています。あの曲が出てから、僕たちは常にアルバ

ムをつくり始めてから終えるまでの過程で『コンセプト』そのものにだけ集中しました。

✦ コンセプトそのものにだけ集中したとはどういう意味ですか。

例えば『僕を刺して』というパートがあります。この時僕は刺される立場に置かれています。刺す人の感情と刺される人の感情は違うわけです。人によっては「本当に？」と思うかもしれませんが、僕たちは与えられたコンセプトを信じなきゃいけません。演じる人自らが自分はバンパイアで、ハイドで、自分は本当に尖ったものに刺されたという点を信じなきゃいけないということですね。刺された人の感情を表現しないといけないのに、そこで『自分がかっこよく見えなきゃ』、『こんな表情で才能を見せつけなきゃ』と考えていたら、見ている人の立場からはそのコンセプトが信じられないはずです。ステージ上で自分が信じないと、それを見る人の立場からはもっと信じにくいです。モニタリングをする時に、自分たちがちゃんとその状況に没入できているかずっとチェックせざるをえないですね。

✦ 簡単なことではありません。今も、その頃を思い出してメンバーたちが恥ずかしがることもあるじゃないですか。それくらい他の人がやらなかった独特なコンセプトだったという意味ですから。

パフォーマーが信じなければ集中力が落ちますし、見ている人は『え、何だあれ？』と思ってしまいます。自分が信じてこそ、ステージでそのコンセプトと曲が真価を発揮できるんです。まるで一つのミュージカルを見ているみたいに観客を感嘆させられるんです。

◆ 〈On and On〉のコンセプトを初めて受けとった時は、戸惑いません
でしたか。

戸惑うことはなかったですね。とても画期的だと思いました。バンパ
イア、狼人間の感じを出すことにして、振り付けも、舞台での演技も、
ビジュアルまで全部そこに合わせたものだということに気づきましたね。
アイラインを跳ね上げるように描いて、カラーコンタクトをつけるのま
で全部です。それが初めて特別なコンセプトを演出したものだったので、
僕たちもとても不思議でした。〈SUPER HERO〉はただ爽やかで、〈Rock
Ur Body〉はゲームという素材を活用しましたが、チーム自体のコンセ
プトになったかと言うとちょっと曖昧だったんです。曲の感じをただパ
フォーマンスにした程度でした。

◆ ビジュアルなんかは一般的なボーイズグループのイメージとはかけ離れ
たアイテムを多く使って来ましたよね。

番組に出る中で『これやってもいいかな？』、『ここまで行くと行きす
ぎなんじゃないか？』と思ったのが、マニキュア、カラーコンタクトみ
たいなアイテムでした。ある放送局では、家族全員が食卓を囲む時間帯
に放送する番組だからカラーコンタクトはつけてはいけないと言われま
したね。別の局で披露して話題になると、つけられるようにしてくれま
した。たぶんアイドルグループの中では僕たちが一番最初にカラーコン
タクトをつけたグループのはずです。それに〈hyde〉の時は黒いリップ
スティックも塗ったじゃないですか。黒いマニキュアも塗って。それを
今でも『甜麺醤』だって……。正直ちょっとかなり、遠くに行きました
ね（笑）。

◆ ファンにとって記憶に残る強烈なキーワードがあるというのはよいこと
ですから（笑）。

〈hyde〉は、本当に苦労しました。その次に神話をモチーフにアルバム
を3枚リリースした時、『わあ、ついに神の域にまで？』とも思いまし
たし（笑）。今振り返るとその3枚のアルバムはコンセプトが少しはっき
りしていなかった感じはあります。試行錯誤もしましたが、ステージコ
ンセプトはどれもよかったと思います。時間が経つと悔しい気持ちにな
るのはいつものことですから、しかたないですよね。

◆ 今話した［VIXX2016 CONSEPTION］の直前に発表した〈Chained
Up〉は〈On and On〉、〈hyde〉、〈ERROR〉、〈VOODOO DOLL〉
以降のVIXXが何を追求し始めたのか、最も確固たるものを見せてくれ
たパフォーマンスでした。セクシュアルな男性の姿を最大化しましたが、
VIXXの新しい方向性もその時から固まったと思います。

ガイドと振り付け案を見た時からものすごくよいと思いました。チョー
カーをつけてステージに立つからといって心理的に抵抗もなかったです
し。難しいコンセプトでもうまく表現してくれるスタイリストがいて、そ
の頃にはメンバーたちもコンセプトの見分けという面ではプロになって
いましたから。一目見るだけで自分たちがパフォーマンスをする時に未
熟だとかつまらなく見えるだとか、かっこよく見えるかがわかるという
ことです。

◆ ビジュアルだけじゃなく歌詞を表現する振り付けでも『セクシーな』
メッセージを投げかけようとする意志がはっきりと見えました。

誰もやっていなかったことなのでまずは新鮮だと思いましたし、音楽
のムード自体もチョーカーととてもよく合って気に入ったんです。もし
そのステージを見た人たちが『セクシーだ』とか『色っぽい』と思って

くれたなら、僕たちは成功したと思える気がします。それが自分たちの
望んだこと、見ている人たちから引き出したい感情でしたから。

**◆ VIXXのパフォーマンスを前期と後期に分けると、〈ETERNITY〉が身
体的な利点を使い始めた後期のスタートだと言えるでしょうね。**

　そうです。それ以降はほとんど外国の振付師と作業をして、体をうまく使う方法が何かたくさん研究しました。激しい感情を生かしつつ、穏やかに抑えた感じで動ける方法が何か。

◆ 別の部分を考慮し始めたわけですね。

　今一緒にやっているFREEMINDもそうですし、最近は韓国にもすごく実力のあるダンサーたちが多いじゃないですか。でも僕が20歳くらいの頃はアーバンダンスブームが起きて海外のダンサーにとても有名な人が多くいました。Lyle Benigaという振付師を筆頭に派生したダンサーがいたのですが、それぞれに特徴があったんです。体をとても柔軟にうまく使う人だとか、感情を上手に表現する人だとか。〈Chained Up〉、〈Fantasy〉、〈Shangri-La〉に至るまでIan Eastwood、Keoneのような友人たちと一緒にやりながらコンセプトでだけ踊るのではなく、感情表現をどうするのか、体をもっと上手に使うにはどうしたらよいのかをたくさん学んだ気がします。そうやって他のグループで見られなかった動作をVIXXのものにしてとり入れていくと、よりセンスのあるパフォーマンスになりました。自然に生まれた変化だと思います。

◆ これまでいろんなコンセプトのステージをしましたが、その中でレオさんが一番好きなのは何ですか。レオさんだけのカラーがつくられたと思えるほどの曲がありそうですが。

　〈Fantasy〉です。そこから自分のカラーがつくられたんじゃないかと思

います。試案を見た時から気に入って、ドラマチックで熱い感情を出せるステージだったという点でとても気に入りましたね。〈Fantasy〉は振り付けと歌がものすごく合っていました。始めから男6人でひざまずく強烈な振り付けだから、最高だったんじゃないかな？

◆〈Chained Up〉の時も「男6人でチョーカーをして出たから最高だったんじゃないか」と言っていたように記憶していますが（笑）。

僕たちって、互いへのプライドがとても強いんです（笑）。メンバーそれぞれが自分自身への渇望が強いタイプです。貪欲でコンセプトへの拒否感よりかは挑戦意識が強いですね。体格もよいし、個々人の実力もあるし、そんなアイドルが〈Chained Up〉や〈Fantasy〉みたいな激しい曲でチョーカーをして、ひざまずいて凄絶に始めるという事実だけでも呼びおこせる感情があるはずだと思いました。

◆ VIXXのコンセプトはステージでとてもストレートにセクシュアリティを見せてくれます。無意識に韓国社会でタブー視されている性に対する話ともつながる部分がありますよね。タブーを破るチームという点で誇りをもつに値すると思います。

皆が自分のチームに合うよい歌、よい振り付けを追求したんだと思います。タブー視されているというのは、誰かがしたから『これは自分たちがやると毒だ』という判断ができるという意味じゃないですか。でも僕たちがやったコンセプトは誰もやったことがないものですから。タブー視されているというよりか、そこまでほとんど考えていなかったんだと思いますね。ただ初めて僕たちが試したことで可能になった部分があると考えると、VIXXというチームへの愛情や自信が象徴的により大きくなる気がします。

◆〈Shangri-La〉はその象徴性の価値を証明するコンセプトでした。

ハギョン（エンの本名）が今回はトゥルマギ（訳注：外套のような韓国特有の着物）を着るのはどうかって最初に提案したんです。メンバーも即OKでした。他のグループもしたことがなかったですし、こういう服を着て出てくるとは思わない気がして。眼帯もつけて、チョーカーもして、カラーコンタクトもして、神というコンセプトまでやったんだからトゥルマギと扇も一度やってみよう。そうやって始まったのが〈Shangri-La〉でしたね。その後、トゥルマギを着るチームが出てくるのを見ると不思議でした。

◆年末のステージで話題になる中で、音楽番組のステージと国家行事に招聘されたのも異例でしたね。

新鮮なアプローチで衝撃を与えられるのが嬉しいです。年末ステージのパフォーマンスは、ハギョンがコンサートで披露したソロステージのおかげで、VIXXというチームもよい影響を受けてできたものです。ハギョンは元々舞踊をしていたのでラインが美しいですし、感情表現もとてもうまいのでよい舞台ができました。

◆VIXXが追求してきたコンセプトの効用は、メンバーが一番よく知っているようですね。パフォーマンスの企画がとても主体的です。

メンバーのそういうところがとてもありがたいです。年数を重ねて、個人スケジュールができてくると物理的にみんな一緒に練習する時間が少なくならざるをえないんです。でも皆3、4時間しか寝られなくてもとりあえず出てきて練習をしたり、あるいは練習室で寝ます。日によっては練習室で寝た後に宿所に少し寄ってシャワーを浴びて、そのままヘア・メイクアップのショップに行ったりもします。

◆ **レオさんを含めメンバーそれぞれが、VIXXのステージのために特別に努力している部分はありますか。**

振り付け以外の自分のジェスチャーは、いつも自分たちでつくります。自分のカラーを自分で入れるんです。個人ジェスチャーができなければ、絶対に家に帰りません。振り付け練習の時間に完成できなければ徹夜をして、次の日はスケジュールをこなしてまた振り付け練習をしてから別に個人ジェスチャーをつくる時間をもつんです。周りから、これくらいの年数で僕たちほど頑張っているチームはほぼ見たことがないと言われるくらいです。

◆ **並大抵のことではないですよね。2018年のコンサートでもアルバム収録曲の振り付けを新しくつくって、全体的なパフォーマンスの流れを緻密に企画したことに驚きました。**

メンバー全員が、自分が成長することへの憧れ、渇望をもっていたのでよいパフォーマンスができたんだと思います。もちろん時間が経って振り返ると、常に残念な部分は見えてきます。完璧なステージはありません。あの時もうちょっとうまくやれていたらよかったのに。この感情を、僕だけじゃなくメンバーそれぞれが感じているのが重要なんだと思います。

◆ **何度も聞いた質問でしょうが、こうやって詳しく話を聞くと改めて気になります。毎回新しいものを披露しなければいけないというプレッシャーはありませんか。**

プレッシャーと言うよりは、責任感に近い気がします。『前よりよくないコンテンツになったらどうしよう？』と負担に感じるのではなく、「僕たちはもっとよいステージをつくらなきゃいけません」という責任感に変わっていきます。事務所とミーティングをする時も「ダメです。こ

れは違う気がします。前やったものより弱すぎるし、その前にやったのと比べても見せられるものがありません」ときっちり意志を伝えますね。「そろそろVIXXというチームは何でもありで出てはいけないと思います」と。（自分のテーブルを指しながら）まさにここです。皆が集まって悩むところがここなんです。

メインボーカルの
ソロパフォーマンス

✦ 2018年のデビュー以来、初めてソロアルバム［CANVAS］をリリースしました。

　ソロアルバムを出す時はまずは責任感が大きかったのですが、この時だけは自分の感情がプレッシャーだったとも言えます。自分にとっても初めてのソロアルバムで、VIXXのメインボーカルが出す初のソロアルバムでもありましたから。いろんなプレッシャーがあっただけに『LEO FROM LEO』というタイトルを選んだんです。新しいことを求めつつも、結局は自分の中にあるまた別の自分を見つけるんですよね。自分が新しいものを発見できる場所が、また別の自分だったという意味です。それくらいの重圧感が反映されたタイトルでしたね。

◆ ソロアルバムをつくりながらどんなことを考えましたか。

　自分のもっているものを全部ぶち込もうという気持ちでした。自分が演じられる表情やジェスチャーを含め、ステージでできることは何もかも最大限発揮して見せようと思った気がします。衣装も同じような趣旨で選びましたね。自分の望むカラーでいっぱいにするのがキャンバスじゃないですか。歌詞もトラックリストも全部レオが描いたものだということです。動画にもそういう意味を込めようしましたし。

◆ MVのラストシーンの話ですね。

　タイトル曲の〈Touch & Sketch〉で『タッチ』の意味には恋人間のタッチもあります。でも最後のシーンで結局筆をとって描いたのは僕の顔です。自らが僕自身の新しい発見を導くメッセンジャーになるという話をしたかったんです。

◆ 〈Touch & Sketch〉では触覚を多く活用しました。 ステージ上でのパフォーマンスだと考えると、 触覚の視覚化と言うべきですよね。

　体全体を活用する時であれ、手だけで身体をタッチする時であれ、音楽のもつけだるい感じを最も生かそうと思いました。筆で絵を描く時のタッチという概念が、個人的には温かくて柔らかい印象として迫ってきたんですよね。だから激しい感情を出すより柔らかい感じを表現しようとしました。指で、足で何かを繊細に掃き出す感じの動作をたくさん加えましたね。

◆ 後半部に、 座って足を長く伸ばして手でなでおろす振り付けがあります。 セクシュアルな意図が多く入った振り付けだったと思いますが（笑）。

　自分にとってよいものがあれば、使った方が得ですから（笑）。人より少しでもうまくできるものがあればその部分を際立たせて、できるだけ

よいところを生かそうとしましたね。実は、〈Yor are there, but not there〉みたいな感じの曲に合わせてパフォーマンスをしてみたかったんです。

◆ **後で公開した曲ですよね？　アルバムに収録したものではなく。**

　はい、元々アルバムに入れようとしていたのですが、いざ仕上げ作業をしようとしたら物理的に時間が足りなくて外しました。代わりに事務所から約束をとり付けましたね。コンサートが終わったら、デジタルシングルとして公開できるように。正直〈Touch & Sketch〉をやることになるなんて想像していませんでした。その時に、僕が考えるレオと周りが考えるレオは違うということを知りましたね。僕は自分の好きなことをやろうとしますが、周りは僕にもっとよく似合うものが他にあると言うので……。どんな作業でも同じだと思います。2つの視点を合わせて、最終的にアルバムが出るんです。1人ではあれこれできないという意味です。

◆ **最新アルバム［MUSE］は、［CANVAS］とはまるで違う感じを与えようとした印象を受けました。ジャンル的にも振り付けのスタイルも。**

　［CANVAS］も［MUSE］も、僕がパフォーマーになるという点では本質的に同じように感じられるかもしれません。でも個人的にはレオが試したことのなかったリズムの歌で、レオが試したことのない感じのパフォーマンスだったので、全く違う姿だったような気がします。とても気に入っていますし、前のアルバムとパフォーマンスよりもずっとアップグレードされたんじゃないかと思います。練習する時はダンサーたちがとても苦労していました。こんなダンスは初めてだって（笑）。

◆ **既存のイメージを少し脱したかったんですね。**

　いつも言われることってあるじゃないですか。けだるいだとか退廃的

だとかいうイメージ。それを避けてみたかったです。［MUSE］は、僕が
うまくできることの中から新しいものを探ったアルバムだと思います。セク
シーな感じは残しつつも、音楽や振り付けにとり入れたジャンルが前
とは違いますね。

**◆ ［MUSE］という単語をダイレクトに使うことが、 ファンへのプロポー
ズみたいな感じを受けましたが。**

　昨年のコンサートでファンが僕のミューズだと話してくれて、その日
の話をモチーフに制作したアルバムですから。僕がインスピレーション
を受けて、最終的に僕をもっとよい人にしてくれる人がミューズですよ
ね。ファンも僕も互いによい刺激を与えるミューズになるわけです。と
ても理想的な関係だと思います。ファンカフェに文章を書く時も「ミュー
ズへ　ミューズより」と言うくらい。

**◆ ［CANVAS］よりも明確な意味を込めている、 実際に目に見える対象
への意味を込めたという点が興味深いです。**

　はっきりとした意味がありますよね。互いによい影響を与え、僕にも
う少しよい人になりたいと思わせてくれる人という意味ですから。でも
ファンだけが僕にとってそういう存在になるという意味じゃありません。
僕がファンに励まされてもっとよい音楽を、パフォーマンスをつくるこ
とで、ファンは僕に癒されるじゃないですか。単に僕との関係だけでな
く、ファンがまた別の誰かのミューズになったり、彼らの力になってく
れる別のミューズがいることもありますよね。循環する力をもった単語
だと思います。

**✦ ソロステージでは、 VIXXでのレオさんの姿とどういった違いをもたせ
ようとしましたか。**

　VIXXと別の姿を見せたかったわけでも、VIXXの延長線を見せたかっ
たわけでもありません。ただ僕を見せたかったです。「ほら、僕が込めた
のはこんなカラーだよ」ということでキャンバスという名前に決めまし
た。VIXXのレオではなくレオの、チョン・テグンの音楽的な力量、性
質がどんなものかを見せるアルバムという意味を強く植え付けようとし
た気がします。

✦ 一言一言から自分を見せようという意志が感じられます。

　でもVIXXがなければソロ歌手として全く勝算はなかったと思います。
VIXXをやりながら本当に多くのことを学びましたし、自分のカラーが
できたじゃないですか。一つ一つのステージに上がって終わりではなく、
はっきりとパフォーマーとしてのアイデンティティをもとうとするなら、
それくらいの器になるべきだと思います。初めソロ歌手になろうと考え
ていた頃の僕は、それくらいの器じゃありませんでした。やりたいとい
う情熱だけが満ちあふれていました。VIXXをする中で器の底が完成し、
その中にようやく自分のカラーを入れられるようになったんです。

**✦ VIXXのパフォーマンスはミュージカル的な要素が多いです。 メイン
ボーカルの立場からは、 気を付けるべきことが多いのではということ
です。 まず激しいパフォーマンスでぶれずに歌を消化するのは簡単で
はありませんし、 同時に俳優のように演技力もメロディに溶け込ませ
なければいけないという点で容易ではないでしょう。**

　それは他のチームのメインボーカルも同じはずです。自分のステージ、
自分のコンテンツ、チームのステージ、チームのコンテンツへのプライ
ドが強いほど、欲が出ざるを得ません。ダンス曲を歌っているのに、自

分がメインボーカルだから歌にだけ力を入れる？　話になりません。非合理的ですね。結局最後に出るのは、VIXXのメインボーカルのレオではなく、レオという人なんです。人は、『あの子は踊れるボーカリストだから』と見てくれるわけじゃありません。『うまい人』や『かっこいい人』、じゃなければ『できない人』なわけです。

◆ VIXXのレオもよいけれど、 レオという歌手として人から認められたい 気持ちをもっているのが感じられますね。

ですから人にあれこれ判断をさせてしまうと、むしろ僕にとってはマイナスです。単純に僕を見た時に『レオ上手だ』、『あの子はうまいけど、歌がいいね』と感じさせる方がよいですね。『あの子はメインボーカルだから踊らずに歌だけやっているのかな？』こんなふうに思わせるより、ただステージを心地よく見ながら『よいね』とだけ感じてもらえればOKです。その程度の感覚を呼びおこせるくらいの標準値は達成できなきゃいけませんし。思ったより世間は冷静です、とても。

◆ ふとキャリアが感じられる話をしますね。

よいことでしょうか（笑）？

◆ よいことですよ。 それくらい自分のことをたくさん積み上げてきたわけ ですから。 2018年のコンサート時に〈Circle〉のオープニングで披 露したソロパフォーマンスも、 そういった欲求が多く出たステージだっ たと思いますし。 短かったですがレオの雰囲気、 体のライン、 演技 力などを全部鑑賞できました。

音楽に含まれるバイブをダンスで表現しながら、曲がもつセクシュアルさをできるだけ出そうと努力しました。その時に書いたリミックスバージョンも直接意見を出してつくったものですが、途中の『You're my circle』というパートも曲全体の節々までチェックして入れたものです。実は、振り付けは高難易度というより労働に近い振り付けでした（笑）。コンサートの初日には、床に落っこちて腕をつきそこなったので後ろに倒れそうになりました。下手したらけがするかもしれない振り付けだから、力をちゃんとコントロールしなきゃいけなかったのに、それができませんでしたね。何百回、何千回練習してもステージに上がると仕方ないです。興奮しちゃって。

◆ 観客を見るとプレイヤーはテンションが上がりすぎますから。

できるだけ力を抑え続けようとするのですが、簡単じゃないですね。

◆ 1人でコンサートをする時とメンバーとコンサートをする時とで違いがありますか。

大変なのは同じです。感動があってよい影響を受けられますが、チームでも1人でもコンサート自体はたくさんの曲を歌って踊らなきゃいけない点で、体力的にものすごくきついです。1人でやるとその重圧感とプレッシャーに自分が耐えなきゃいけないですし、不安な時もありますよね。メンバーと一緒にやる時はそれが責任感に変わるわけです。5人の友人とトンセン（訳注：親しい年下の友人）が自分とステージをともにしてくれると、安心感があります。それでも今は1人でステージに立つのにも少し慣れた気がします。不安なのは変わりませんが。

◆ 1人でステージに立つ時に感じるプレッシャーはどうやって克服しますか。

練習ですね。1人でいるとどうしても、気にすることが多くなってしまいます。最近は『チッケム』が増えたこともありますし、テレビに出る時も同じです。1秒から3分20秒まで僕しか出ないわけですよね。僕を映さない瞬間が一瞬たりともないので、その分もっと練習しなきゃい

けません。体を動かす角度と表情、ジェスチャーをもっと完璧にしよう
と努力していますね。自分が隠れられる場所がないですから。

ミュージカル俳優になる方法

**✦ ここからはミュージカル俳優チョン・テグンのパフォーマンスについて
話しましょう。 初めてミュージカルを始めた時はどうでしたか。**

　初めてミュージカルのステージに立った時は……(笑)。その当時の映
像は絶対に見られません。『どうしてあんな子を使ったんだ？』と思い
ます。製作者にも、先輩俳優にもとても感謝しています。

✦ 《フルハウス》 が初主演でしたね？

　そうなんですが、本当にミュージカルを始めたと言える作品は《マ
タ・ハリ》だと思います。《マタ・ハリ》の緊張感は《フルハウス》とは
全然違いました。練習室の空気から違いました。今のチョン・テグンに
なれたのは《マタ・ハリ》のおかげですね。

**✦ 練習室に一緒にいた俳優たちのオーラが圧倒的だったから、 そうする
しかなかったんでしょう。**

　世界初演作品だったうえに、韓国で最高峰にいる俳優たちが目の前
にいるから、ものすごく緊張して震えたような気がします。『僕もVIXX

なのに、僕もVIXXなのに……』と思いながら（笑）。今でも覚えているのは、南山（ナムサン）にある練習室でリュ・ジョンハンヒョンが静かに座って新聞を見ているシーンでした。ヒョンがキャスティングされたラドゥ大佐は劇中でとても怖い人なのですが、ただ新聞を見ているだけでもラドゥ大佐そのものなんです。ものすごく怖かったです。

✦ VIXXのステージとミュージカル舞台で感じる一番大きな違いは何でしたか。

伝えるべきことが違います。VIXXではコンセプトと音楽、ダンスを伝えるじゃないですか。ミュージカルはセリフを伝えなきゃいけません。セリフ全てに音が入っているだけで、それは歌じゃありません。全部セリフですよね。だからセリフを歌みたいに言う習慣をつけようとかなり努力しましたね。VIXXのメンバーとしてステージで踊って歌ってはいましたが、ここではアルマンだったり、ルドルフだったり、トートじゃなきゃいけませんよね。VIXXのレオが出るとダメってわけです。それを隠してアルマンとして歩くために、ルドルフとして歩くために努力した時間がものすごく大変でした。

✦ 「歩くために」ですか。

歌手がミュージカルをする時にちゃんと捨てられない習慣があります。ダンスを踊ってきたこともあって、普通リズムに合わせて歩くんです。だからステージで一般の人の歩き方ができないことが多いです。2016年度にミュージカルの練習をしながら撮った動画は今でも見づらくて。今も足りない部分はたくさんありますが、当時は本当に深刻だったと思います。どうしてこんな子が公演に出たのかと思いますし、観客は僕を見てどう思ったのかなと考えちゃいますね。あんなに下手な子に明け方まで教えてくれた先輩俳優たちのおかげで、今もミュージカル俳優チョ

ン・テグンへと生まれ変わっているところなんです。オク・ジュヒョン
ヌナには特に感謝しているのですが、《マタ・ハリ》の時は上手に歩け
なかった子が、《エリザベート》の時には音まで変わりました。ヌナの
おかげです。

✦ <u>ミュージカルの振り付けはK-POPでの振り付けとだいぶ違うので、 難</u>
<u>しい点もあったでしょう。</u>

　振り付けはかなり違いました。アンサンブルたちが踊るダンスも既存
のK-POPの振り付けとは違いすぎますね。ミュージカル俳優が踊るダン
スの基盤は、舞踊に近いですから。僕たちはそうじゃないじゃないで
すか。

✦ <u>アイドルは自分たちを出すのが優先ですし、 ミュージカルは劇が進行</u>
<u>される過程を見せながらその場面の雰囲気まで表現しなければいけま</u>
<u>せんし。</u>

　振り付けをつくる人たちの価値観や目標にするところが違うんだと思
います。例えば歌手のステージでは、立っている姿勢が少し曲がってい
る方がかっこよくなることがあるんです。でもミュージカルのステージ
では、胸が出て、顎を引いているフラット（flat平らでまっすぐな姿勢の呼称）
な姿勢が基本ですよね。歩き方もそうですし。歌手をしていた人がミュー
ジカルの舞台に行くと、歩き方から苦労する理由がそれです。

✦ <u>歌手がミュージカルをやり始める中で一番多くストレスを受ける部分が、</u>
<u>役柄ではなくしきりに本人の姿が出ちゃうことですよね。</u>

　僕もそうでした。歌うと必ずVIXXのレオが出るから……。見ている
人に「あの子レオじゃない」と言われたらダメなのに。ミュージカルを
しながら僕が描いた理想的な姿は「チョン・テグン上手だね」じゃあり

ません。「このミュージカル本当におもしろい」です。それくらい自分が作品に自然に溶け込んでいたという意味になるから。僕が見ている人を邪魔しないように、だからこの作品がおもしろくなることを願っています。舞台に上がる時はいつもそう思います。

✦ いろんな部分で舞台監督のキム・ムンジョンさんのことを頼りにしていると聞きました。

とてもたくさんのことを学んだので、お母さんと呼んでいるくらいですね。《マタ・ハリ》の時は初演に出なきゃいけないのに、緊張しすぎて固まっていました。それに最初のナンバーが僕の曲だったんです。とても怖くて。その時に監督が、「君はステージに出て私とデュエットをするんだから、1人でいるわけじゃないよ」とおっしゃったんです。それを聞いて急に緊張がほぐれました。

✦ 大きく安堵できる言葉だったんですね。

『舞台の上では自分の感情にだけ気を付ければよいんだな。音楽は監督が僕に合わせてフォローしてくれるから、ただ自分の役割に忠実でいよう』。元々はオーケストラに自分をどう合わせるべきなのか、ある部分でやらなきゃいけない動作があるけど、ちゃんとタイミングに合わせて入れるかなど、色々と悩んでいたんです。でも監督が、僕がパフォーマンスを披露する間はオーケストラの指揮をされているから、僕はその状況に没頭して自然に動けばよいと考えることができたので、ホッとしました。

✦ 段々とよくなる姿を見ながら、テグンさんも少しずつ勇気をもらえたでしょうね。

《エリザベート》では、ソウルの最終公演に近づく頃に声の出し方の特

訓を受けました。地方公演が終わる頃になってやっとまともにコツをつかんだ気がするので、今もそれを逃さないでおこうと根気よく練習しています。ファンや周りの同僚たちに「何の練習をどんなふうにやったの？」と聞かれるんです。そんな質問をされて、成長した自分の姿を発見できるのが嬉しいです。

◆ 後々振り返った時に自身の姿を見たら、 幸せで楽しいでしょうね。

楽しいだけではありません（笑）。

◆ 何でも変化しようとするとそれだけの努力が必要ですから。 だとすれば、 VIXXのコンサートとミュージカルの舞台はどう違いますか。

うーん、むしろコンサートとミュージカルは似ている気がします。音楽番組のステージは違いますね。ミュージカルとコンサートには喜怒哀楽がありますね。

◆ 感情表現をする時間が十分にあるということですね。

ミュージカルは劇として葛藤の展開の構造によってストーリーを見せるので、終わると人間の喜怒哀楽が残るわけです。コンサートは始めから最後までVIXXというチームが、あるいは僕が主導的に引っぱって行ってファンにかっこいい姿を見せる時に感じる喜びがありますね。音楽番組のステージは短すぎてそんな時間がありません。でもミュージカルとコンサート、この2つのステージでは感情の変化を通して自分が生きていることを感じられます。

◆ 終わってから残る余韻も大きいでしょう。

感情的に抜け出るのが大変な時が多いです。コンサートは深い感動、ファンの愛みたいなものが心に刻まれますし、ミュージカルは自分の演

じたキャラクターで3，4カ月生きていたので、その役から抜け出るのが難しいですね。でも《エリザベート》のトートなんかの場合はむしろうまく抜けられた気がしますが、アルマンとルドルフは最後に死を迎えるんです。僕がルドルフとして生きていた時間、アルマンを準備しながら送った時間が死という結末で最後を迎えるから抜け出しにくかったんだと思います。

✦　トートは死それ自体だったから平気だったんでしょうか（笑）。

　死だから平気だったのか、そろそろ慣れてきたからなのか（笑）。先輩たちに追いつくにはまだはるかに遠いですが、僕に与えられた役割を一つずつこなしながら、ミュージカルがもつ舞台に順応していこうと努力中なんだと思います。

✦　ミュージカルコンサートにもたまに参加しますよね。 ミュージカルの舞台はテグンさんだけのキャラクターが確実に出ますが、 ミュージカルコンサートではボーカリストに近い感じがします。

　実はミュージカルコンサート以外で、ナンバー（曲目）をその場所で静かに立って歌うことってほとんどないんです。これって簡単なことじゃなくて。ナンバーはセリフなのでストーリーが必要ですが、コンサートにはドラマがありませんから。もちろんミュージカルコンサート特有の感性が好きな人たちも多いです。でも感覚自体は一般的なコンサートとは違いますね。

✦　ドラマがないから演じるのが難しいということで、 歌はどう歌わなきゃいけないんでしょう。

　ミュージカルコンサートは思い出で完成されるパフォーマンスです。ステージに立った時を思い出すと、不思議なことにその当時の僕が感

じた感情が蘇ります。最近カイヒョンと日本でミュージカルコンサートをしたのですが、ものすごく久しぶりに《モンテ・クリスト伯》のナンバー〈Ah, Women〉を歌いました。当時息を合わせていた記憶が思い出されましたね。こんなふうに過ぎ去った感情が思い浮かんだ瞬間に、それを掴みとるわけです。

◆ ステージの上ではどんなことを考えますか。

　VIXXのステージでもミュージカルのステージでも同じなんですが。単にひたっているんです。普段練習する時は絶えず計算をして、徹底的に準備するスタイルです。何分何秒にこのジェスチャー、数歩行って、ここでは腕をこれだけ上げよう。ステージに上がった後に僕が計算しておいた内容が自然に自分の中からにじみ出るくらいに、練習をものすごくたくさんしておかなきゃいけません。それでもドラマにひたりすぎて《マタ・ハリ》の再演の時みたいに失敗したこともありますから。

LEO

TAKE. 5

▽

運 命 論 者 の 決 心

◆ VIXXとしてもミュージカル俳優としても、特に指先から感情が感じられることが多いです。抑えるというコンセプトでは繊細さとして、表現するというコンセプトでは正直さとしてそれが迫ってきます。

　だからファーストソロアルバムのタイトル曲が〈Touch & Sketch〉だっ

たんでしょうか（笑）。練習をしていると手に感情がたくさん流れていきます。考えてみると、僕が何か感情を出したい時に真っ先に出るのが頭と手ですね。《エリザベート》の時も「君は死神なのにどうして何度も（補足：手や体で）人間に迫ってこようとするんだ？　まっすぐに立っている方が、カリスマがあってよいのに」という話をよく聞きました。〈Der letzte Tanz〉を歌う時もそうでしたね。エリザベートに体を近づけて詰め寄るよりも自分のところに立っている方がキャラクターに合っています。でもうまくいきません。腹を立てる演技をする時も胸を広げてまっすぐに立って怒ってこそより強く見えるのに、少しかがんで近づく傾向があります。そこに僕の性格が出たりはしますね。せっかちで正直な。

✦ 性格はせっかちですが、とても几帳面なタイプだと思っています。

　完璧に解決できないと寝られません。事務所の作業室から帰宅して寝ようとした瞬間、また何か思い浮かぶことがあるじゃないですか。音声メモでも無理だと思うと、また事務所に来て作業を開始します。演技をしていても、今日は自分の望むレベルの感情を出せなかったとするとそこから抜け出せません。早く明日稽古場に行かなきゃとしか思えません。何か一つ整理されていないものがあると、全く次に行けないんですよ。

✦ 実際にVIXXと仕事をしたスタッフがレオ、エン、ラビが一番やっかいなメンバーだと話していたことがあります（笑）。

　ラビは少しクールな面があるんです。でも僕とハギョンはちょっとしつこいです（笑）。完璧じゃなきゃいけません。それにハギョンは振り付けだけじゃなくマーケティングにもあらがあるとダメです。必ず全部準備されていないとダメな子ですね。僕はそこまでじゃないですが、自分がすべき芝居においてはものすごく敏感なタイプです。

◆ これまでレオさんが成長するのに一番役立った方法は何ですか。

　映像をたくさん撮ってみることです。僕が練習生にしてあげられる話があるとすれば、絶対にできる限り映像を撮って録音をして自分の姿を見ろと言いたいです。お話ししたとおり、逃げ出したいくらい恥ずかしい映像が僕にも本当にたくさんあるんです。でもそれを見る方がレッスンを10回受けるより大切だと思います。自分のかっこよさに自分がハマるのもダメなことですが、自分の恥ずかしい部分を知ってこそ自分がいつかっこいいのかを表現できますよね。それでこそ観客も僕をかっこいいと感じるはずです。

◆ パフォーマーとして生きていくために、 一番重要視すべき部分は何だと思いますか。

　自分が自分自身を知ることです。自分は何が得意なのか、何が苦手なのか、隠さなきゃいけないものは何なのかを知ることが一番大切だと思います。パフォーマーとしてだけでなく、どんな人であれ生きていくうえで自分の好きなことと得意なことを区別できなきゃいけないと思います。

◆ どんなステージに上がるかを選択するのも自分自身だから。

　そうですね。好きなこと、得意なこと、できないこと。これを正確にわかってなきゃいけませんよね。僕が写真を撮る時に好きなポーズと、得意なポーズは違うんです。できないことはずっと学ぶべきですし、自分の好きなものの中でもよい要素もあれば悪い要素もあるじゃないですか。よい要素はずっともっていてもよいですが、悪いジェスチャーやくせは捨てるべきです。

◆ 理想的だと考える姿に自分をずっと合わせていくということですよね。

　一番かっこいいと思う姿を基準に、一つずつ完成させていくわけです。自分が、腕が長くて足が長いから大きな動作をするともがいているみたいに見えるな？　だとしたら足と腕をコントロールできるレッスンを受けるんです。足と腕が長い人が力をコントロールできると、大きい動作をとてもかっこよくできるんです。

◆ これまで披露したステージには残念なものが多かったと言っていましたが、それがかえってレオさんの原動力になっている気がします。

　自分が成長しているから過去の自分の姿が恥ずかしくて残念なわけですから。今とその時が同じだとしたら、残念な気持ちすら感じないはずです。自分はこの動作をこんなふうにできたはずなのにあれしかできなかったと考えられること自体が、成長したという意味でしょう。だから後悔もするし常に残念な気持ちも残るんじゃないかと思いますね。

◆ よいパフォーマンス、よいステージの条件は何だと思いますか。

　恥ずかしくないステージです。VIXXにとってはそれがとても重要です。後輩たちが見た時はかっこいい先輩という印象、ファンが見た時には好きな歌手がかっこいいという印象を与えるのが優先です。アルバムセールスとか音楽番組1位とか、数値で見える成果は後からついてくるんだと思います。また見たくなるようなステージをつくらなきゃいけません。〈Shangri-La〉の年末授賞式のステージみたいに、他の歌手たちまで喜んでくれるステージができるかもしれませんし。僕たちがステージを終えて降りてきた時の静寂と高揚感は、自分たちがうまくやりとげたという事実を肌で感じられる証でもあります。VIXXのコンセプトはやはり真似できないという話が聞ける瞬間ですね。そんな時は誇りを感じて、よりよいステージをつくるために絶え間なく努力できていた気が

しますし。

✦ そういう意味で『歌手が好きな歌手』というタイトルをメンバーたちが好きなのがわかりました。

　VIXXだけのアイデンティティをもっていることが、僕たちにとってはとても誇らしい部分ですね。僕たちもBTSを見ながら「わあ、あのチーム本当にうまい」って感嘆します。だから他の歌手たちもVIXXを見ながら「あいつらうまいな」と感じてくれると嬉しいです。

✦ 音楽番組のリハーサルで褒められることが多いと聞きました。

　やはり歌手が集まるところでリハーサルをしたり、事前録画をしてステージから降りてきた時に次のチームと話しますから。〈hyde〉の時にペク・ジョンヌナが「君たちが手を震わせた時、本当に鳥肌が立ったよ」と言ってくれたんです。他の歌手が喜んでくれる歌手だというのは、とても幸せなことだと思います。

✦ レオさんが考える自分の長所は何ですか。

　両親からもらった体です（笑）。これって無視できないんです。ステージ衣装を着ている時に特にそう感じます。『あ、かっこいい』と人に言われるくらいに生まれたのは幸運ですよね。ステージ上では集中力がある方だと思います。自分に与えられたコンセプトと状況をちゃんと信じています。

✦ 自信家ですね。

　いいえ。自己肯定感は高いタイプだと思いますが、自信をつけるために練習をしているんです。僕は必ず練習をしなきゃいけない人です。ステージで予想外の自分の姿が出たり失敗をすると、自分がとても恥ずか

しいことをよく知っていますから。それがよい歌手の姿ではないことも
よくわかっています。少しでも練習不足を感じながらステージに上がる
と、自信がガクッとなくなります。収録曲なんかは時間がないこともあっ
て、急遽つくられるステージがあるんです。そういう時に力不足を痛感
します。僕はステージ上でどんどん小さくなる自分の姿を見るのが本当
に嫌です。

◆ **ふつう芸能人の多くは自分から自己肯定感が低いという話をよくするん
です。 自分自身に対して強い自信があるという点が印象的ですね。**

　どこへ行っても自分の姿が恥ずかしくありません。でも恥ずかしくな
いために自分のすべき努力が何なのかもよくわかっています。自信は練
習してこそ生まれます。僕は天才じゃありません。努力しなきゃいけな
い人ですし、努力を続けていると『この部分はそれでもあっちよりかは
恵まれている気がするな』と感じる時が出てきますね。努力しなければ
とても小さくて、どこまでも恥ずかしい人です。きっとまともに立って
いることもできないはずです。

◆ **そこまで自分を追い込む理由は何ですか。**

　世の中にはできる人が多すぎますから。僕より若いのに上手な人も多
いし、かっこいい先輩を見て追いつきたい気持ちもあるのに、自分のス
テージを見ると不十分なんです。最近は芸能界も変化のスピードが速
いので生き残るためには自分がうまくなるしかありません。ファンに恥
ずかしいステージを見せたくもありませんし。

◆ **疲れる時もあるでしょう。**

　結局は1日、1週間、1カ月を疲れ果てた状態のまま送っていますね。
年がら年中自分は幸せかを問いかけて、疲れすぎじゃないかと考えなが

ら生きています。でも立ち止まって振り返った時に「いつ幸せだった
か？」と問いかけると、幸せだった瞬間はたくさんありました。瞬間瞬
間は辛いですが、その時は自分が幸せを感じられなかっただけで、幸せ
だったんです。日本でミュージカルコンサートを終えて帰国した時に覚
えた感動と《エリザベート》を終えた時の感動も幸せでしたし、ささや
かなことだと甥っ子が大きくなって話せるようになったこととかも全部
幸せなことなのに……。疲れていてちゃんと感じられていないだけで、振
り返ると『あ、僕は本当に幸せな人だな』と思います。

**◆ パフォーマーとしても1人の人間としても、ひたすら時間をかけなきゃ
いけないタイプですね（笑）。**

　そのとおりです。僕は時間をかけなきゃいけない人です。時間をかけ
ないと他の人とも親しくなれないし、時間をかけて自分で自分を大切に
しなきゃいけないし、何より時間をかけて初めてうまくやれるし。疲れ
るスタイルなんですよね（笑）。

**◆ もうすぐアイドルグループとして初めて迎えるインターミッションが来ま
す。VIXXのレオであり、ミュージカル俳優チョン・テグンとしては8
年間走り続けてきた第1幕の終わりが見えますね。**

　僕にとって必要な時間ですから。かなり疲れてもいるので、少し休ん
でまた歩き出せばよいです。それまでにいろんなことをするつもりです。
元々ミュージカルでは第1幕が終わる前って、葛藤が高まっている状態
なんです。新しいアルバムをリリースして一度火を焚いておいてから、第
1幕を締めくくればよいと思っています。それもあって違った感じのア
ルバムをもってきたんです。時間が経ったところで、どうせ今やってい
ることをステージで全部するつもりですし。僕は臆病ですが怖がりはし
ません。

◆ 何から勇気をもらいますか。

　新しい挑戦をする時は当然いろいろと心配します。でもその心配は練習が埋めてくれます。VIXXも、ソロ歌手も、ミュージカルもずっと練習することでつくっていけるはずです。また違った挑戦事項ができたらそれを避けるつもりもありません。

◆ 練習の力を固く信じているんですね。

　はい。その瞬間、その場所に置かれて恥ずかしくない自分の姿をつくるくらいの努力はするはずです。僕だったらそうするだろうという事実を、自分でもよくわかっています。だから怖くありません。練習すればよいです。

◆ 最近やったことの中で印象に残る、幸せだった記憶は何ですか。

《ジキルとハイド》を観てきたのですが、本当にすてきでした。

◆ ジキルが好きですか、ハイドが好きですか。

　それを演じる俳優が好きです（笑）。ジキルとハイドの線を明確に表現できる声と演技力が本当に羨ましかったです。

◆ 第2幕が始まった時に、また新しい挑戦をすればよいですね。

　実は僕は、かなりの運命論者ですから。何を計画しても結局は定められた人生の中で生きていると考えているんです。何かをしたいと言うよりかはステージ上で恥ずかしくないようにずっと練習をするのが自分の道なんだと思います。その代わりに運命を信じている僕が、その時期の自分に合ったステージに出会えると嬉しいです。それがVIXXの活動なのか、ソロ活動なのか、ミュージカルなのかはわかりません。第2幕はただ、流れるままに。

THE PERFORMANCE

✧

〈Scentist〉
MBC『音楽中心』_20180421

▽

　暗くて濃い色のスーツに白いワイシャツ、そしてきっちり締めたネクタイ、左胸につけた赤いコサージュ。 180㎝を優に超える身長にすらっとしたスタイルの男性たちが、 それぞれの執着する香りについて語るこのステージは、 端正だからこそ鳥肌の立つ姿が際立つパフォーマンスだ。〈Scentist〉の本格的なスタートを飾るレオは、 冷たく秘密めいたイメージをもつ銀髪の男性に扮した。彼は『赤い花びら』と『若葉』を1枚ずつ計量して『幻想の数値化』を完成するために敏感に触覚を研ぎ澄ませている場面を、 手と脚の、 シンプルだが繊細な動きで描き出す。

　メンバーの中で唯一袖を半分ほどまくっているレオは、 他のコンセプトと比べ〈Scentist〉ではとりわけ表情がない。 この無表情は無神経ではなく、 むしろ極度の神経症を患っている感じを呼びおこすのだが、 サビで愛する人の香りを自身の体にしみつかせようと手を縦に大きく動かす瞬間から、 徐々に彼が演じようとする男性の人生がもつ奇異さが表れる。 そしてラストでは『君と僕は壊れて行かない』、『絶対に君を傷つけない』という1人だけの確信によって、 相手をしめつけるジャン＝バティスト・グルヌイユの実体を表現するに至る。

　以前のパフォーマンスが感情を出すことが重要な作品だったとすれば、〈Scentist〉は柔らかく相手を誘惑するけれども、 まるで彼らが着て出てきたスーツのようにオンとオフが確実になってこそ、 その恐怖を倍増させられるステージだった。 レオは後半部になって半狂乱と言ってもよいくらいふらつきながら、 ぼおっとした瞳孔で踊る。 この時発見したのは、 彼がアイドルグループメンバーとしてのアイデンティティに、 ミュージカルで学んだことを活用できるようになったという点だ。〈Scentist〉は、 ミュージカル《モンテ・クリスト伯》、 などで柔らかさの裏にあるカリスマ、 凄絶な生存本能から出た卑怯さまで演じて狂気に満ちた顔を表現できるようになった彼に、 もう一つの息吹を約束した。 ただセクシーなだけだった男が、 もっとよい演技者になれるという。

今ここに、
J-HOPEの希望
BTS
J-HOPE

J-HOPE はいつも明るく笑いながら人々の前に登場する。BTS（防弾少年団）がデビューの時からコツコツとアップしたビハインドクリップ『BTS BOMB』でも、記者会見場でも、音楽番組でも彼はいつも笑っているか、派手に足技をしながら快活に動いている。そのうえ公式 SNS に彼がアップした文章からは、どこからともなく大きな笑い声が聞こえるかのようだ。誰にでも「皆さんの希望」と自己紹介する彼には『hope』という名前が誰よりもよく似合う。だからこそ気になる。どこにいても爽やかに目じりが下がっているから本心がより気になってしまう人、そういう人は時に一言も発しない人より神秘的だ。

BTS のリーダー RM は、〈MIC Drop〉のパフォーマンスについて「J-HOPE のおかげで発想の転換ができた」と言った。〈MIC Drop〉のオープニングを飾る J-HOPE は笑顔一つなく、バケットハットを深く被ったまま今の BTS について真っ先に語り出す。BTS の実際に近い姿を最もストレートに描写したこの曲で、彼は『誰かが僕のスプーンは汚いって』と言って軽く過去の自分を飛び越え、『スターの夕食に』来いと招待状を投げる。ゆっくりだがめりはりのついたフリースタイルダンスを披露し、立て続けに過去の BTS と現在の BTS を短いラップの中で快活に描写する彼のパフォーマンスは、ダンサー出身の自信を見せながらも、さりげなく爽やかな印象を与える。

ダンス以外にできることがなかった少年は、自身のパフォーマンスを通じ、メンバーたちが感嘆してやまない発想の転換を導き出す。彼に自信はあるが、自信をふりかざすことはない。デビューアルバム［2 COOL 4 SKOOL］の時からそうだった。タイトル曲〈No More Dream〉より〈We are bulletproof pt.2〉のダンスブレイクで、彼はストリートダンサーとしてのアイデンティティを少しずつ現しただけだ。だがこの瞬間をきっかけに始まった少年のパ

フォーマンスは、青年になった今に至りさらに光を放っている。［YOU NEVER WALK ALONE］のイントロ〈Boy Meets Evil〉でJ-HOPEは、刻一刻と変わる曲のリズムに合わせて手足の力を調整し、細かく関節の動きをコントロールしながら混乱に陥った青年を演じる。ロードムービーのワンシーンのように続くBTSの物語の流れの中で、J-HOPEは彼自身を見せながらも自分という人間をストーリーの一片として演じることができる。だからこそ［LOVE YOURSELF　結 'Answer'］に至り、〈Trivia 起 : Just Dance〉で完全に明るく活気に満ちたJ-HOPEの希望を見せることができたのだ。ひたすら楽しく自分を見せればよいだけのこのパフォーマンスで、J-HOPEはなぜ自身がBTSの希望なのかを証明する。同時に彼は、J-HOPEになるまで希望を抱いていたチョン・ホソクの自分自身を愛する方法とは何なのかを、ファンと大衆に見せてくれる。

　つまり、彼の中心には、秀でている彼自身がいるのではなく、自信に満ちた彼が一つの欠片として存在するチームがあった。だが逆説的にそんな心構えこそ、今のJ-HOPEがBTSの希望として強固で中心的な存在になるための要素だった。J-HOPEは次の章に続くインタビューでこう語る。『僕は本当に楽しんでいるんです。それをわかってくれる観客がいると本当に嬉しいですね』。どこかでよく耳にする言葉のように、あるいはどこかで彼が何度も言った言葉のように聞こえるかもしれない。しかしエレベーターから始まった対話で、彼は軽い挨拶と何年かの間にBTSに起きたことへの思いまでを一言で要約した。「このあとすぐ練習に行かなきゃいけないんです」。そう言ってにっこり笑って席に着いた。自信と期待が一緒ににじみ出る笑顔が、彼のパフォーマンスが見せてくれるBTSの物語と青年チョン・ホソクを同時に語っていて、神秘的だった。

PROFILE

✦

J-HOPE

▽

J-HOPE は 2013 年、 BTS の［2 COOL 4 SKOOL］でデビューした。 学生時代から培ってきたダンスの実力で、BTS の振り付け全体をまとめチームをリードする役割を担っており、 2018 年には個人ミックステープ［HOPE WORLD］を、2022 年には初のソロアルバム［Jack In The Box］をリリースした。 彼が所属するBTSは、2019年にビルボードミュージックアワードデュエット／グループ賞をはじめ、 トップソーシャルアーティスト賞を受賞して、 全世界で最も人気のあるボーイズグループとしての地位を確固たるものにし、 そのステータスは今も変わらない。

J-HOPE氏のインタビューの内容は2019年当時のものです。

BTS （防弾少年団）に な る ま で

◆ **今やBTSは全世界で最も人気のあるボーイズグループになりました。 で
もメンバーたちは忙しすぎて人気を実感する間もなさそうです。**

　ただ自分のポジションですべきことをしただけで、楽しみながらやっ
てきたんです。でもその間に想像もできないくらい本当にいろんなこと
が起きて、僕自身も知らない間に今みたいな感謝すべき状況に置かれて
いました。時々僕も信じられません。

◆ **忙しい状況を楽しまなければ全く消化できないくらいのスケージュール
ですよね。 元々運動のように体を動かすのが好きだったんでしょうか。**

　実は運動は嫌いでした。ちょっと変わってますよね（笑）？　それく
らいの年の子たちが好きなサッカー、バスケなんかのスポーツにも全く
興味がなくて、むしろ座って応援する方だったんです。でも僕が唯一好
きな運動がありました。小学校3年生の時でしたね。朝授業が始まる前
だったのですが、8時半から9時の間に国民体操みたいなのをしていま
した。その体操が唯一好きでした。

◆ **運動と言うよりかはダンスに近い感じがします。 ほとんどのアイドルグ
ループのメンバーはその当時のK-POPグループを見ながら夢をもった
と言いますが、 J-HOPEさんはちょっと変わっていますね。**

もちろん東方神起先輩みたいなK-POPグループを見て、ちょうどダンスに興味をもち始めた頃ではありました。でも体操という運動自体が軽いダンスみたいに感じられました。音楽に合わせて体を使うこと自体がおもしろいと感じた気がします。先輩や友だちが、僕が一番上手だと言って代表で動画も撮りました。それがスタートだったと思います。初めて「わあ、すごくおもしろい！」と感じたことだから。

◆ それなりにデビューしたわけですね（笑）。 その時期は学校で特技自慢なんかもたくさんしますよね。

そうです。5年生の時に合宿で特技自慢があったのですが、友だちと先生たちが僕のダンスがうまいという話を聞いてステージで一度踊ってみろと言うんです。その時の気持ちをどう表現すべきか今でもよくわかりません。本当に楽しくて。それで思いついたわけです。『あ、ダンスってのをちゃんと習ってみたい』って。ステージ上で踊る楽しみを知ってしまいました。

◆ ちょっとの感覚が今のJ-HOPEさんをつくったんですね。

その気分を知ったからには両親に言わなきゃと思いました。父は反対でしたが、母が教室に通わせてくれました。結果的に、幼かった頃のその感覚が大好きで習ってみたくなったのが、今ここまでたどり着けた出発点でしたね。

◆ ダンスチームでも活動したと聞きました。 ダンスを趣味ではなく職業にしようと考えたきっかけだったんじゃないかと思います。

本格的にダンスを習い始めてからストリートダンスについて知って、世界中にあるかっこいいダンサーたちの動画を検索しながら夢を育み始めました。僕がいたダンスチームはNeuronというところだったのですが。

そのチームに入ることになったきっかけがですね。簡単です。お金がありませんでした。家庭の経済事情がよくなくて。母の事業がうまくいっている時は経済的に余裕がありましたが、失敗したので少し厳しかったんです。本当に、すごく踊りたいのに受講料を出せるお金がないんです。たぶん中学校1、2年生の頃だったはずです。お金がないから教室に行った時だけ踊るんですが、その時にダンスを教えてくれたヒョンがNeuronの団長でした。僕の事情を知っていたのと、教室でもダンスがうまいと噂になっていたので、ヒョンがNeuronに入らないかと聞いてくれたんです。それですぐに入りましたね。

✦ 特に好きだったダンサーはいますか。

AKINといって、全ジャンルを踊るダンサーのヒョンがいます。そのヒョンから、幼い頃ものすごく影響を受けました。ヒョンみたいに踊りたかったんです。バトルにもたくさん出ましたが、そのたびにヒョンみたいにファンキーなダンスを踊りたいと思っていました。光州にいた時はヒョンからレッスンも受けましたね。その時に技術的にも成長した気がします。テクニカルな部分をたくさん覚えました。

✦ 練習生になる前から情熱がすごかったですね。

練習生の前はとてもがむしゃらだったと言えます。体力も考えずにずっと踊っていました。朝出て行ってNeuronチームのレッスンを受けて、それが終わると夕方からも踊って深夜レッスンを一緒にやって。なんとなくただダンスが好きでずっと踊っていましたね。実はなんであんなに踊れていたのか、今考えてもわかりません。

B T S （防弾少年団） の パ フ ォ ー マ ン ス

✦ 主にストリートダンスで身につけるジャンルを学んで、そのソースを活用してK-POPアーティストになった部分が特徴的です。

　デビュー前はストリートというジャンルや、ダンスをしていたこと自体がアイドルグループの活動をする時にものすごく役立つと思っていたんです。全く役に立たないわけじゃありません。でもK-POPの振り付けではそれが全てじゃなかったんです。僕がもつスキルをステージに溶け込ませるには制約が多いことを知り、初めはものすごく戸惑いましたし、いわゆる『メンタル崩壊』がやって来ました。

✦ でもデビュー当初の帽子のパフォーマンスや〈FIRE〉のような曲では、ストリートダンサーとしてのJ-HOPEさんのキャラクターもはっきり出ていました。その時よりも今はさらにたくさんの曲で、自身の長所を見せてくれていますし。

　時間が経つにつれ、僕がもっていたものを少しずつ表現できていますね。ステージで披露できるBTSの振り付けに、段々と多様なスタイルが出てくることでそれが可能になりましたね。僕が学んだことをつなげて見せられるステージが徐々に増えているんです。不思議なのは、そうこうしているうちに僕の中でも徐々にエナジーが大きくなりました。

✦ エナジーが大きくなったことで既存のスタイルからさらに成長した部分もあるでしょう。

まずはBTSになって、ストリートダンスを踊っていた時は知らなかったことを本当にたくさん学びました。ストリートダンスは言葉どおり個人のスタイル、キャラクターがとても強く表れるダンスです。フリースタイルで踊るからです。自分のスタイル、そこで使う言葉では『くせ』と言いますが。『くせ』がものすごく強いダンスなんです。でも放送（テレビ）用の振り付けには枠が組まれていますし、きちんとそろっているので、自分に足りなかった部分をたくさん学ぶことができました。僕の踊っていたストリートダンスと放送（テレビ）用の振り付けの特性が合わさって、今の僕のスタイルがつくられたんだと思いますね。

✦ BTSのパフォーマンススタイルは［화양연화花樣年華］でだいぶ変わりましたよね。1期から2期にさしかかったと見られる時期ですが、特にステージ上での演技が重要になりました。準備された振り付けを自分たちのスタイルで解釈する時も方法がちょっと変わったんじゃないかと思ったんです。

MVから違いましたよね。常に群舞が重要なMVでしたが、〈I NEED U〉からは初めて演技中心のMVを撮ったじゃないですか。実際、学校三部作（スクールシリーズ）の時はメンバーたちもひたすら前へ前へと突き進むだけだったと思います。エナジーを強烈に爆発させる感じに近かったですね。そして〈Boy In Luv〉の時までは演技が必要なパフォーマンスじゃありませんでした。おっしゃるとおり［화양연화花樣年華］からがステージの上でも演技をし始めた時期でしたが、パフォーマンスの概念がもう少し広がる中で、どうすべきかメンバーと一緒にたくさん勉強しました。

◆ メンバーごとに与えられたキャラクターとそのキャラクターが表現すべき感情がそれぞれ違いましたよね。難しいながらも興味深くアプローチできる部分だったと思います。特に〈I NEED U〉を皮切りに〈RUN〉、ショートフィルムまで同じキャラクターの話がずっと出てきましたし。

そういった面で見ると〈I NEED U〉がBTSの歴史においてかなり大きな役割を果たしたと思います。メンバーそれぞれが集まって大きなシナジーを発揮した曲だったんです。演技の勉強をすると言っても映像を見て研究したわけじゃなく、それぞれ自分自身が表現すべき部分があったので、まずはそれをきちんと把握するのが重要だったと思います。僕なんかの場合は、僕たちのストーリーの一部になってそれをパフォーマンスで自然に表現しようとしましたね。メンバー全員が自分の役割が何であるかを知っていましたし、それをうまく表現する方法を身につけながら、やり続けていましたね。そんなふうに自然に次の段階へとつながっていった気がします。

◆ タイトル曲の中では〈Blood Sweat & Tears〉が一番気に入っている振り付けだという話を聞きました。

正直言うととても難しい曲ではありました。〈MIC Drop〉とは真逆でしたよね。感情表現が重要なパフォーマンスだったので僕には難しい部分がありましたし、むしろ僕がジミンからたくさん学びました。実際、練習がすごく大変だったので、それを僕が完成したことにものすごく大きな誇りをもっていました（笑）。だからこの曲への愛着がより強いんだと思います。

◆ 〈Blood Sweat & Tears〉よりかっこいい振り付けとして〈MIC Drop〉を選んだこともありますよね。〈MIC Drop〉は発表時期や曲に込めているメッセージから、実はBTSの曲の中でも一番SWAGあふれる曲だったじゃないですか。同じようにエナジーを見せなきゃいけませんが、〈DOPE〉や〈Not Today〉とは確実に違いましたよね。SWAGを見せるという点では楽しく自由に見えなきゃいけないのに、振り付けがあるパフォーマンスだから、その2つの点を一緒に披露しなければいけない曲だったと思います。

〈MIC Drop〉は、曲が初めて出た時に直感しました。『あ、これは僕の曲だ』と強く思いましたね。最初に僕がフリースタイルダンスを踊る部分は、うちのパフォーマンスディレクターのソンドゥク先生がくれた機会なんです。その時に腹をくくりました。『ここは絶対に僕がとらなきゃ』と。僕がBTSの活動の中で一番欲張ったのが、その時だったと思います。本当にたくさん準備したんです。自分が幼かった頃に踊っていたオールドスクールヒップホップをたくさん思い出しながら踊っていた気がします。

◆ 2018年のメロンミュージックアワードは、BTSそのものを演じた気がしました。

ダンス、演技全てが〈IDOL〉という東洋的な要素を強調した曲の中に溶け込んでいましたが、歌詞はと言うとBTSの現在を表していたじゃないですか。パフォーマンスの構想もそこから出発しました。僕とジミン、ジョングクが伝統舞踊をたくさんとり入れたんです。ジミンがプチェチュム（訳注：扇の舞）、僕はサムコブ（訳注：三鼓舞。太鼓3個を左・右・後ろなどに置いて踊る）、ジョングクはタルチュム（訳注：仮面劇）というように、です。この要素が曲の雰囲気をより生かしてくれたと思います。僕たちもそれを望んでいましたし。こういうパフォーマンス自体は初めてだった

ので、とても新鮮な経験でした。

◆ **あらかじめ計画を立てていたんですか。**

　頻繁に話し合っていた部分です。〈IDOL〉という曲のコンセプト自体
に『얼쑤 좋다オルスチョッタ』、『지화자 좋다チファジャチョッタ』（訳
注：韓国の伝統音楽や踊りのかけ声として使われる、『えんやこら』『ヨイヨイ』のような囃子こ
とば）みたいな韓国的な合いの手がたくさん入っているので、曲が完成し
てコンセプトが固まる中でやってみたいことが出てきましたね。

◆ **メロンミュージックアワードを含めその年に立った年末授賞式のステー
ジは、 韓国アイドル史上一番多彩な形態を誇ったと見ても過言ではな
いほどでした。 基本どおり消化したステージもありますし、 既存の曲
に若干アレンジだけを加えてリミックスステージをつくったのもあります
よね。 それに少し前に話した 〈IDOL〉のような華麗なステージがあっ
て、SBS 『歌謡祭典』 のように特別な舞台装置なくコンサートのよう
に演出したステージもありました。**

　メロンミュージックアワードからそれぞれコンセプトを一つずつつか
みながら、練習をやり始めたんです。でもそれでマンネリ化することも
ありました。去年は特にひどかったんです。あまりにも多くの授賞式と
あまりにもたくさんのステージに立つと、一つ一つどんなふうに分けて
表現すべきなのか、どんな心構えで上がらなきゃいけないのか悩んじゃ
うんです。授賞式の場数を踏めば踏むほど、鈍感になるのも避けられま
せんでした。その時が本当に怖かったです。そんなふうに思い始めて最
初に押し寄せて来た感情が『怖い』というものでした。

◆ **どんな面でですか。**

　そんな考えをもった瞬間に、ステージを見ている人たちが僕たちの気

持ちに気づくんじゃないかと思ったんです。ステージを見ている人や
ファンは、アーティストの本心がわかります。僕はそう思います。ス
テージの上で僕たちが楽しく、エナジーがあふれてこそ観客もそう感じ
られるんです。だからできるだけネガティブに考えないように努力をし
て、ステージ上でそんな気持ちをもたないように楽しく、それぞれ違っ
たステージをやってみたかったです。

**◆ かなりたくさんのステージに立ったので当然の感情ですが、アーティス
トの立場からはさらに悩む必要があったわけですね。**

〈FAKE LOVE〉と〈IDOL〉は去年出た曲だから、今年の授賞式のス
テージで披露しなきゃいけないのかな？　こんな概念でアプローチした
のではありません。メンバー同士で、体が多少きつくても全部違うスタ
イルのステージをやりながら僕たちも楽しさを見つけて、観客の皆さん
にも楽しんでもらおうという意図が大きかったです。実は体力的にはと
てもきつかったんです。でもすごく楽しかったです。僕たち7人は皆、
ステージがどれほど大切かを知っています。それくらいステージが好きな
メンバーですし。僕たちにとってはステージが全てです。だから僕たち
に与えられるその日その日のステージくらいは、ファンがくれる賞をもら
う授賞式くらいは、気を緩めずにやってみようと心がけました。

**◆ カムバックステージ、授賞式、コンサートなどいろんな種類のステー
ジに立ちましたよね。同じ曲でパフォーマンスをしてもステージの性格
によって見せるスタイルが違って来そうですが。**

まず放送局でするカムバックステージは練習どおりのものを披露する
場だと考えています。そうやって見せる場ですよね。例えば『〈IDOL〉
はこんな曲で、こんなステージです』という概念を確実に見せなきゃい
けないわけです。その次にする授賞式やコンサートのステージでは同じ

曲を歌っても違いますよね。授賞式とコンサートの共通点は、観客との
コミュニケーションを大切にしなきゃいけないことなのですが、授賞式
は思い切り自由にできるステージじゃありません。外部関係者もたくさ
ん来ていますし、別のグループのファンたちもたくさん来ているでしょ
う。海外の授賞式ステージなんかの場合は僕たちを知らない人がとても
多いので、むしろ本腰を入れて臨まなきゃいけない時もあります。でも
コンサートの場合はもう少し自由な感じがありますね。ライブ会場は
ファンで埋め尽くされていますし、ファンとの交流が何より優先される
べき場だということです。その部分については本格的なステージ（海外の
授賞式ステージ）よりも重要なことがあります。互いに目を合わせることの
方がもっと大切です。そうすべき理由があるステージです。

**◆ BTSはコンサートでパーフェクトに整えられたステージを披露すること
が多いじゃないですか（笑）。**

　そのとおりです（笑）。「自由にやろう！」と言いながらも、いざステー
ジに上がると絶対そうはできないです。ファンとのコミュニケーション
がより大切になるのであって、自由だというのはステージを適当にす
るって意味じゃありませんよね。僕は完璧主義者じゃないんです。僕も
人間だから弱みもありますし、やりたくないこともあります。でも今自
分のやっていることについてくらいは、当然完璧になろうと努力してい
るんです。世に出た成果物は自由に見えますが、つくられる過程には
BTSが立てた緻密な計画が入っているわけです。

1 万 時 間 を 過 ご す 方 法

✦ **この間119回のコンサートとファンミーティングのステージに立ち、 そ**
の中の91回は純粋にBTSだけのコンサートステージでした。 91回のコ
ンサート、 だいたい1ステージあたり3分、 25個のセットリストで計算
すると2275回のステージに立って、 6825分をコンサートステージの
上で踊ったりラップと歌を歌って過ごしましたね。 さらに、 これは
〈LOVE YOURSELF〉 のワールドツアーを除いてです。 放送ステージ
まで合わせるともっと多いでしょうね。 すでにステージ上だけで1万時
間です。

　ちょっと驚きですね。本当に、ものすごく、無我夢中で過ごした気が
します。その瞬間瞬間たくさんのことを解決しようとして、ぶつかって、
けんかし、血と汗を流しながら上りつめた場所だから、どの瞬間もどの
ステージも大切じゃないものがなかったです。全部が大切です。その時
間と期間、そして僕がステージに立ちながら学んだことが今の僕をつ
くってくれたわけですから。どれか1部分がより記憶に残ってより大切
だといったことがありません。その時間そのものが今の僕でBTSなんで
す。だから今の生活と時間がより貴重な気がしますし。

◆ この間J-HOPEさんもいろんな部分で変わったでしょうね。 その変化を
見せてくれたのが個人ミックステープだったと思います。 特にこのミッ
クステープは防弾少年団がBTSに生まれ変わった瞬間に発表されたの
で、 とても象徴的な内容がたくさん込められた作品でしたよね。 実際
に〈Airplane〉の後続である〈Airplane pt.2〉がBTSの次のアルバ
ムに載ったりもしました。

　ミックステープで確実に僕のアイデンティティと僕が見せたかった部
分、そしてファンと世間が知ってくれたらという部分を全部お見せでき
たと思います。自分のカラーがきちんと整理できた気がしますね。その
整理された部分を披露したから、次は気楽な僕を見せたいと強く思いま
す。ミックステープは言いたいことが本当に多くて、やりたいことを全
部やってみたという点で、そのままの僕を収めた作品でしたから、次は
前よりももう少し心を楽にしてつくってみたいですね。

◆ RM、 シュガさんは元々音楽をつくっていた人たちですから、J-HOPE
さんの立場からはミックステープを出して自分だけのパフォーマンスの
世界を構築するまでは、 それなりに難しさがあったと思います。

　2人は音楽そのものを感じてきたメンバーですが、僕は音楽をダンス
で感じながら理解してきたので、実は音楽そのものへの理解度がかなり
不足していました。スペクトラム自体がそれほど広くなかったですね。で
もBTSというチームは、僕が音楽を勉強するのに最高の環境でした。僕
が初めてBTSの練習生として入った時も、音楽だけをやっていた仲間
が多かったんです。その仲間やヒョンから本当にたくさん学びましたし、
今一緒に活動しているRMとシュガヒョンからはさらにたくさん影響を
受けたわけです。2人がミックステープを出すのを見て、『あ、僕もあん
なふうにやりたい』と夢をもてたので、とてもありがたいですよね。本
当にありがたいです。

◆ メンバーたちと一緒にステージに立ちながら、 お互いいろんなことを 教え合って成長してきたと思います。

　僕が振り付けチームのリーダーとしてチームを引っぱっていますが、 僕もメンバーから本当にたくさん教えてもらって、 今も学んでいます。 元々ダンスのうまかったジョングクやジミン、Vはもちろん、ナムジュ ン（RMの本名）やジンヒョン、シュガヒョンからも、振り付けを教えな がら逆にいろんな部分を感じて学んでいますね。実はジンヒョン、シュ ガヒョン、RMは本当にダンスが下手なメンバーだったんです。でも本 当にたくさん努力しました。それ自体がものすごいインスピレーション になります。どんなに辛くても3人が頑張っている姿を見ると元気にな ります。こんなにも努力してくれているのに、僕もここでつぶれたらダ メだと思わせてくれるんです。エナジーももらって、どうやったらもっ とうまく引っぱっていけるかを考えさせられます。

◆ ジミンさんとJ-HOPEさんはBTSを代表するダンサーですが、 真逆のダ ンススタイルじゃないですか。 ジミンさんがソフトに曲線を表現するタ イプだとすれば、J-HOPEさんはもう少し理論的でしなやかな体をもっ ているにも関わらず直線的な感じを表現するタイプです。

　ジミンは表現力が抜群です。僕が弱い部分をジミンはもっています。 普段よく振り付けのモニタリングをする立場で観察していると、ステー ジ上でどう感情表現をして、自分のスタイルで振り付けを引っぱって行 くのかが自ずと勉強になるんです。ジミンのダンスを見続けることで自 然に習得できる部分がありましたし、今の自分にとても役立ちましたね。

◆ デビュー当初から振り付けチームリーダーを任される中で、 メンバー をたくさん観察することになったんでしょう。

　本当は振り付けチームリーダーという名前がちょっと恥ずかしいです。

特にデビューの時はなおさらでした。その時はジミンがステージで腹筋を見せて、アクロバティックな技を披露していたので、僕が見ても皆の視線をパッと引き付ける特有のエナジーがあったんです。僕はずっとダンスを習っていましたし、BTSのパフォーマンスを引っぱっていましたが、実際に注目されるのはジミンだったので、僕に与えられた役割と自分のポジションのギャップみたいなものを感じていました。

◆ **メンバーが数名いますから、自然にそう思わざるをえなかったんじゃないでしょうか。**

　そうです。チーム生活をしていると、欲をもたざるを得ない部分でもありました。でも時間が経つにつれ、そういうのは無駄だとわかりました。何はともあれチームがうまくいかなきゃいけません。僕たちがチームとしてうまくいくのが先でした。

◆ **チームがうまくいくためにはパフォーマンスを練習する時に、どんな要素が重要だと思いますか。**

　まずは心構えです。自分がこのチームをやりながら今何をしていて、何が好きなのかを確実にわかっていてこそ、それがダンスでも表現できるんです。でも一番大事なのは、互いの心構えが同じじゃなきゃいけないということです。メンバー同士、気持ちが一つになってこそ大きなエナジーが出るんだと思います。踊る時に動作一つ一つを合わせるのももちろん重要です。デビューしたての頃はチームのイメージを見せるために、より重要視すべき部分でもありましたし。ただこれからはそれが全てじゃないと考えています。メンバー全員が数年間活動をしながら、キャリアを積んだじゃないですか。知るべきことは全て知りましたよね。その中でより重要になってきた部分があるとすれば、一緒に練習する時に自分が好きでこのことをしているんだということと、自分たちのステージの

ために頑張るという事実をきちんと知るべきだということですね。

◆ ふつうアイドルグループのコンサートには、トークタイムがたくさん入るものです。でもBTSのコンサートは6、7曲ずつ続けて披露するセットリストがたくさんありましたよね。トークはほとんどありません。こういう場合パフォーマンスを見せる立場からはものすごくきついんじゃないですか。

そういう状況でうまくエナジーバランスをとるのも、プロフェッショナルな人の能力だと思います。絶対にバランスのとり方を知っていなきゃいけません。この先残っているステージが多いじゃないですか。よいと思ってひたすら走ると、本当に大けがをするかもしれないんです。この話をメンバー全員で話したことがあります。僕たちがすべき公演、上がるべきステージ、それ以外にも気を配らなきゃいけないことがたくさんあるじゃないかと。もちろん今この瞬間のステージもものすごく重要ですが、今後のステージのために体力を温存して調整する必要がありました。特に僕たちのようなチームは他のポップスターたちより体をたくさん使うから、自分のエナジーを整えないと大けがをする可能性があるという話をいっぱいしましたよ。そういう面で一番心配なメンバーがジョングクですね。最近も話しましたし。ジョングクはステージに上がると本当に狂ったみたいなります。

◆ 実際YouTubeで公開されたドキュメンタリー『BURN THE STAGE』では、ジョングクさんがとても苦しそうにしている姿も出ていましたが、エナジーをたくさん使うからそれだけ体力を消耗しないように気を使わなければいけないと思います。

ジョングクはステージ上でのエナジーコントロールがうまくいきません。マンネのそういうところは褒めるべき部分でもあります。ステージ

上でエナジーを使い果たすというのは僕が見てもすごいですし、『どうやったらあそこまでできるのかな？』と思う瞬間もよくあります。でもツアーでけがをするだけじゃなくメンバーがジョングクの健康を心配するようなことが頻繁にありました。倒れてしまった時はメンバーの心がものすごく痛みましたし。メンバー内でその話が出た時にジョングクに言いました。一つのステージでエナジーを使い果たしてそこからくるものを解き放つには、残りのコンサートの日程も多いし、これから僕たちのすべきことがたくさんあると。今みたいな状況でむしろファンがもっと喜んで笑顔になれるのは、たくさんの公演会場をパーフェクトに回って、僕たちが行くべき場所で元気な姿を見せることだと言いましたね。それがファンもより喜んでくれる方向性のはずですから。今はジョングク本人も自分がステージでどんな姿なのか、なぜエナジーをコントロールすべきなのかなどをとてもよくわかっています。

◆ エナジーを節約してもっとたくさんのものをファンにプレゼントできるから。

そうですね。コンサートでエナジーを蓄えるのは適当にやるということじゃありません。適切なコントロールが必要なわけです。力を入れる時は入れて、抜く時はきちんと抜いてやるべきです。単純にダンスではなくファンとのコミュニケーションと交流が必要な時はそこにエナジーを集中して、です。どんなステージでもこんなふうに分かれているじゃないですか。例えばコンサートのセットリストを見ると、それぞれのステージでどこに集中すべきなのか重点的な内容をきちんとキャッチして、何を重要視すべきかを把握しなきゃいけません。僕たちが大事だと判断した部分ごとに、それぞれ別の力を注ぐことが重要です。

J - H O P E の ダ ン ス 、
チ ョ ン ・ ホ ソ ク の ダ ン ス

◆ 〈DNA〉、〈Blood Sweat & Tears〉 のダンスブレイクでセンターに出
  る時、 メンバーたちのダンススタイル全てをもっているメンバーが
  J-HOPEさんだということが、 はっきりと感じられました。 ジョングク
  さんの力強い動作、 Vさんの才能とユーモラスさ、 ジミンさんの柔ら
  かさなど、 各メンバーのキーワードをまとめて見せてくれる代表的なメ
  ンバーです。 チームの中心をうまくつかんでくれる人だと思いました。

正直に言うと、自分をもっと出したい欲もありましたし、一度くらい
は僕も目立ってみたいと思ったこともあります。でも昔も今も、BTSに
はBTSというチームが全てだと思います。僕たちのパフォーマンスの全
体像があるじゃないですか。その全体像の方が重要だと思いますし、僕
たちだけの基準点をもとうとものすごく努力しました。ソンドゥク先生
がたくさん手助けしてくれましたね。

◆ 色々と悩まざるを得ない状況でつくられたポジションだったんですね。

よいパフォーマンスのためなら、メンバーに譲る部分がある時は譲る
のが正解だと思います。僕が手助けする部分があれば、確実に助けまし
たね。そんな過程がくり返されることで、自然と今みたいなよい構図が
完成した気がします。今はファンもそれを理解してくれているみたいで

嬉しいです。

◆ ジョングクさん、 ジミンさんとのホームパーティーのステージで、 そう
　 いった特徴がしっかりと出ていました。 2人はそれぞれ自分のキーワー
　 ドでまとまるのですが、 J-HOPEさんは一つの単語で定義するのが難し
　 いです。 自分ではどんな言葉で自身のダンスを説明できるでしょうか。

　本当にそうですね。キーワードと言うとものすごく難しいです。（かな
り長い間悩んで）自分では『スキルフル』じゃないかと思います。幼い頃
習ったものがあるので、ジミンとジョングクも本当に上手ですが、過去
に自分が学んだものを今やっているパフォーマンスにつなぎあわせなが
ら、僕のもっているカテゴリーの中で一歩進んだ気がします。自分のス
ペクトルが広がっているのを感じます。自分で言うのはちょっと恥ずか
しいけど（笑）。

◆ 実際、 パフォーマンスを一つ完成するのに全ての動作を細かく計画し
　 て動くタイプですか。 あるいは逆にアドリブができる部分は少し余地
　 を残して余裕をもたせるタイプですか。

　〈MIC Drop〉を例にあげると、即興でフリースタイルをやった部分も
ありますし、ある程度つくった部分もあります。単に僕がその部分では
自分を信じているんだと思います。体の赴くまま、音楽の聞こえるまま、
感じるままに動いて表現します。

◆ BTSはアルバムのイントロをソロ曲で始めるチームですよね。 J-HOPE
　 さんは 〈Intro: Boy Meets Evil〉、 〈Trivia起 :Just Dance〉 を担当
　 しましたが、 それぞれの曲にメッセージがあったじゃないですか。 特に
　 〈Intro: Boy Meets Evil〉 なんかは内面の悩みに苦しむ感じのパフォー
　 マンスだから表現が簡単ではなかったと思います。

〈Intro: Boy Meets Evil〉はとても苦しかったです。曲もダンスも。悪魔に出会った少年じゃないですか。そんな部分について僕が甘い中毒にハマってどう苦痛を感じて、どう苦しむのかを表現しなきゃいけない曲でしたし。でも先ほどお話ししたように僕は表現するのがとても苦手なんです。だからその表現力を引き上げるためにたくさん努力した気がします。パフォーマンスにもその曲に合わせて踊るためにアクロバティックな技をたくさん入れて、エナジーを過度に使わなきゃいけないスキルフルな動作がとても多かったんです。その時は本当に悪魔に会ったような気がしましたね（笑）。ダンスについて色々考える機会になりました。『どうすれば表現というものをきちんとできるのか』、『僕が考えていることをきちんと表せるか』。実は〈Trivia起: Just Dance〉は単純に楽しみたいという気持ちが大きかったです。僕がダンスを愛し、ダンスを本当に感じて、自分の人生という物語に合うよう、ダンスと愛にハマった話をうまく解きほぐしてお見せしたかったですね。

✦ BTSとして踊る時と、1人のパフォーマーであるチョン・ホソクとして踊る時はどんな部分が違いますか。 少し感覚が違う気がします。

感覚は違うと思います。今思ったことですが、BTSのJ-HOPEはただダンスを楽しんでいるだけじゃない気がします。ステージ上ではJ-HOPEだから気を配らなきゃいけない部分があまりにも多いですし、ただダンスだけを考えるのではなく多様な表情もジェスチャーもあるはずだし、メンバーとの呼吸も合わせなきゃいけないし、観客との呼吸もありますよね。いろんな部分で気配りが必要です。単にチョン・ホソクのパフォーマンスをすることはできない場所です。それってただの自己満足ですから。そうやってBTSのJ-HOPEが存在することはできません。今BTSのJ-HOPEはあまりにもいろんな位置でたくさんの人たちの視線を浴びているので、チョン・ホソクのパフォーマンスではダメだと感じるわけで

す。もう少しプロフェッショナルな姿があってこそBTSのJ-HOPEが完成されるんです。

✦ 『Hope On The Street』はチョン・ホソクの心残りを相殺しようと計画したものだと思いますが。

正直そのとおりです。僕も自分がやってきたことをファンの方たちと世間に見てもらいたいのに、その機会があまりにもなさすぎて。またダンスを踊りたくて、幼かった頃の感覚をもう一度味わってみたかったです。それに僕のダンスをもっとたくさん披露したい気持ちが大きかったですね。だからこういったコンテンツをつくり始めた気がします。大きなコンテンツじゃありませんが、少なくとも僕にとっては幼い頃自分がもっていた細やかな感覚、その時の夢をもう一度感じさせてくれる大切なコンテンツではありますね。『Hope On The Street』はこれからも続けていきたいです。僕は今でもダンスが大好きで、体が許す限りパフォーマーとして生きていきたいですから。

✦ 授賞式で、BTSのダンスチームにお礼を述べたいと言っていました。アーティストの立場から、ステージを一緒につくる人たちへのリスペクトは必ず表現すべきだと感じているように見えました。

幼い頃ダンサーとして活動していたので、ダンサーさんたちへのリスペクトが大きいのは事実です。授賞の感想は、僕は見て感じたままを授賞式で言うんです。並々ならぬ苦労をされている人たちです。BTSの振り付けが出るまで試案をつくって、それについて整えてもくれます。ある意味、僕らのやるべき部分もダンサーさんたちが自分たちで整理してくれるので、僕らが知らない可能性もあるわけです。いずれにせよ練習するたびに感じたんですよね。ダンサーさんの表情や雰囲気、コンディション自体がすごく落ちている感じを受けました。だから絶対に応援し

たかったですし、感謝の言葉を伝えたかったです。そういうわけで、授賞式でパフォーマンス賞をもらった時に真っ先に思い出したのがダンサーさんたち、ソンドゥク先生だった気がします。

◆ ダンサーチョン・ホソクとBTSのJ-HOPEが見せてくれるパフォーマンスは、つまり『ダンス』への愛情から始まっているわけですね。ストリートダンスなのか放送（テレビ）用のダンスなのかではないんでしょう。

　もちろんダンスのジャンルはあるでしょうけど、ダンスはダンスだと思います。ダンスそのもの。僕が踊るものを舞踊だとも思いませんし、単純にストリートダンスだとも思いません。ダンスそのものが大好きで踊っているんです。曲を聞いて感じたまま体を動かしているんです。この話が他のダンサーさんたちにはどう聞こえるかわからないですが。僕はそう考えます。ジャンルというのは確かに存在しますが、境界に曖昧な部分があります。それにその感じ方って人によって全く違いますし。だから僕はただダンスが好きで踊っているだけです。そこにBTSもあります。BTSがダンスの系統に属する1ジャンルではありませんが、僕たちのパフォーマンスを見せるという点で一つの型になっているんです。

BTSの希望、
J‐HOPEの希望

◆ 音楽番組のPDたちが成功するチームについて話す時、 その条件としてJ-HOPEさんのようなメンバーがいなきゃいけないと言います。 メンバーたちが疲れている時にエナジーを与えられるメンバーがいてこそチームが長続きすると言っていますね。

　今は意図しているわけじゃなくてですね、自然に出ている気がします。メンバーも自然に僕を受け入れていますし。ここまでくると7人全員が自分自身を、またお互いをよく知っています。そうできる環境もつくられていると思いますし。互いに言わなくても自分たちがどうなのかがわかるチームになったということですね。僕があえて言わなくても「もう1回やろうか？」と言うメンバーもいますし。時々不思議なんです。幼い頃、デビューしたての時はよくけんかをして、些細なこと一つでたくさんぶつかったのに今はそうじゃありません。それぞれが自ずとちゃんとできるチームに成長して、変わったんだと思います。

◆ 「もう1回やろうか？」 にメンバーが同意するかしないかが、 チームの成長においては一番重要な部分でしょう。

　本当は大変なメンバーもいるはずです。僕も同じですし。でもはっきりしているのは、僕がさっきお話ししたように心構えです。ステージが

本当に大切で、ステージを大事にしているから。練習をするのに、それより重要な理由があるでしょうか。

◆ **アルバムをつくる時もお互い絶えず話し合うから、結果的に同じスピードで動けるのではないかと思いますが。**

　大きな中心になるのはRMとシュガヒョンです。アルバムをつくるための作業をしながらそこから何を感じて、どんな話をしたらよいか、ファンはここのこの部分についてこんなふうに話していたよ。こんな話をRMとシュガヒョンが頻繁に伝えてくれます。2人を中心にしてアルバムの前に、ものすごくたくさん話をします。今回のアルバムで語りたいテーマがあれば、どう思うか尋ねるんです。メンバーの中で意思疎通をはかりながらやりとりするエナジーって、思ったよりずっと大きいです。それに僕たちはアルバムを通して正確なメッセージを伝えようとするチームじゃないですか。だからその部分では特に7人のメンバー全員がきちんと意識しようと努力しているんだと思います。

◆ **BTSの現在について、メンバーたちと悩むこともあると思います。デビューアルバムから始まりBTSの音楽の転換点になった［화양연화花様年華］が過ぎて、〈WINGS〉ツアーで前より人気が上がったことを体感しました。年数を重ね状況が変わると、以前とは違ったテーマ、もう少し多様な話を交わしますよね。メンバーと交わす対話はどう変わりましたか。**

　同じではないですよね。大違いです。7人全員がそれぞれの役割が何かを知っているので、お互いにする話も全部違いますし。昔は1つ1つ細かく指摘しながら「今回はこういうのをやるべきで、あんなのをやるべきで、そうやってこそファンも喜ぶし僕らも輝ける」こんなふうに定義するみたいにやっていたとすれば、今はそうじゃありません。今は、何

て言うのかな。ここまでくるといろんな部分で意見を共有します。当時はピリオドだったとすると、今はクエスチョンマークになったと言えるかもしれませんね。「やってみたらどうかな？」、「そうだね、やってみよう！」こんなふうにです。

◆ ほとんどの結論が「そうだね、やってみよう！」になりますか（笑）。

　たいていそうです。もちろん100％完璧に意見がそろうわけじゃありませんが、ふつうは「こうやったらいいんじゃない？」と言うと「あ、でもそれはちょっと違うんじゃないかな？　こうするのはどう？」となって、「お、いいね。じゃあそうしてみよう！」となるわけです。最後は感嘆符で終わると言うのかな（笑）。

◆ 最後に打たれた感嘆符1つが、BTSのパフォーマンスの核心なのかもしれませんね。

　それは本当に意味のある褒め言葉だと思います。

◆ 本当に大変な時はどうやって乗り越えようとしますか。

　憂鬱だからといってそれを乗り越えようとはしません。大変さは自然に忘れられて、消え去る気がするんです。僕はいつもそうです。ステージに上がるとパワーをもらいますし、降りる時は少し憂鬱になります。そのギャップが本当に大きい気がします。それをいつ感じたかというと、〈LOVE YOURSELF〉のアメリカツアーの時です。ステージに上がるとものすごく頑張りますし、エナジーをもらいます。その時は本当に楽しくて幸せなのに、降りてきてホテルに入る瞬間から体が砕けるみたいに痛くて苦しいんです。ある意味当然ですよね。体をあんなにも酷使したんだから、次の日は痛いに決まってるじゃないですか。でも僕はそれがとても辛いです。ステージにいる方がいいです。ステージから降りてく

るとあまりにも苦しいから。

◆ **幼い頃ダンスチームで踊っていた時に立つステージは規模が小さかったですよね。 今はウェンブリー・スタジアムのように大きなステージに立っています。 当時と今とではステージで感じる感情は少し変わりましたか。**

　同じです。踊るたびに自分が生きていることを実感します。それが全てだと思います。踊って、歌って、観客と交流して、声援を受ける。踊る時はただ僕が生きていて、生活していることを強く感じるので、同じです。細かくは違うでしょう。でもそれは大きなステージと路上の違いってだけです。根本的には同じだという意味ですね。

◆ **ものすごく根本的な質問ですが。 踊っている瞬間はどんな気持ち、 どんな気分ですか。**

　僕がダンスをものすごく好きな理由が何かと言うと、踊っていると頭の中が空っぽになります。逆に生きていると本当にいろんなことを考えるじゃないですか。でもいっぱいあった考えが、その瞬間だけは1つも思い浮かばないんです。それがいいです。それがダンスの魅力だと思います。踊る時は本当に頭が真っ白になります。ステージに上がって、マイクを握ると踊って歌うんです。ただ好きだから。それが正確な答えですね。

◆ **今や大人気のチームですが、 それでも自身のパフォーマンスを見てファンや世間にどんなふうに感じてもらいたいですか。**

　どんなふうに映りたいかを考えたことは一度もないです。ただ僕のそのままの姿を、僕が踊っていたダンスをステージ上で見せるんです。観客が僕の姿を見て、『あの子は本当に楽しんでいるな』と感じてくれた

ら、それが全てのような気がします。僕は本当に楽しんでいるんです。それをわかってくれる観客がいると本当に嬉しいですね。

◆ 明日そのままステージに立ってもそんな感じなんでしょうね。

あ、でも最近はちょっとかなり緊張します。時間が経つにつれBTSが経験するべきステージの規模が大きくなりすぎていて、それに対するプレッシャーはないわけじゃないんです。好きだけではステージに上がれないということです。楽しみたくてもひたすら楽しむだけじゃいられない状況ですね。

◆ BTSでの活動とは別に、将来どんなことをしたいのか気になります。

最近考えていることなのですが。とにかく今はパフォーマーとして活動して、多くのコンサートステージに立っていますよね。だから一度くらいは舞台演出をやってみたいと思っています。なぜかと言うと、僕は世界中を回っていろんなスタジアム公演をして、おっしゃったとおり119回の公演で舞台をやったじゃないですか。当事者としてそれを経験して感じたことがあるから、一度くらいは僕が感じたことを土台に演出してみたいと思いました。こんなふうに構成して、こんなふうに観客にショーを見せたい。今はこれが全てですが、パフォーマンス的に合わせられる部分が何なのかを考えてつくってみたいのもありますね。調べてみたら、ダンサーさんたちの中には演出をする人が多いんです。だからちょっと、ふと考えたんだと思います。でも言うほど簡単なことじゃありませんから。今の僕はパフォーマーですよね。

◆ 最後、これを必ずお聞きしたかったんです。ダンスのもつ力は何だと思いますか。

うーん、一番シンプルだけど難しい質問ですね。（しばらく経ってから）人

の心を惹きつける力です。ひとまとめにしたみたいに聞こえるかもしれ
ませんが、ダンスで夢を育みたいという人もいるでしょうし、ダンスに
ただ関心がある人たちもいるでしょうし、なんとなく踊っている人を見
てかっこいいと思う人もいるじゃないですか。ともかく人の表現の仕方
で一番大きくグッとくるのは、『行動』だと思います。目に見えるもの
じゃないですか。ダンスも動作一つ一つのエナジーがとっても大きいで
すよね。人々をダンスで引っぱる力はそこから出てくるんじゃないでしょ
うか。僕も他の人のダンスを見て夢をもった人間です。そこからどう興
味をもつかの度合いは人によって違うだろうけど、言葉では言い表せな
い、惹かれる何かが確実にあると思います。

◆ ここまでダンスに引っぱられてきた人にふさわしい言葉ですね。

　僕はナムジュンみたいにかっこよく話せる人ではないので、至らない
点が多くあったかもしれません（笑）。でも僕のアイデンティティはシン
プルです。僕はコツコツと踊り続けてきました。地道にやっているうち
にBTSになって、ファンも僕がそうやってきたことを理解してくれて、
僕の踊るダンスに共感してくれたんだと思います。チョン・ホソクであ
れ、J-HOPEであれ、僕のアイデンティティはその時間がつくってくれ
たんじゃないでしょうか。

✧

〈Boy Meets Evil〉
BTS（防弾少年団）セカンドフルアルバム［WINGS］_20160925

▽

　RMの英語のナレーションで始まる〈Boy Meets Evil〉は、自身の内面に閉じこもった青年の孤軍奮闘が込められたドラマだ。わずか2分52秒に、作家はどんなストーリーを盛り込めるのか。このドラマの作家は、中世時代の地下監獄を連想させる狭苦しい煉瓦塀に閉じ込められて出ようとするJ-HOPEだ。埃が積もった床から徐々に体を起こしふらつきながら立った彼の姿は、とても長い間、格子の中に閉じ込められていた囚人のあがきのようでありながらも、無念に罪を着せられて世間に吠え叫ぶ準備をし終わった少年のようでもある。

　暗くて長い廊下を歩いて出てくると、1人で踊れる空間が準備されている。閉じこめられていた人に最も必要なのは自身の話を聞いてくれる誰かだが、周りには誰もいない。J-HOPEは小節単位で細かく変化するリズムに合わせラップのフローを調節し、それに合わせて体からどれくらいの恨（ハン）を引き出すのかを決めて動く。聞いてくれる人もなく、邪悪な欲望に屈服した自分自身との戦いを表現する彼の痩せた体は頭を掻きむしり、手を合わせて祈りをくり返す動作の中で『中2病』を象徴する青春の苦悩を、みじんも滑稽ではない芸術へと昇華させる。

　絶えずくり返されるフレーズよりひっきりなしに変化するフレーズが多いこの曲は、ストリートダンサー出身のJ-HOPEの性格を引き立たせられるという点で、自分にぴったりのアーティストに出会った。一般的にアイドルの振り付けで使わないストリートダンスの要素が、彼の振り付けの至るところで存在感を出している。したがってこの作品は、青年J-HOPEと少年チョン・ホソクの間の話を再現するパフォーマンスという点で、何より重要な意味をもつ。ラップのスピードが速くなり緊迫した彼の動作は、自分との戦いでもがいている人間の心理を露わにし、挫折してひざまずいた膝を伸ばし飛び上がった彼が、自分が手をついて立った地に亀裂を入れる瞬間には新しい希望を抱かせる。そしてついに希望は勝利する。このカムバックトレーラーが公開された後に、BTSの7人がやがて世界に巻き起こした反響もそうだった。彼らが踏んだ地に亀裂を入れてつくり出したのが、今のBTSなのではないだろうか。

【著】パク・ヒア

韓国初のアイドル専門記者であり、現在は韓国の大衆文化芸術（OR芸術・大衆文化）全般を専門的に扱う記者、評論家として従事している。K-POPインタビュー3部作『アイドルメイカー』、『アイドルの作業室』、『それでもステージは続いていく』を出版し、元B.A.Pのリーダー、バン・ヨングクと『僕の顔を触っても大丈夫な君へ』を作業した。その後、韓国の文化芸術家52名をインタビューした『職業としての芸術家』シリーズを編纂した。その他にもコラムおよびインタビュー連載、放送活動などを続け、韓国の芸術家たちと彼らがつくり出すコンテンツに非常に大きな関心を寄せ、時に分析している。

【訳】たなともこ

1978年京都生まれ。大学非常勤講師。立命館大学卒業、同修士課程を経てソウル大学大学院に留学。訳書に、ホン・ソンス『ヘイトをとめるレッスン』（共訳）、チョン・ウネ『ウネさんの抱擁』がある。

Our Show Must Go On

Text copyright © 2020 by PARK HEE-AH
First published in Korea in 2020 by woozoobooks
Japanese translation rights arranged with woozoobooks
through Shinwon Agency Co.
Japanese edition copyright © 2024 by EAST PRESS CO., LTD.

それでもステージは続（つづ）いていく
K-POP（ケーポップ）アイドル8人（にん）のインタビュー集（しゅう）

2024年4月17日　初版第1刷発行

本文・装丁デザイン　　chichols
カバーイラスト　　　　温泉川ワブ

発行人　永田和泉
発行所　株式会社イースト・プレス
　　　　〒101-0051　東京都千代田区神田神保町2-4-7　久月神田ビル
　　　　TEL 03-5213-4700　FAX 03-5213-4701
　　　　https://www.eastpress.co.jp/

印刷所　中央精版印刷株式会社

ISBN978-4-7816-2306-1
© PARK HEE-AH 2024, Printed in Japan